सामान्य मनोविज्ञान

(GENERAL PSYCHOLOGY)

बी.पी.सी.जी.-171

For

Bachelor of Arts (BAG) and Bachelor of Arts (Honours)

Psychology

नए पाठ्यक्रम पर आधारित

CHOICE BASED CREDIT SYSTEM [CBCS]

Useful For

Delhi University (DU), IGNOU, Berhampur University (Odisha), University of Kashmir, Sambalpur University (Odisha), University of Kalyani (West Bengal), Gurukula Kangri Vishwavidyalaya (Uttarakhand), Himachal Pradesh University, Cooch Behar Panchanan Barma University (West Bengal), Ranchi University, University of Culcutta, Pune University, University of Mumbai, Andhra University, School of Open Learning (DU), Gondwana University (Maharashra), Babasaheb Bhimrao Ambedkar University (Lucknow), Dr. Babasaheb Ambedkar Marathwada University (Aurangabad), University of Madras, Netaji Subhas Open University (Kolkata), Odisha State Open University, all other Indian Universities.

Closer to Nature We use Recycled Paper

GPH BOOK®

गुल्लीबाबा पब्लिशिंग हाउस प्रा. लि.

आई.एस.ओ. 9001 एवं आई.एस.ओ. 14001 प्रमाणित कं.

Published by:
GullyBaba Publishing House Pvt. Ltd.

Regd. Office:
2525/193, 1st Floor, Onkar Nagar-A,
Tri Nagar, Delhi-110035
(From Kanhaiya Nagar Metro Station Towards Old Bus Stand)
Call: 9991112299, 9312235086
WhatsApp: 9350849407

Branch Office:
1A/2A, 20, Hari Sadan,
Ansari Road, Daryaganj,
New Delhi-110002
Ph.011-45794768
Call & WhatsApp:
8130521616, 8130511234

E-mail: hello@gullybaba.com, **Website:**GullyBaba.com

New Edition

ISBN: 978-93-90116-21-8
Author: Gullybaba.com Panel

Copyright© with Publisher
All rights are reserved. No part of this publication may be reproduced or stored in a retrieval system or transmitted in any form or by any means; electronic, mechanical, photocopying, recording or otherwise, without the written permission of the copyright holder.

Disclaimer: Although the author and publisher have made every effort to ensure that the information in this book is correct, the author and publisher do not assume and hereby disclaim any liability to any party for any loss, damage, or disruption caused by errors or omissions, whether such errors or omissions result from negligence, accident, or any other cause.

If you find any kind of error, please let us know and get reward and or the new book free of cost.

The book is based on IGNOU syllabus. This is only a sample. The book/author/publisher does not impose any guarantee or claim for full marks or to be passed in exam. You are advised only to understand the contents with the help of this book and answer in your words.

All disputes with respect to this publication shall be subject to the jurisdiction of the Courts, Tribunals and Forums of New Delhi, India only.

HOME DELIVERY of GPH Books

You can get GPH books by VPP/COD/Speed Post/Courier.
You can order books by Email/SMS/WhatsApp/Call.
For more details, visit gullybaba.com/faq-books.html
Our packaging department usually dispatches the books within 2 days after receiving your order and it takes nearly 5-6 days in postal/courier services to reach your destination.

Note: Selling this book on any online platform like Amazon, Flipkart, Shopclues, Rediff, etc. without prior written permission of the publisher is prohibited and hence any sales by the SELLER will be termed as ILLEGAL SALE of GPH Books which will attract strict legal action against the offender.

प्रस्तावना

मनोविज्ञान एक सर्वग्राही विज्ञान के रूप में जाना जाता है। यह व्यवहार घटनाओं के 'क्या', 'क्यों' एवं 'कैसे' पक्षों का वैज्ञानिक विश्लेषण करता है। इस अर्थ में यह विज्ञान प्राचीन सभ्यता की कहानियों में वर्णित अपरिष्कृत उन विचारों की ओर इंगित करता है जो व्यवहार पक्षों के 'क्या', 'क्यों' एवं 'कैसे' से संबंधित तथ्यों को प्रतिबिंबित करते हैं।

सही अर्थ में मनोविज्ञान सर्वसाधारण की स्वाभाविक जिज्ञासाओं का वैज्ञानिक कसौटियों पर अध्ययन प्रस्तुत करता है। प्राय: प्रत्येक मनुष्य स्वाभाविक रूप से व्यवहार प्रतिरूपों की विवेचना में रुचि रखता है। मनोविज्ञान भी इन्हीं मानवीय जिज्ञासाओं को संतुष्ट करने वाला एक विज्ञान है, जिसका अनुप्रयोग मानवीय क्रियाकलापों के प्राय: सभी क्षेत्रों में होने लगा है तथा दिन-प्रतिदिन इसका अनुप्रयोग बढ़ता ही जा रहा है।

जी.पी.एच. की प्रस्तुत पुस्तक *'सामान्य मनोविज्ञान (बी.पी.सी.जी.-171)'* में हम मनोविज्ञान से संबंधित विभिन्न संकल्पनाओं का अध्ययन करेंगे। पुस्तक विशेष रूप से प्रश्न पत्र की तैयारी के लिए सारगर्भित एवं परीक्षोपयोगी प्रश्नोत्तर के रूप में लिखी गई है। इसके अध्ययन से न केवल अल्प समयावधि में छात्रों को अपना पाठ्यक्रम पूर्ण कर पाने में मदद मिल सकेगी बल्कि प्रश्नों के उत्तरों को हल करने में भी सरलता होगी।

प्रस्तुत पुस्तक की विषय-सामग्री के विस्तृत एवं जटिल उपबंधों को तर्कपूर्ण एवं संप्रभावी ढंग से संक्षेप में प्रस्तुत किया गया है। पुस्तक की भाषा उपयुक्त, सरल एवं प्रवाहपूर्ण रखने का प्रयत्न किया गया है। पुस्तक के प्रत्येक अध्याय के प्रारंभ में अध्याय की भूमिका दी गई है जिससे छात्रों को अध्याय को समझने में सरलता होगी। पुस्तक में सैम्पल तथा गेस प्रश्न पत्रों का समावेश किया गया है, जो छात्रों में एक अलग प्रकार का आत्मविश्वास बढ़ाने में सहायक होगें।

आगामी संस्करण में आपके सुझावों को यथास्थान साभार सम्मिलित किया जाएगा। अत: अपने सुझाव नि:संकोच **Email : feedback@gullybaba.com** पर या सीधे प्रकाशन के पते पर लिखकर अपने सुझाव से अनुग्रहित कर सकते हैं।

हम प्रकाशक (GPH) के सहायकों व लेखकों का सहृदय आभार प्रकट करते हैं, जिनके सहयोग और प्रयासों के कारण ही इस पुस्तक का प्रकाशन संभव हो पाया है।

हम आपकी सफलता की कामना करते हैं।

Topics Covered

अध्याय–1 : मनोविज्ञान के लिए अभिमुखता (Orientation to Psychology)

1. मनोविज्ञान की प्रकृति और व्यवहार की समाज-सांस्कृतिक प्रक्रियाएँ
   (Nature of Psychology and Sociocultural Processes of Behaviour)
2. व्यवहार के जैविकीय आधार
   (Biological Basis of Behaviour)
3. संज्ञानात्मक प्रक्रियाएँ: अवधान, प्रत्यक्षण, अधिगम, स्मृति और चिंतन
   (Cognitive Processes: Attention, Perception, Learning, Memory and Thinking)
4. भावात्मक प्रक्रियाएँ: अभिप्रेरणा और संवेग
   (Affective Processes: Motivation and Emotions)

अध्याय–2 : व्यक्तिगत भिन्नता का मनोविज्ञान (Psychology of Individual Differences)

5. व्यक्तिगत भिन्नता और बुद्धि
   (Individual Differences and Intelligence)
6. व्यक्तित्व का सिद्धांत
   (Theories of Personality)

अध्याय–3 : विकासात्मक प्रक्रियाएँ (Developmental Processes)

7. मानव विकास की प्रकृति और सिद्धांत
   (Nature and Principle of Human Development)

8.		विकास के चरण
		(Stages of Development)
9.		संज्ञानात्मक और नैतिक विकास
		(Cognitive and Moral Development)

अध्याय–4	मनोविज्ञान के अनुप्रयोग
	(Applications of Psychology)

10.	मनोविज्ञान के अनुप्रयोग
	(Applications of Psychology)

विषय-सूची

1. मनोविज्ञान की प्रकृति और व्यवहार की समाज-सांस्कृतिक प्रक्रियाएँ — 1
   (Nature of Psychology and Sociocultural Processes of Behaviour)
2. व्यवहार के जैविकीय आधार — 11
   (Biological Basis of Behaviour)
3. संज्ञानात्मक प्रक्रियाएँ: अवधान, प्रत्यक्षण, अधिगम, स्मृति और चिंतन — 27
   (Cognitive Processes: Attention, Perception, Learning, Memory and Thinking)
4. भावात्मक प्रक्रियाएँ: अभिप्रेरणा और संवेग — 53
   (Affective Processes: Motivation and Emotions)
5. व्यक्तिगत भिन्नता और बुद्धि — 73
   (Individual Differences and Intelligence)
6. व्यक्तित्व का सिद्धांत — 95
   (Theories of Personality)
7. मानव विकास की प्रकृति और सिद्धांत — 117
   (Nature and Principle of Human Development)
8. विकास के चरण — 127
   (Stages of Development)
9. संज्ञानात्मक और नैतिक विकास — 135
   (Cognitive and Moral Development)
10. मनोविज्ञान के अनुप्रयोग — 147
    (Applications of Psychology)

प्रश्न पत्र

(1) सैम्पल पेपर-I (हल सहित) — 155
(2) सैम्पल पेपर-II (हल सहित) — 157
(3) गेस पेपर-I — 159
(4) गेस पेपर-II — 160
(5) दिसम्बर, 2021 (हल सहित) — 161
(6) जून, 2022 (हल सहित) — 162

अध्याय
1

मनोविज्ञान की प्रकृति और व्यवहार की समाज–सांस्कृतिक प्रक्रियाएँ

भूमिका

मनोविज्ञान एक नवीन विषय है। इसका इतिहास लगभग 130 वर्ष पुराना है। जर्मनी के लिपजिंग विश्वविद्यालय में इसकी पहली प्रयोगशाला स्थापित हुई। तब से अब तक यह अनेकों पड़ावों को पार करता हुआ अपनी अनेक शाखाएँ विकसित कर चुका है। इसके लक्ष्य निर्धारित किए जा चुके हैं, विषय-विस्तार या क्षेत्र निश्चित किया जा चुका है और अध्ययन की नई–नई विधियाँ विकसित की जा चुकी हैं।

प्रस्तुत अध्याय में मनोविज्ञान की परिभाषा, इसकी वैज्ञानिक प्रकृति, इसके कार्यक्षेत्र तथा इसके अध्ययन की विभिन्न विधियों का वर्णन किया गया है। इसके अतिरिक्त, मनोविज्ञान की विभिन्न शाखाओं और मनोविज्ञान के अनुप्रयोगों का भी वर्णन किया गया है। इस अध्याय के अंत में, हमारे व्यवहार में अंतर्निहित समाजशास्त्रीय क्रियाओं का भी वर्णन किया गया है।

प्रश्न 1. मनोविज्ञान की उत्पत्ति और विकास की व्याख्या कीजिए।

उत्तर– मनोविज्ञान का उद्‌भव 1870 के दशक का है। Psychology (साइकोलॉजी) शब्द की उत्पत्ति ग्रीक शब्दों Psyche और Logus से हुई है। जिसमें Psyche का अर्थ 'आत्मा' से है तथा Logus का अर्थ 'ज्ञान'। यदि Psychology शब्द का पूर्ण अर्थ समझा जाए तो आत्मा का ज्ञान ही मनोविज्ञान है। अर्थात् मनोविज्ञान का अर्थ आत्मा का अध्ययन। उन्नीसवीं सदी से पहले 'साइकोलॉजी' (मनोविज्ञान) शब्द आम उपयोग में नहीं था और मनोविज्ञान का क्षेत्र वास्तव में उन्नीसवीं शताब्दी के मध्य तक एक स्वतंत्र विज्ञान नहीं बन पाया था।

1879 में मनोविज्ञान एक स्वतंत्र अकादमिक अनुशासन के रूप में उभरा, जब जर्मनी के प्रोफेसर विल्हेम वुंड्ट ने जर्मनी के लिपजिंग विश्वविद्यालय में विश्व की सबसे पहली मनोवैज्ञानिक प्रयोगशाला स्थापित की। बोल्स (1993) के अनुसार, वुंड्ट एक प्रशिक्षित मेडिकल डॉक्टर थे और अपने करियर की शुरुआत में, उन्हें उन्नीसवीं सदी के कुछ महान शरीरक्रिया विज्ञानियों के साथ काम करने का सौभाग्य प्राप्त हुआ था। मनोविज्ञान की बौद्धिक जड़ें दर्शनशास्त्र और शरीरक्रिया विज्ञान के समागम में हैं। वुंड्ट को पारंपरिक रूप से आधुनिक मनोविज्ञान के संस्थापक या पिता के रूप में जाना जाता है। 1879 के वर्ष को एक उल्लेखनीय वर्ष के रूप में देखा जाता है जब मनोविज्ञान अंततः एक अद्वितीय/अनूठे क्षेत्र के रूप में उभरा। वुंड्ट से पहले, मनोविज्ञान में विशेषज्ञता की डिग्री प्राप्त होना संभव नहीं था, क्योंकि उनसे पहले कहीं पर भी, कोई आधिकारिक मनोवैज्ञानिक या मनोविज्ञान विभाग नहीं था। वुंड्ट ने 'मन' की संरचना का अध्ययन करना शुरू कर दिया, जिसने, तत्कालिक अनुभव (चेतन), व्यक्तिपरक अनुभवों की विषय-वस्तु और प्रक्रियाओं जैसे संवेदनाओं, विचारों, भावनाओं संवेग, को संदर्भित किया। इस प्रकार, औपचारिक रूप से, मनोविज्ञान को 1879 में एक स्वतंत्र विज्ञान के रूप में मान्यता मिल गई।

हिलगार्ड, एटकिंसन और एटकिंसन (1975) ने मनोविज्ञान की समय के साथ परिवर्तित परिभाषाओं को विलियम जेम्स (1890) से शुरू करके केनेथ क्लार्क और जॉर्ज मिलर (1970) तक संकलित किया है। बग्गा और सिंह (1990) ने 'वुडवर्थ' और 'मन्न' की निम्नलिखित क्रमशः दो परिभाषाओं का सदर्भ लिया है–"किसी व्यक्ति की अपने वातावरण के संबंध में किए गए क्रियाकलापों का वैज्ञानिक अध्ययन ही मनोविज्ञान है।"

"मनोविज्ञान आज व्यवहार की वैज्ञानिक पड़ताल के साथ-साथ व्यवहार के दृष्टिकोण से भी चिंतित है, जो पहले के मनोवैज्ञानिकों ने अनुभव के रूप में निपटाया था।"

कालानुक्रमिक क्रम के अंतर्गत मनोविज्ञान की कुछ और आधुनिक परिभाषाएँ निम्न प्रकार हैं–

- मॉर्गन एट आल. (Morgen et al., 1986) के अनुसार "मनोविज्ञान मनुष्य और पशु के व्यवहार का विज्ञान है। इसमें मानवीय समस्याओं के लिए इस विज्ञान का अनुप्रयोग शामिल है।"
- फेल्डमेन (Feldman, 1996) के अनुसार, "मनोविज्ञान व्यवहार और मानसिक संक्रियाओं का वैज्ञानिक अध्ययन है।"
- टेवरिस एवं वेड (Tavris and Wade, 1997) के अनुसार, "मनोविज्ञान व्यवहार और मानसिक संक्रियाओं का वैज्ञानिक अध्ययन हैं। व्यवहार और मानसिक संक्रियाएँ कैसे

एक जीव की शारीरिक स्थिति, मानसिक स्थिति और बाहरी वातावरण/परिस्थितियों से प्रभावित होती है।"

- दास (Das, 1998) के अनुसार, "मनोविज्ञान मानव व्यवहार और मानसिक प्रक्रियाओं के बारे में और उन परिस्थितियों के बारे में है जिसमें व्यवहार और मानसिक प्रक्रियाएँ घटित होती हैं।"
- आधुनिक परिभाषाओं में क्रूक्स (Crooks, 1998) के द्वारा दी गई परिभाषा मनोविज्ञान के स्वरूप को स्पष्ट करने में अधिक सक्षम है। उनके अनुसार, "मनोविज्ञान वह विज्ञान है जो मानवों एवं अन्य पशुओं के व्यवहार तथा मानसिक प्रक्रियाओं का वैज्ञानिक अध्ययन करता है।"
- आधुनिक परिभाषाओं में बैरोन (Baron, 1999) के द्वारा दी गई परिभाषा अधिक सुसंबद्ध, नवीन तथा संतोषजनक है, इनके अनुसार, "मनोविज्ञान की सबसे अच्छी परिभाषा है कि मनोविज्ञान व्यवहार तथा संज्ञानात्मक प्रक्रियाओं का विज्ञान है।"
- नैरने (Nairne, 2003) के अनुसार, "मनोविज्ञान और मन का वैज्ञानिक अध्ययन है।"
- आइजेंक (Eysenck, 2004) ने मनोविज्ञान की एक आधुनिक परिभाषा दी है कि, "मनोविज्ञान एक विज्ञान है जो व्यवहार तथा अन्य प्रमाण का उपयोग कर मानव तथा अन्य जाति के सदस्यों की उन आंतरिक प्रक्रियाओं को समझने का प्रयास करता है जो उनके व्यवहार विशेष का पथप्रदर्शन करती है।"
- राथूस (Rathus, 2008) के अनुसार, "एक विज्ञान जो व्यवहार और मानसिक संक्रियाओं का अध्ययन करता है।"

उपर्युक्त परिभाषाओं के आधार पर यह निष्कर्ष निकालता है कि इन सभी परिभाषाओं में 'व्यवहार के अध्ययन (मानव और पशु)' पर जोर दिया गया है। इसके अलावा, अधिकांश लेखकों ने मनोविज्ञान की अपनी परिभाषाओं में 'संज्ञानात्मक/मानसिक संक्रियाओं' को भी सम्मिलित किया है।

प्रश्न 2. मनोविज्ञान की वैज्ञानिक प्रकृति को स्पष्ट कीजिए।
अथवा
विज्ञान की विशेषताओं का वर्णन कीजिए।

उत्तर– समकालीन मनोवैज्ञानिकों ने मनोविज्ञान को हमेशा व्यवहार के रूप में परिभाषित किया है तथा विज्ञान की कुछ परिभाषाएँ निम्न प्रकार हैं–

- मॉर्गन एवं अन्य (1986) के अनुसार, "विज्ञान प्रेक्षण एवं मापन क्रियाओं द्वारा संग्रहित ज्ञान की एक व्यवस्थित संरचना है।"
- लेहे (1998) के अनुसार, "विज्ञान ज्ञान के प्रति ऐसा उपागम है जो व्यवस्थित प्रेक्षण पर आधारित होता है।"

विज्ञान का एकमात्र उद्देश्य भौतिक दुनिया की वस्तुओं और घटनाओं को वर्गीकृत करना, समझना और एकीकृत करना है। सटीक अवलोकन और प्रयोग, तर्क और अंतर्ज्ञान के संयोजन

का उपयोग करके, वैज्ञानिक उन नियमों को समझना चाहते हैं जो ब्रह्मांड के सभी स्तरों को नियंत्रित करते हैं।

विज्ञान की विशेषताएँ–घटनाओं के अवलोकन को विभिन्न तरीकों से व्यवस्थित किया जाता है, लेकिन मुख्य रूप से यथासंभव सटीक रूप से नई घटनाओं का वर्णन करने और भविष्यवाणी करने के लिए सामान्य सिद्धांतों और कानूनों को वर्गीकृत और स्थापित करके किया जाता है। मनोविज्ञान उसी तरह से व्यवहार का अध्ययन करता है जिस तरह से अन्य विज्ञान अपने विषय-वस्तु का अध्ययन करते हैं इसलिए मनोविज्ञान की कई विशेषताएँ विज्ञान जैसी ही हैं। मॉर्गन और अन्य विज्ञानों के अनुसार, मनोविज्ञान में, एक विज्ञान के रूप की निम्नलिखित विशेषताएँ हैं–

- **अनुभवजन्य अवलोकन**–मनोविज्ञान, एक विज्ञान के रूप में, सबसे पहले, और सबसे ऊपर, अनुभवजन्य है अर्थात् यह तर्क, राय या विश्वास के बजाय प्रयोग और अवलोकन पर आधारित है।
- **क्रमबद्ध उपागम और सिद्धांत**–अवलोकन और प्रयोगों के आँकड़े विज्ञान के लिए आवश्यक हैं, लेकिन घटनाओं को समझने में मदद करने के लिए उनका किसी क्रम में व्यवस्थित होना आवश्यक है। वैज्ञानिक सीमित सिद्धांतों को खोजने की कोशिश करता है जो आँकड़े को कुशलतापूर्वक संक्षेप में प्रस्तुत कर सकें। आँकड़ों के संगठन के लिए वैज्ञानिक सिद्धांत महत्त्वपूर्ण उपकरण है।
- **मापन**–विज्ञानों की एक और महत्त्वपूर्ण विशेषता मापन है, जिसे कुछ नियमों के अनुसार वस्तुओं या घटनाओं को संख्याओं के आबंटन के रूप में परिभाषित किया गया है। भौतिकी को विज्ञान के बीच सर्वोच्च (सबसे अधिक वैज्ञानिक) स्थान दिया गया है क्योंकि इसने सबसे सटीक मापन विकसित किए हैं।
- **शब्दों की परिभाषा**–विज्ञान में स्पष्ट विचार के लिए शब्दों को ध्यानपूर्वक परिभाषित करना आवश्यक है। मनोविज्ञान में संप्रत्यय को प्रेक्षणीय व्यवहार के साथ संबंधित करके परिभाषित किया जाता है (कार्यकारी परिभाषा)। जब हम किसी संप्रत्यय को कार्यकारी रूप से परिभाषित करते हैं तो हम इसे मापने योग्य और प्रेक्षणीय क्रियाओं के रूप में परिभाषित करते हैं। उदाहरण के लिए, भौतिकी में लंबाई और चौड़ाई के संप्रत्यय और मनोविज्ञान के संप्रत्यय जैसे, बुद्धि, अभिप्रेरणा, व्यक्तित्व को प्रेक्षणीय क्रियाओं के रूप में परिभाषित किया जाता है जिनका मापन भी किया जा सकता है, हालाँकि, मनोविज्ञान कई व्यवहारों जैसे बहादुरी, दोस्ती, प्रेम, सौंदर्य आदि को मापा नहीं जा सकता है क्योंकि इन्हें कार्यकारी रूप से परिभाषित नहीं किया जा सकता है।

उपरोक्त विशेषता मनोविज्ञान सहित सभी विज्ञानों के लिए आम हैं। हालाँकि, मनोविज्ञान एक अलग प्रकार का विज्ञान है (व्यवहारिक विज्ञान)। भौतिकी या रसायन विज्ञान में, शोधकर्त्ता प्रक्रियाओं और घटनाओं की जाँच करते हैं जो काफी हद तक स्थिर रहते हैं। लेकिन मानव व्यवहार के मामले में ऐसा नहीं है, जो कि अत्यधिक जटिल, आसानी से नियंत्रित नहीं किया जा सकता और भौतिक और रासायनिक पदार्थों की प्रतिक्रियाओं की तुलना में बहुत अधिक अप्रत्याशित होता है। जबकि अन्य विज्ञान मनुष्य के

आस–पास की चीजों की जाँच करते हैं, मनोविज्ञान स्वयं मनुष्य का अध्ययन करता है। मनोविज्ञानिक अनुसंधान में उपयेाग की जाने वाली विधियों में अवलोकन, साक्षात्कार, मनोवैज्ञानिक परीक्षण, प्रयोगशाला प्रयोग और सांख्यिकीय विश्लेषण शामिल हैं। इस प्रकार, मनोविज्ञान को वैज्ञानिक जाँच के सबसे युवा समूह, 'सामाजिक या व्यावहारिक विज्ञान' के अंतर्गत वर्गीकृत किया गया है, जिसमें मानव विज्ञान, अर्थशास्त्र, शिक्षा, भूगोल, इतिहास, भाषा विज्ञान, समाजशास्त्र आदि विषय भी शामिल हैं (रश, 1972)। विज्ञान का पहला समूह 'भौतिक विज्ञान' है, जिसमें भौतिकी, रसायन विज्ञान आदि विषय शामिल हैं। उनके बाद जैविक/जीवन विज्ञान है जिसमें जीव विज्ञान, वनस्पति विज्ञान, प्राणी विज्ञान आदि जैसे विषय शामिल है। व्यावहारिक समस्याओं के लिए ज्ञान का अनुप्रयोग एक कला है, यह उन चीजों को करने के लिए कौशल या दक्षता है जो अध्ययन, अभ्यास और विशेष अनुभव द्वारा हासिल की जाती है। चूँकि मनोविज्ञान के सिद्धांतों और नियमों को कई स्थितियों (परिवारों, स्कूलों, संगठनों, पर्यावरण) में मानव समस्याओं को हल करने के साथ–साथ व्यवहार विकारों और भावनात्मक समस्याओं का उपचार करने के लिए प्रयोग किया जाता है, अत: यह एक कला भी है।

प्रश्न 3. मनोविज्ञान के कार्यक्षेत्र का उल्लेख कीजिए।

उत्तर– मनोविज्ञान का क्षेत्र बहुत ही रोमांचक है। यह एक ही साथ परिचित, आकर्षक, आश्चर्यजनक और चुनौतीपूर्ण है। सबसे बढ़कर, मनोविज्ञान बदल रहा है। मनोविज्ञान हम में से प्रत्येक के बारे में है। यह हमें एक चिंतनशील रवैया अपनाने के लिए कहता है जब हम पूछताछ करते हैं कि "कैसे आत्मगत नजरिये को छोड़कर वस्तुनिष्ठ तरीके से अपने जीने, सोचने, महसूस करने और कार्य करने को देखना है।" कून और मितेरर (2008) जैसे मनोवैज्ञानिकों का मानना है कि इसका उत्तर ध्यानपूर्वक विचार, अवलोकन और पूछताछ के माध्यम से मिलता है।

परमेस्वरन और बीना (2002) जैसे मनोवैज्ञानिकों का मानना है कि कुछ लोग मनोविज्ञान को दर्शन का हिस्सा मानते हैं। अन्य लोग इसकी जादू से बराबरी करते हैं। कुछ लोग इसे पागलपन के रूप में देखते हैं। अभी भी अन्य लोगों की राय है कि मनोवैज्ञानिक या तो जादूगर या रहस्यमयी लोग होते हैं, जिनकी रुचि मनोविज्ञान में मुख्य रूप से अनभिज्ञ जिज्ञासा से उत्पन्न होती है। उनका विचार है कि यदि वे मनोविज्ञान का अध्ययन करते हैं, तो वे चमत्कार, रहस्य, पागलपन के बारे में सीखेंगे और यह एक अनोखा अनुभव होगा। उनमें से कई लोग महसूस करते हैं कि मनोविज्ञान का मुख्य उपयोग मानसिक रूप से बीमार व्यक्तियों के इलाज में है। हालाँकि निश्चित रूप से यह अनुप्रयोग का एक महत्त्वपूर्ण क्षेत्र है, किंतु यह एकमात्र क्षेत्र नहीं है। आज मनोविज्ञान एक व्यक्ति के जीवन में गर्भ से कब्र तक लगभग सभी उपयोगी अनुप्रयोगों को ढूँढ़ता है। सभी महत्त्वपूर्ण विषयों की तरह, मनोविज्ञान की अपनी अवधारणाएँ हैं जैसे कि बुद्धि, व्यक्तित्व, तनाव, अधिगम, स्मृति, चिंतन, प्रत्यक्षण आदि। मनोविज्ञान की कई अवधारणाओं से हम परिचित हैं, लेकिन उनमें से कई नई हैं। मनोविज्ञान में शामिल विषय हैं–तंत्रिका तंत्र, संवेदना और प्रत्यक्षण, अधिगम और

स्मृति, बुद्धि, भाषा और चिंतन, प्रगति और विकास, अभिप्रेरणा और संवेग, व्यक्तित्व, तनाव, मनोवैज्ञानिक विकार, उन विकारों के इलाज के तरीके, यौन व्यवहार और सामाजिक परिवेश जैसे समूह और संगठन में लोगों का व्यवहार। अन्य विज्ञानों की तरह, मनोविज्ञान का लक्ष्य भी इसके द्वारा अध्ययन की जाने वाली घटना का वर्णन, व्याख्या, भविष्यवाणी और नियंत्रित करना है (कून और मितेरर, 2008)। इस प्रकार, मनोविज्ञान, व्यवहार और मानसिक प्रक्रियाओं के वर्णन, व्याख्या, भविष्यवाणी और नियंत्रण का प्रयास करता है। व्यवहार के विज्ञान के रूप में मनोविज्ञान, व्यवहार के 'क्यों' और 'कैसे' को व्याख्यायित करने का प्रयास करता है। मनोविज्ञान का ज्ञान मनुष्य द्वारा सामना की जाने वाली विभिन्न समस्याओं को हल करने हेतु प्रयोग में लाया जा सकता है, फिर चाहे वह घर, समाज, कार्य स्थल या पूरी दुनिया में कहीं भी हो।

प्रश्न 4. मनोविज्ञान के अध्ययन करने के विभिन्न तरीके क्या हैं? चर्चा कीजिए।

अथवा

मनोविज्ञान का अध्ययन करने के लिए विभिन्न विधियों का वर्णन कीजिए।

उत्तर— मनोविज्ञान में अनेक प्रकार की विधियाँ होती हैं। मनोवैज्ञानिक जाँच की तीन प्रमुख विधियाँ निम्न हैं–

- **प्रायोगिक विधि (Experimental Method)—** प्रायोगिक विधि में दो चरों के बीच कारणात्मक संबंध को एक नियंत्रित परिस्थिति में स्थापित किया जाता है। दूसरे शब्दों में, यहाँ किसी स्वतंत्र चर के प्रभाव को किसी आंत्रिक चर पर आँकने का प्रयास किया जाता है। जो चर प्रभाव डालता है, अर्थात् जो कारण होता है, उसे स्वतंत्र चर कहते हैं और जो चर प्रभावित होता है अर्थात् जो प्रभाव होता है, उसे आंत्रिक चर कहते हैं।

प्रायोगिक शोध के प्रायः चार चरण होते हैं—पहले चरण में, यादृच्छिक आवंटन के द्वारा प्रयोज्यों को प्रयोगात्मक समूह तथा नियंत्रण-समूह में विभाजित किया जाता है। यह निश्चित किया जाता है कि दोनों समूह अनुरूप हों। दूसरे चरण में, आंत्रिक चार के स्तर की जाँच करके समान बनाया जाता है। तीसरे चरण में, प्रयोगात्मक समूह को स्वतंत्र चर से प्रभावित किया जाता है, किंतु नियंत्रण-समूह को नहीं। चौथे चरण में दोनों समूहों के आंत्रिक चर का आकलन किया जाता है।

उदाहरण— मान लें कि प्रयोगात्मक विधि द्वारा यह देखना है कि असामान्य व्यवहार तथा पालन-पोषण के बीच क्या संबंध है। इस समस्या के समाधान हेतु प्रथम चरण में यादृच्छिक आवंटन द्वारा 50 बच्चों को प्रयोगात्मक समूह तथा 50 बच्चों को नियंत्रण समूह में रखा जाएगा। प्रयास किया जाएगा कि दोनों समूहों के बच्चे हर तरह से अनुरूप हों। दूसरे चरण में, दोनों समूहों के बच्चों के असामान्य व्यवहार के स्तरों को निर्धारित किया जाएगा। तीसरे चरण में प्रयोगात्मक समूह के बच्चों के साथ माता-पिता जानबूझकर बुरा व्यवहार करेंगे जबकि नियंत्रण समूह के बच्चों के साथ उनके माता-पिता सामान्य व्यवहार करेंगे। अंतिम चरण में कुछ वर्षों के बाद दोनों समूहों के बच्चों के असामान्य व्यवहार के स्तरों को पुनः निर्धारित किया जाएगा। परिणामतः यदि

प्रयोगात्मक समूह के बच्चों में नियंत्रण समूह के बच्चों से अधिक असामान्य व्यवहार देखे जाएँगे तो यह निष्कर्ष पाया जाएगा कि असामान्य व्यवहार का कारण दोषपूर्ण पालन–पोषण है।

- **सहसंबंधात्मक विधि (Correlational Method)**–मनोवैज्ञानिक अध्ययनों में हम प्राय: पूर्वकथन करने के लिए दो परिवर्त्यों के मध्य संबंध का निर्धारण करना चाहते हैं। उदाहरण के लिए, आपकी रुचि यह जानने की है कि 'क्या अध्ययन समय की मात्रा विद्यार्थी की शैक्षिक उपलब्धि से संबंधित है?' यह विधि प्रयोगात्मक विधि से भिन्न है क्योंकि इसमें आपको अध्ययन के समय का न तो प्रहस्तन करना है, और न ही उपलब्धि पर उसका प्रभाव देखना है। आप मात्र दो परिवर्त्यों के मध्य संबंध जानना चाहते हैं जिससे आप यह जान सकें कि क्या दोनों में साहचर्य अथवा सहसंबंध है या नहीं। दोनों परिवर्त्यों में संबंध की शक्ति एवं दिशा एक गणितीय लब्धांक द्वारा प्रस्तुत होती है जिसे सहसंबंध गुणांक कहते हैं। इसका विस्तार +1.00, 0.0 से -1.0 तक होता है। इस प्रकार, सहसंबंध गुणांक तीन प्रकार के होते हैं–धनात्मक, ऋणात्मक एवं शून्य। धनात्मक सहसंबंध (positive correlation) इस बात का संकेत करता है कि जब एक परिवर्त्य का मान बढ़ेगा तो दूसरे परिवर्त्य का मान भी बढ़ेगा। उसी प्रकार जब एक परिवर्त्य का मान घटेगा तो दूसरे का मान भी घटेगा। मान लीजिए यह पाया गया है कि विद्यार्थी जब अध्ययन के लिए अधिक समय देते हैं तो उनमें उपलब्धि लब्धांक की भी वृद्धि होती है तथा यह भी पाया गया है कि जब वे कम अध्ययन करते हैं तो उनका उपलब्धि लब्धांक भी कम होता है। इस प्रकार के साहचर्य को धनात्मक अंक द्वारा दर्शाया जाएगा और अध्ययन एवं उपलब्धि के बीच जितना अधिक सार्थक साहचर्य होगा वह गुणांक +1.00 के उतने ही करीब होगा। आपको +0.85 सहसंबंध गुणांक मिल सकता है जो अध्ययन समय एवं उपलब्धि के बीच उच्च धनात्मक साहचर्य का द्योतक होगा। दूसरी ओर, ऋणात्मक सहसंबंध (negative correlation) हमें बतलाता है कि जैसे ही एक परिवर्त्य (X) का मान बढ़ता है वैसे ही दूसरे परिवर्त्य (Y) का मान कम हो जाता है। उदाहरण के लिए, आप इस बात की परिकल्पना कर सकते हैं कि जैसे ही अध्ययन समय में वृद्धि होगी वैसे ही अन्य गतिविधियों में लगने वाला समय कम हो जाएगा। यहाँ आपको जो ऋणात्मक सहसंबंध मिलेगा उसका विस्तार 0 और -1.0 के बीच होगा। यहाँ यह भी संभव है कि दो परिवर्त्यों के बीच कोई सहसंबंध न हो। इसे शून्य सहसंबंध (zero correlation) कहते हैं। शून्य सहसंबंध मिलना प्राय: कठिन होता है। यद्यपि सहसंबंध शून्य के निकट हो सकता है जैसे–.02 अथवा +.03। यह बताता है कि दोनों परिवर्त्यों के बीच कोई सार्थक सहसंबंध नहीं है अथवा दोनों परिवर्त्य एक–दूसरे से संबंधित नहीं हैं।
- **प्रेक्षण विधि (Observation Method)**–मनोवैज्ञानिक, शैक्षिक तथा समाजशास्त्रीय शोध में प्रेक्षण शोध का एक प्रमुख प्रकार है। प्रेक्षण वैसे शोध को कहा जाता है। जिसमें शोधकर्त्ता चरों में बिना किसी तरह के जोड़–तोड़ किए ही अध्ययन से संबंधित घटनाओं

के क्रम का अवलोकन करता है, उसके महत्त्वपूर्ण तथ्यों को लिखते जाता है और उसका एक अभिलेखन या रिकॉर्ड तैयार करता है। अभिलेखन या रिकॉर्ड किए गए व्यवहारों का विश्लेषण कर शोधकर्त्ता एक निश्चित निष्कर्ष पर पहुँचता है। उदाहरणार्थ, मान लिया जाए कि यदि शोधकर्त्ता खेल के मैदान में बच्चों के व्यवहारों का प्रेक्षण करना चाहता है तथा उनके समूह व्यवहार के बारे में कुछ जानना चाहता है। ऐसी परिस्थिति में यह चुपचाप कहीं बैठकर बच्चों द्वारा दिखाए गए महत्त्वपूर्ण भावों, संवेगों तथा अन्य व्यवहारों का ब्यौरा तैयार करता जाएगा। इस ब्यौरे के विश्लेषण के बाद वह इस निष्कर्ष पर पहुँच सकता है कि खेल के मैदान में कुछ बच्चे आक्रमणकारी व्यवहार अधिक करते हैं तथा कुछ बच्चे ऐसे व्यवहार कम करते हैं। समूह का नेतृत्व उन्हीं बच्चों के हाथ में होता है जो आक्रमणकारी व्यवहार अधिक दिखलाते हैं। इससे शोधकर्त्ता इस निष्कर्ष पर पहुँचेगा कि बच्चों में समूह नेतृत्व तथा आक्रमणकारी व्यवहार में धनात्मक सहसंबंध तथा आक्रमणकारी व्यवहार में धनात्मक सहसंबंध होता है। प्रेक्षक की इस भूमिका को मद्देनजर रखते हुए यह कहा जा सकता है कि यह एक तरह का असहभागी प्रेक्षण का उदाहरण है क्योंकि समूह के खेल व्यवहार में प्रेक्षक खुद हाथ नहीं बँटा रहा है।

प्रश्न 5. मानव व्यवहार में अंतर्निहित समाज-सांस्कृतिक प्रक्रियाओं की भूमिका को स्पष्ट कीजिए।

अथवा

समाजशास्त्रीय कारकों में से परिवार कैसे एक सबसे महत्त्वपूर्ण कारक है जो हमारे व्यवहार को प्रभावित करता है?

उत्तर– मनुष्य एक सामाजिक प्राणी है और इसलिए उसका व्यवहार कई सामाजिक कारकों जैसे परिवार, साथियों, उसके समाज और संस्कृति से भी संचालित होता है। इस ग्रह पर किसी भी अन्य प्राणी की तुलना में हमारा व्यवहार बहुत अधिक जटिल है और इसका एकमात्र कारण हमारे व्यवहार को नियंत्रित करने वाले 'समाज-सांस्कृतिक' कारक हैं। उदाहरण के लिए, प्यास की आवश्यकता बुनियादी जैविक आवश्यकता है जो मनुष्यों और पशुओं में उभयनिष्ठ है। हालाँकि, जिस तरह से हम मनुष्यों ने इसे पोषित किया है वह पशुओं से बिल्कुल अलग है। उदाहरण के लिए, कुछ लोग ठंडा पानी पीएँगे, कुछ गुनगुना पानी पीएँगे और कुछ सामान्य पानी पसंद कर सकते हैं, जबकि अन्य अपनी प्यास बुझाने के लिए सोडा या जूस पीना पसंद कर सकते हैं। यह उदाहरण दिखाता है कि हमारा व्यवहार केवल जैविक कारकों द्वारा संचालित नहीं है, बल्कि विभिन्न सामाजिक और सांस्कृतिक कारक इसे आकार देने में महत्त्वपूर्ण भूमिका निभाते हैं।

हमारे व्यवहार पर प्रभाव डालने वाले सबसे महत्त्वपूर्ण समाज-सांस्कृतिक कारकों में से एक है परिवार। जन्म के बाद से, परिवार हमारी पारस्परिक क्रिया का प्राथमिक स्रोत है और इस प्रकार यह मूल्य अर्जन और भूमिका अपेक्षाओं में महत्त्वपूर्ण भूमिका निभाता है। बंडुरा ने अपने सिद्धांत में सुझाव दिया है कि बच्चा दूसरों और विशेष रूप से अग्रेजों (अपने से बड़ों) की नकल करके

व्यवहार सीखता है। परिवार के मामले में, एक बच्चा अपने माता-पिता, भाई-बहनों और अन्य देखभाल करने वालों को देखकर एक विशेष तरीके से कार्य करना सीखता है। इस प्रकार, यह सुझाव दिया जा सकता है कि परिवार किसी भी व्यवहार को सीखने में महत्त्वपूर्ण भूमिका निभाता है। इसके अलावा, परिवार का प्रकार, देखभाल करने वालों की संख्या, भाई-बहनों की संख्या, परिवार की सामाजिक आर्थिक स्थिति आदि कारक भी किसी के व्यवहार को प्रभावित करते हैं। हमारे व्यवहार की अन्य महत्त्वपूर्ण आधारभूत समाज-सांस्कृतिक प्रक्रिया समाज और संस्कृति है। अक्सर इन दोनों शब्दों का उपयोग अदल-बदल कर किया जाता है, लेकिन उनके अर्थ अलग-अलग होते हैं। समाज से तात्पर्य लोगों के ऐसे समूह से है जो एक सामान्य क्षेत्र, भाषा और संस्कृति, विभिन्न लोगों या समाज के अन्य पड़ोसी समूह को साझा करता है। कई अध्ययनों में पाया गया है कि हमारा समाज और संस्कृति हमारे व्यवहार पर गहरा प्रभाव डालते हैं। उदाहरण के लिए, अमेरिका और यूरोपीय देशों जैसी व्यक्तिवादी संस्कृति में स्वतंत्रताओं, व्यक्तिगत अधिकारों पर जोर दिया जाता है और, मुखर होने को महत्त्वपूर्ण गुण माना जाता है। जबकि, सामूहिक संस्कृतियाँ (जैसे भारत और चीन) निर्भरता, आत्म-बलिदान जैसे गुणों को बढ़ावा देती हैं और इनमें दूसरों की सहायता करने को अधिक महत्त्वपूर्ण माना जाता है। जी.पी.एच. की पुस्तकों का मुख्य उद्देश्य ज्ञान के साथ-साथ अच्छे नम्बर दिलाना है।

'गुल्लीबाबा' नाम क्यों?

'गुल्लीबाबा' दो महत्त्वपूर्ण शब्दों के मेल से बना है–'गुल्ली' तथा 'बाबा'। 'गुल्ली' शब्द प्राचीन भारतीय खेल गुल्ली-डंडा से आया है। यह खेल 'एकाग्रता' तथा 'फिटनेस' का एक अच्छा प्रतीक है। 'बाबा' शब्द 'आदर' और 'सम्मान' को बताता है।

'एकाग्रता', 'फिटनेस' और 'दूसरों के प्रति सम्मान' जीवन में सफलता की ऊँचाइयों को छूने के लिए आवश्यक हैं। अतः शिक्षा के क्षेत्र में अच्छी उपलब्धि प्राप्त कराने तथा सबको आदर और सम्मान देने के लिए ही 'गुल्लीबाबा' नाम रखा गया है।

और अधिक जानकारी के लिए देखें:

GullyBaba.com/why-name-gullybaba.html

अध्याय 2

व्यवहार के जैविकीय आधार

भूमिका

मनुष्य इस जीव-जगत के श्रेष्ठतम प्राणी हैं। विकास की सीढ़ी पर यह सबसे ऊपर है। इसमें अपने वातावरण के साथ अभियोजन करने की अधिक क्षमता पाई जाती है। इन क्षमताओं का नियंत्रण और संचालन तंत्रिका तंत्र के द्वारा होता है। तंत्रिका-तंत्र तंत्रिका-कोशिकाओं का संगठित तंत्र है। मनुष्य का तंत्रिका तंत्र सबसे जटिल होता है क्योंकि अन्य जीवों की अपेक्षा तंत्रिका-कोशिकाओं की संख्या सबसे अधिक होती है। तंत्रिका-तंत्र की सबसे छोटी इकाई तंत्रिका-कोशिका या स्नायु कोशिका कहलाती है। सुषुम्ना एवं मस्तिष्क केंद्रीय तंत्रिका तंत्र के अंग के रूप में कार्य करते हैं तथा स्वचालित तंत्रिका-तंत्र के द्वारा प्राणी की वैसी क्रियाओं का संचालन और नियंत्रण होता है, जो स्वतः होती है। मनोवैज्ञानिकों ने जटिल मानव व्यवहार तथा तंत्रिका तंत्र की प्रक्रियाओं, विशेष रूप से मस्तिष्क के बीच संबंध जानने का प्रयास किया है। यह अध्याय हमें तंत्रिका कोशिका, केंद्रीय तंत्रिका तंत्र और अंतःस्रावी ग्रंथियों और हमारे व्यवहार पर उनके प्रभाव का विवरण प्रदान करेगा।

प्रश्न 1. तंत्रिका कोशिका क्या है? तंत्रिका कोशिका का एक आरेख बनाए और इसके भागों की व्याख्या कीजिए।

अथवा

तंत्रिका कोशिका की प्रकृति और संरचना पर प्रकाश डालिए।

अथवा

संक्षेप में विभिन्न प्रकार की तंत्रिका कोशिकाओं का वर्णन कीजिए।

उत्तर– तंत्रिका तंत्र की सबसे छोटी इकाई को तंत्रिका कोश या स्नायु-कोश कहा जाता है। इसका दूसरा नाम समायोजक या प्रवाहक है। इसका कार्य ग्राहक और प्रभावक के बीच संबंध स्थापित करना है। इन दोनों के बीच संबंध स्थापित करने में अनेक तंत्रिकाओं को क्रियाशील होना पड़ता है। ये सभी तंत्रिका-कोशिकाएँ संगठित रूप से कार्य करती हैं। अत: तंत्रिका कोशिकाओं के संगठित तंत्र को तंत्रिका-तंत्र कहते हैं।

मनुष्य का तंत्रिका-तंत्र सबसे जटिल होता है क्योंकि इसमें अन्य जीवों की अपेक्षा तंत्रिका-कोशिकाओं की संख्या सबसे अधिक है। तंत्रिका-तंत्र को समझने से पूर्व तंत्रिका-कोशिका की रचना एवं उसके कार्यों का अध्ययन आवश्यक है।

तंत्रिका-तंत्र चूँकि अनेक तंत्रिका-कोशिकाओं एवं तंत्रिका एवं तंत्रिका तंतुओं की एक संगठित व्यवस्था है इसलिए न्यूरॉन (तंत्रिका-कोशिका) को तंत्रिका-तंत्र की संरचनात्मक इकाई कहा जाता है। यह ग्राहक कोश में उत्पन्न तंत्रिका-आवेग को शरीर के अन्य भागों में पहुँचाती है। यह स्नायु-प्रवाह का वाहक होता है। यह तंत्रिका आवेग की क्रियात्मक इकाई है।

तंत्रिका कोश के तीन मुख्य भाग हैं–

- **शाखिकाएँ**–शाखिकाएँ की रचना एक वृक्ष की डाल के समान होती है जिनकी जड़ मोटी और ऊपर की ओर क्रमश: पतली होती जाती है। ये कोशिका शरीर के चारों तरफ फैली होती है। इन कोशिकाओं में भूरे रंग का पदार्थ पाया जाता है जिसे 'निरल-पदार्थ' कहते हैं। यह पदार्थ अपने चारों ओर फैले हुए आवेग को अपनी ओर खींचता है। शाखिकाएँ अपनी शाखाओं से ज्ञानेंद्रियों पर उत्तेजना के प्रभाव से उत्पन्न आवेग को ग्रहण करती है। इनका मुख्य कार्य ग्राहक कोशिकाओं में बने तंत्रिका-आवेग चारों ओर से खींचकर कोशिका शरीर में लगा है। इसलिए इसे ग्रहण एजेंट कहते हैं। कोशिका शरीर की ओर बढ़ने पर शिखा तंतु का आकार छोटा होता जाता है और अंत में इतना छोटा हो जाता है कि वह ठीक-ठीक दिखाई भी नहीं देता।
- **कोशिका शरीर**–प्रत्येक तंत्रिका कोशिका में एक कोशिका शरीर होता है। कोशिका शरीर को 'जीव कोश' भी कहते हैं, क्योंकि इसमें न्यूक्लिस नामक 'कोश केंद्र' रहता है, जिससे कोश जीवित रहता है तथा उसकी सामान्य क्रियाएँ होती है। कोशिका शरीर का कोई निश्चित आकार नहीं होता, लेकिन सामान्यत: यह गोल आकृति का होता है। कोशिका शरीर के चारों ओर एक पतली परत होती है, जिसे 'मेम्ब्रेन' कहते हैं। इस परत के नीचे कोशिका द्रव भरा होता है जो एक तरल पदार्थ है, जिसके बीच में 'कोश केंद्र' अथवा न्यूक्लीयस होता है। इस कोश केंद्र के अंदर भी एक सूक्ष्म केंद्र होता है

जिसे न्यूक्लीआई कहते हैं। कोशिका शरीर का मुख्य काम इसके एक छोर पर पाए जाने वाले शिखा-तंतु द्वारा लाए गए स्नायु-प्रवाहों को केंद्र में ग्रहण करना और पुनः दूसरे छोर पर पाए जाने वाले मुख्य तंतु या अक्ष-तंतु की ओर जाने देना है।

- **अक्ष-तंतु या मुख्य तंतु**–प्रत्येक तंत्रिका-कोशिका में एक लंबी शाखा होती है जिसे अक्ष-तंतु कहते हैं। इसमें उपशाखाएँ नहीं होती है। इसकी अधिकतम लंबाई 1 फीट तक होती है। अक्ष-तंतु एक आवरण में बंद रहता है जिससे कि कोई वाह्-शक्ति उसे प्रभावित न कर सकें। इस आवरण को माइलिन शीब्ध कहते हैं। इसके अंदर न्यूरोफाइब्रिल नामक उजला पदार्थ होता है। अक्ष-तंतु के अंतिम छोर पर कई पतले-पतले तंतु निकले होते हैं, जिन्हें प्रांत कूंची कहते हैं। अक्ष-तंतु जगह-जगह दबा हुआ गिरहदार होता है। किसी-किसी अक्ष-तंतु में दूसरी तंत्रिका का अक्ष-तंतु आकर मिल जाता है जिसे सहवर्ती तंत्रिका-कोशिका कहते हैं।

  इसका मुख्य कार्य शाखिकाओं में आए हुए तंत्रिका आवेग को अपनी ओर खींचकर प्रांत-कूंची की ओर भेजना है।

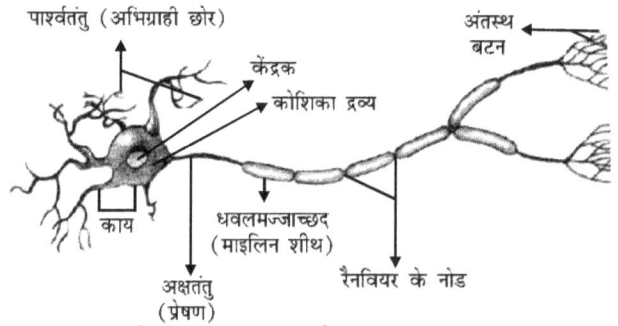

चित्र 2.1: तंत्रिका-कोशिका की संरचना

(1) तंत्रिका कोशिकाओं (स्नायु-कोश) का वर्गीकरण और प्रकार

(क) कार्य के आधार पर तंत्रिका कोशिकाओं का वर्गीकरण–मनुष्य के शरीर में अनुमानतः 12 अरब स्नायु कोशिकाएँ पाई जाती है। ये सभी स्नायु-कोश एक ही तरह के नहीं होते। इनकी रचना, आकार-प्रकार एवं क्रियाओं में भिन्नता पाई जाती है। इस दृष्टि से स्नायु-कोश के तीन प्रकार बताए गए हैं–

(i) संवेदी स्नायु-कोश–संवेदी स्नायु-कोश स्नायु-प्रवाहों को ज्ञानेंद्रियों से सुषुम्ना और मस्तिष्क में ले जाते हैं। इसे अंतर्वाहक स्नायु-कोश भी कहते हैं। ये स्नायु-कोश ग्राहक केंद्रियों के उत्तेजित होने के फलस्वरूप उत्पन्न संवेदी स्नायु-प्रवाहों को सुषुम्ना और मस्तिष्क तक ढोने का काम करते हैं। उदाहरणस्वरूप, यदि इसमें कोई आवाज सुनते हैं तो वह आवाज हमारे कान के ग्राहक कोश को उत्तेजित करती है जिसके फलस्वरूप श्रवण स्नायु-प्रवाह उत्पन्न होते हैं। वहाँ मौजूद श्रवण स्नायु-कोश इन स्नायु-प्रवाहों को सुषुम्ना से होते हुए,

मस्तिष्क के एक खास केंद्र में ले जाता है और हमें श्रवण संवेदना होती है। इसी प्रकार आँख, जीभ, त्वचा आदि ज्ञानेंद्रियों में मौजूद संवेदी स्नायु-कोश द्वारा उन ज्ञानेंद्रियों में उत्पन्न स्नायु-प्रवाहों को मस्तिष्क के खास-खास निर्धारित केंद्रों में सुषुम्ना के रास्ते ले जाने के कारण उप ज्ञानेंद्रिय-विशेष से संबंध संवेदनाएँ उत्पन्न होती है।

(ii) **गति स्नायु-कोश**–गति स्नायु-कोश स्नायु को मस्तिष्क तथा सुषुम्ना से मांसपेशियों और पिंडों में ले जाते हैं, इन्हीं स्नायु-कोशों की वजह से इस शरीर के विभिन्न अंगों की मांसपशियों और पिंडों द्वारा तरह-तरह की क्रियाएँ करते हैं, जैसे–बोलना, चलना, हाथ-पांव हिलाना, सिर को खास दिशा में घुमाना आदि।

(iii) **साहचर्य स्नायु-कोश**–साहचर्य स्नायु-कोश सुषुम्ना और मस्तिष्क के अंदर पाए जाते हैं और इन स्नायु-कोशों का काम संवेदी स्नायु-कोश के स्नायु-प्रवाह तथा गति स्नायु-कोशों के बीच साहचर्य स्थापित करना होता है।

संवेदी और गति स्नायु-कोश जहाँ सुषुम्ना और मस्तिष्क के बाहर सीमांत प्रदेशों में पाए जाते हैं, वहीं साहचर्य स्नायु-कोश केवल सुषुम्ना और मस्तिष्क में ही रहते हैं।

(ख) संरचना के आधार पर तंत्रिका कोशिकाओं का वर्गीकरण–तंत्रिका कोशिकाओं को उनकी संरचना के आधार पर भी वर्गीकृत किया जा सकता है। संरचना के आधार पर तीन प्रकार की तंत्रिका कोशिकाएँ होती हैं, एकध्रुवीय, द्विध्रुवी और बहुध्रुवीय तंत्रिका कोशिका।

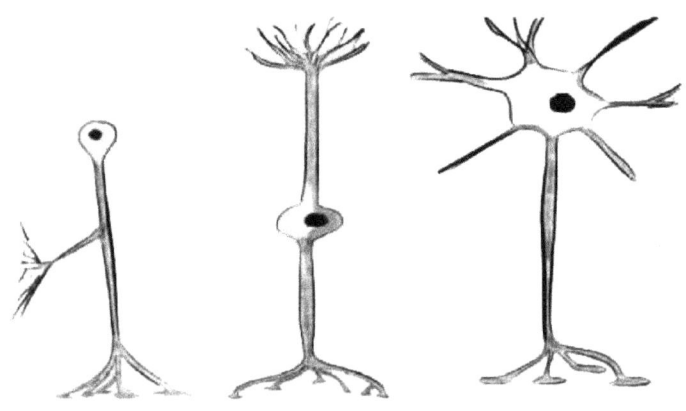

Unipolar
Bipolar
Multipolar

चित्र 2.2: तंत्रिका कोशिकाओं के प्रकार

(i) **एकध्रुवीय तंत्रिका कोशिका**–इन तंत्रिका कोशिका में एक अक्ष-तंतु होता है जो काय से अलग होता है और दो शाखाओं में विभाजित होता है। ये तंत्रिका

कोशिकाएँ संवेदी कार्यों में शामिल होती हैं। वे पर्यावरण से प्राप्त आवेगों को केंद्रीय तंत्रिका तंत्र में भेजते हैं।

(ii) **द्विध्रुवी तंत्रिका कोशिका**—इनके पास एक अक्ष-तंतु और एक पार्श्वतंतु है जो स्वयं को वृक्ष की तरह शाखाओं में विभाजित कर लेता है। इन तंत्रिका कोशिकाओं के पार्श्वतंतु हमेशा काय के विपरीत छोर पर स्थित होते हैं। ये संख्या में बहुत कम होते हैं और आँख के दृष्टिपटल (रेटिना), आंतरिक कान और घ्राण मार्ग में पाए जा सकते हैं।

(iii) **बहुध्रुवीय तंत्रिका कोशिका**—इन तंत्रिका कोशिकाओं में केवल एक अक्ष-तंतु लेकिन कई पार्श्वतंतु होते हैं। ये हमारे मस्तिष्क और मेरुरज्जु में स्थित होते हैं।

(2) तंत्रिका आवेग—तंत्रिका तंत्र में सूचनाएँ आवेग के रूप में प्रवाहित होती हैं। जब उद्दीपक ऊर्जा ग्राहकों तक पहुँचती है तब तंत्रिका समर्थता में विद्युत परिवर्तन होने लगते हैं। तंत्रिका कोशिका की सतह पर विद्युत समर्थता में आकस्मिक परिवर्तन को तंत्रिका समर्थता कहते हैं। जब उद्दीपक ऊर्जा अपेक्षाकृत कमजोर होती है, तब विद्युत परिवर्तन इतने कम होते हैं कि तंत्रिका आवेग उत्पन्न नहीं हो पाते हैं और हम उस उद्दीपक का अनुभव नहीं कर पाते हैं। यदि उद्दीपक ऊर्जा अपेक्षाकृत सशक्त होती है तो विद्युत आवेग उत्पन्न होते हैं और केंद्रीय तंत्रिका तंत्र की ओर संवाहित होते हैं। तंत्रिका आवेग की शक्ति उसको उत्पन्न करने वाले उद्दीपक की शक्ति पर निर्भर नहीं करती है। तंत्रिका तंतु पूर्ण या शून्य सिद्धांत पर काम करते हैं। इसका तात्पर्य यह है कि वे या तो पूरी तरह से अनुक्रिया करते हैं या बिल्कुल नहीं करते हैं। तंत्रिका आवेग की शक्ति तंत्रिका तंतु के साथ-साथ स्थिर रहती है।

तंत्रिका-कोष संधि—तंत्रिका तंत्र में कोई सूचना एक स्थान से दूसरे स्थान तक एक तंत्रिका आवेग के रूप में संचारित होती है। एक अकेली तंत्रिका कोशिका आवेग को अपने अक्ष-तंतु की लंबाई भर की दूरी तक ले जा सकती है। जब किसी आवेग को शरीर के दूर के हिस्से में भेजना होता है तो इस प्रक्रिया में कई तंत्रिका कोशिकाएँ भाग लेती हैं। इस प्रक्रिया में एक तंत्रिका कोशिका बहुत विश्वसनीय तरीके से सूचना को अपनी निकटवर्ती तंत्रिका कोशिका में भेजती है। पूर्ववर्ती तंत्रिका कोशिका के अक्ष-तंतु के संकेत दूसरी तंत्रिका कोशिका के पार्श्वतंतु से प्रकार्यात्मक संबंध या तंत्रिका-कोष संधि बनाते हैं। एक तंत्रिका कोशिका कभी भी दूसरी तंत्रिका कोशिका से शारीरिक रूप से जुड़ी नहीं होती, बल्कि वहाँ दोनों के बीच में खाली स्थान होता है। इस खाली स्थान को संधिस्थलीय खंड कहा जाता है। एक तंत्रिका कोशिका से तंत्रिका आवेग एक जटिल संधिस्थलीय सूचना संचरण प्रक्रिया द्वारा दूसरी तंत्रिका कोशिका तक पहुँचाया जाता है। अक्ष-तंतुओं में तंत्रिका आवेग का संवहन विद्युत-रासायनिक होता है, जबकि संधिस्थलीय संचरण की प्रकृति रासायनिक होती है (चित्र 2.3)। ये रासायनिक पदार्थ तंत्रिका-संचारक कहलाते हैं।

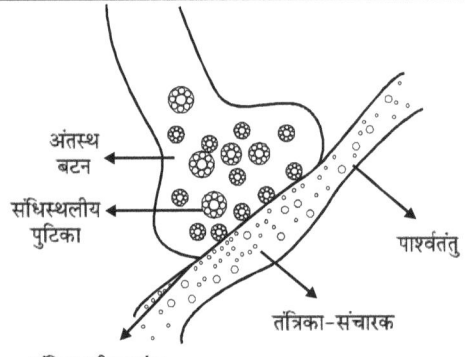

चित्र 2.3: तंत्रिका आवेग का तंत्रिका-कोष संधि से संचरण

प्रश्न 2. तंत्रिका तंत्र से आप क्या समझते हैं? इसका वर्गीकरण कीजिए।

अथवा

मस्तिष्क के तीन प्रमुख भागों पर एक संक्षिप्त टिप्पणी कीजिए।

अथवा

अनुकंपी और परानुकंपी तंत्रिका तंत्र के बीच अंतर स्पष्ट कीजिए।

अथवा

केंद्रीय तंत्रिका तंत्र की आधारभूत संरचना को समझाइए।

उत्तर– सभी प्राणियों में मानव तंत्रिका तंत्र सर्वाधिक जटिल एवं विकसित तंत्र है। यद्यपि तंत्रिका तंत्र समग्र रूप से कार्य करता है, तथापि अध्ययन की सरलता के लिए हम इसे इसकी स्थिति और कार्य के आधार पर कई हिस्सों में बाँट सकते हैं।

स्थिति के आधार पर तंत्रिका तंत्र दो हिस्सों में बाँटा जा सकता है–केंद्रीय तंत्रिका तंत्र तथा परिधीय तंत्रिका तंत्र। तंत्रिका तंत्र का वह भाग जो कठोर हड्डी के खोल (कपाल और रीढ़ की हड्डी) के अंदर पाया जाता है उसे केंद्रीय तंत्रिका तंत्र कहा जाता है। मस्तिष्क और मेरुरज्जु इस तंत्र के अवयव हैं। केंद्रीय तंत्रिका तंत्र के अतिरिक्त तंत्रिका तंत्र के कुछ भाग परिधीय तंत्रिका तंत्र में स्थित होते हैं। परिधीय तंत्रिका तंत्र को पुनःकायिक एवं स्वायत्त तंत्रिका तंत्र में विभक्त किया जा सकता है। कायिक तंत्रिका तंत्र ऐच्छिक प्रकार्यों से संबद्ध है, जबकि स्वायत्त तंत्रिका तंत्र उन कार्यों को करता है जिन पर हमारा कोई ऐच्छिक नियंत्रण नहीं होता है। चित्र 2.4 में तंत्रिका तंत्र का संगठन क्रमबद्ध रूप में प्रस्तुत किया गया है।

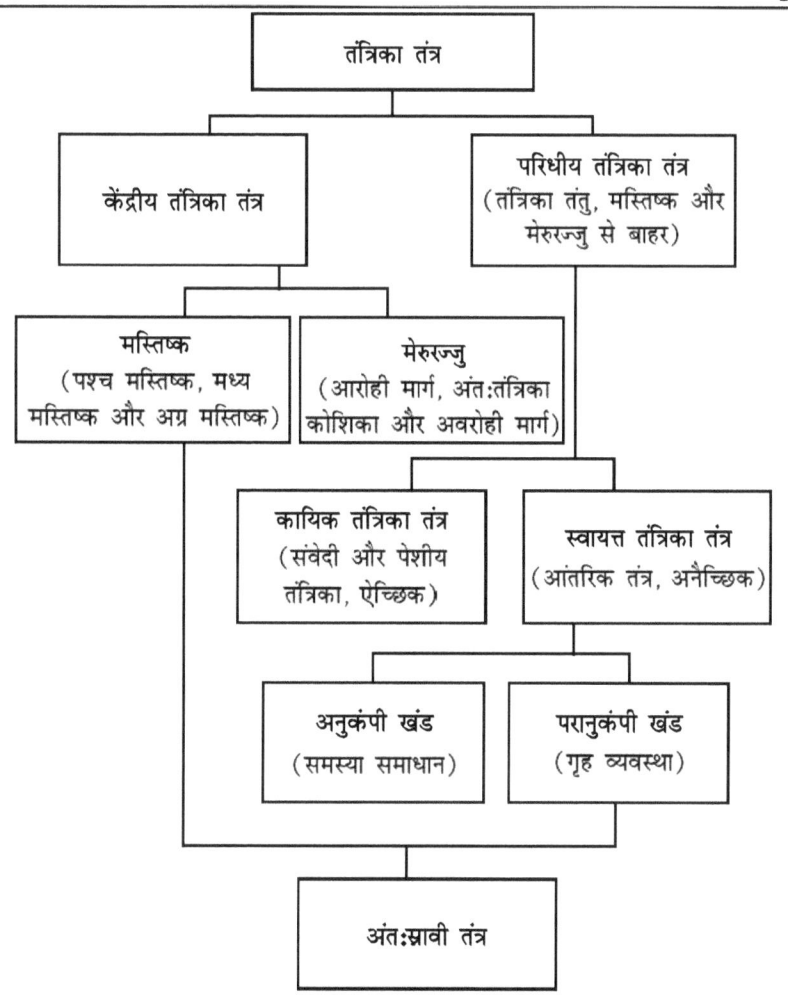

चित्र 2.4: तंत्रिका तंत्र का क्रमबद्ध प्रतिरूपण

(1) **परिधीय तंत्रिका तंत्र**—परिधीय तंत्रिका तंत्र में वे समस्त तंत्रिका कोशिकाएँ तथा तंत्रिका तंतु पाए जाते हैं, जो केंद्रीय तंत्रिका तंत्र को पूरे शरीर से जोड़ते हैं। परिधीय तंत्रिका तंत्र को कायिक तंत्रिका तंत्र तथा स्वायत्त तंत्रिका तंत्र में विभाजित किया गया है। स्वायत्त तंत्रिका तंत्र को पुन: अनुकंपी तथा परानुकंपी तंत्र में बाँटा गया है। परिधीय तंत्रिका तंत्र, केंद्रीय तंत्रिका तंत्र को सूचना संवेदी ग्राहकों (आँख, कान, त्वचा आदि) के द्वारा भेजता है और पुन:मस्तिष्क के पेशीय आदेशों को मांसपेशियों और ग्रंथियों तक वापस पहुँचाता है।

(क) **कायिक तंत्रिका तंत्र**—इस तंत्र में दो प्रकार की तंत्रिकाएँ होती हैं, जिन्हें कपालीय तंत्रिका और मेरु तंत्रिका कहा जाता है। कपालीय तंत्रिकाओं के 12 समुच्चय

(सेट) होते हैं, जो मस्तिष्क के विभिन्न स्थानों से निकलते या उस तक पहुँचते हैं। तीन प्रकार की कपालीय तंत्रिकाएँ होती हैं–संवेदी, पेशीय और मिश्रित। सेवदी तंत्रिकाएँ सिर के क्षेत्र में स्थित ग्राहकों (दृष्टि, श्रवण, घ्राण, स्वाद, स्पर्श इत्यादि) से संवेदी सूचनाएँ एकत्रित करती हैं और उन्हें मस्तिष्क तक ले जाती हैं। पेशीय तंत्रिकाएँ मस्तिष्क से निकलने वाले पेशीय आवेगों को सिर के क्षेत्र में स्थित मांसपेशियों तक ले जाती हैं। उदाहरणार्थ, आँख के गोलों का संचलन पेशीय कपालीय तंत्रिका द्वारा नियंत्रित होता है। मिश्रित तंत्रिकाओं में संवेदी और पेशीय दोनों प्रकार के तंतु होते हैं जो मस्तिष्क से निकलने और पहुँचने वाली संवेदी पेशीय सूचनाओं का संवहन करते हैं।

मेरु तंत्रिकाओं के 31 समुच्चय होते हैं जो मेरुरज्जु से निकलते और उस तक पहुँचते हैं। प्रत्येक समुच्चय में संवेदी और पेशीय तंत्रिकाएँ होती हैं। मेरु तंत्रिका के दो कार्य होते हैं। मेरु तंत्रिका के संवेदी तंतु शरीर के सभी भागों (सिर के हिस्से को छोड़कर) से संवेदी सूचनाएँ एकत्रित करते हैं और मेरुरज्जु तक भेजते हैं जहाँ से फिर संवेदी सूचनाएँ मस्तिष्क तक भेजी जाती हैं। इसके अतिरिक्त मस्तिष्क से नीचे आने वाले पेशीय आवेग मेरु तंत्रिकाओं के पेशीय तंतुओं द्वारा मांसपेशियों को भेजे जाते हैं।

(ख) स्वायत्त तंत्रिका तंत्र–यह तंत्र उन क्रियाओं का संचालन करता है जो सामान्यत: हमारे प्रत्यक्ष नियंत्रण में नहीं होती। यह ऐसे आंतरिक प्रकार्यों, जैसे–साँस लेना, रक्त संचार, लार स्राव, उदर संकुचन और सांवेगिक प्रतिक्रियाओं का नियंत्रण करता है। स्वायत्त तंत्रिका तंत्र की ये क्रियाएँ मस्तिष्क के विभिन्न भागों के नियंत्रण में होती हैं।

स्वायत्त तंत्रिका तंत्र के दो खंड हैं–अनुकंपी खंड और परानुकंपी खंड। यद्यपि दोनों के प्रभाव एक-दूसरे के विपरीत होते हैं, फिर भी दोनों संतुलन की स्थिति बनाए रखने के लिए मिलकर कार्य करते हैं। अनुकंपी खंड आपातकालीन स्थितियों को संभालने का कार्य करता है जब प्रबल और त्वरित कार्यवाही होनी चाहिए, जैसे संघर्ष या पलायन की स्थिति में। इस आपातकाल में पाचन क्रिया रुक जाती है, रक्त आंतरिक अंगों से मांसपेशियों की ओर दौड़ने लगता है तथा श्वास गति, ऑक्सीजन आपूर्ति, हृदयगति और रक्त शर्करा का स्तर बढ़ जाता है।

परानुकंपी खंड मुख्यत: ऊर्जा के संरक्षण में संबद्ध है। यह शरीर के आंतरिक तंत्र के नियमित प्रकार्यों का संचालन करता है। जब आपातकालीन स्थिति समाप्त हो जाती है जब परानुकंपी खंड कार्यभार संभाल लेता है, यह अनुकंपी तंत्र की सक्रियता को कम करता है और व्यक्ति को शांत कर उसे सामान्य स्थिति में लाता है। परिणामस्वरूप सभी शारीरिक क्रियाएँ, जैसे–हृदयगति, श्वास गति और रक्त संचार सामान्य स्तर पर वापस आ जाते हैं।

(2) केंद्रीय तंत्रिका तंत्र–केंद्रीय तंत्रिका तंत्र सभी तंत्रिका क्रियाओं का केंद्र है। यह आने वाली समस्त संवेदी सूचनाओं को संगठित करता है, सभी प्रकार की संज्ञानात्मक क्रियाएँ करता

है तथा मांसपेशियों और ग्रंथियों को प्रेरक आदेश देता है। केंद्रीय तंत्रिका तंत्र में समाविष्ट हैं—(क) मस्तिष्क और (ख) मेरुरज्जु।

(क) मस्तिष्क और व्यवहार—ऐसी धारणा है कि मानव मस्तिष्क करोड़ों वर्षों में निम्नस्तर के पशुओं के मस्तिष्क से विकसित हुआ है और यह विकासात्मक प्रक्रिया अभी भी जारी है। विकास की इस प्रक्रिया में इसके प्राचीनतम रूप से लेकर आधुनिकतम रूप तक हम इसकी संरचनाओं के स्तरों की जाँच कर सकते हैं। उपवल्कुटीय तंत्र, मस्तिष्क स्तंभ और अनुमस्तिष्क प्राचीनतम संरचनाएँ हैं जबकि विकास के क्रम में प्रमस्तिष्कीय वल्कुट नवीनतम परिवर्धन है। एक वयस्क मस्तिष्क का भार लगभग 1.36 किलोग्राम होता है तथा इसमें लगभग 100 अरब तंत्रिका कोशिकाएँ होती हैं। तथापि मस्तिष्क के बारे में सबसे आश्चर्यजनक बात इसकी मानव व्यवहार और विचार को दिशा प्रदान करने की योग्यता है न कि इसकी तंत्रिका कोशिकाओं की संख्या। मस्तिष्क, क्षेत्रों और संरचनाओं में संगठित है जो विशिष्ट प्रकार्य करते हैं। मस्तिष्कीय क्रमवीक्षण से पता चलता है कि कुछ मानसिक प्रकार्य मस्तिष्क के विभिन्न क्षेत्रों में विपरीत हैं, लेकिन बहुत सी गतिविधियाँ केंद्रित भी होती हैं। उदाहरणार्थ, मस्तिष्क का पश्चकपाल पालि (खंड) दृष्टि के लिए विशिष्ट क्षेत्र है।

मस्तिष्क की संरचना—अध्ययन की सुविधा के लिए मस्तिष्क को तीन हिस्सों में बाँटा जा सकता है—पश्च मस्तिष्क, मध्य मस्तिष्क एवं अग्र मस्तिष्क (चित्र 2.5)।

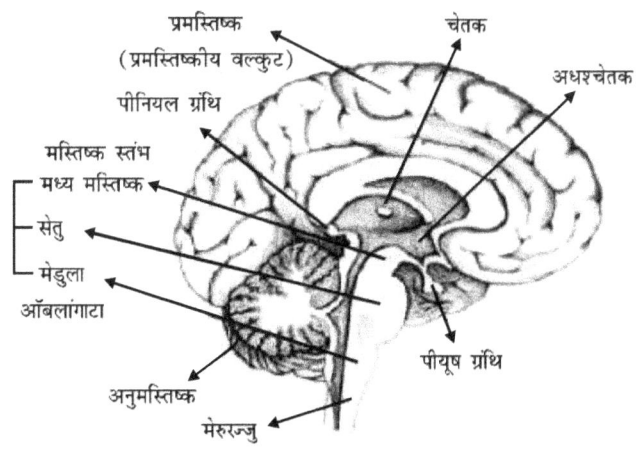

चित्र 2.5: मस्तिष्क की संरचना

(i) पश्च मस्तिष्क—मस्तिष्क के इस हिस्से में निम्न संरचनाएँ होती हैं—

(a) मेडुला ऑबलांगाटा—यह मस्तिष्क का सबसे निचला हिस्सा है जो मेरुरज्जु से सटा रहता है। इसमें तंत्रिकीय केंद्र होते हैं जो मूलभूत जीवन सहायक गतिविधियों, जैसे—श्वास लेना, हृदयगति और रक्तचाप को नियमित करते हैं।

इसीलिए मेडुला मस्तिष्क का जीवनाधार केंद्र माना जाता है। इसमें कुछ केंद्र स्वायत्त क्रियाओं के लिए भी होते हैं।

(b) **सेतु**—एक ओर यह मेडुला से और दूसरी ओर मध्य मस्तिष्क से जुड़ा होता है। सेतु का एक केंद्रक (तंत्रिकीय केंद्र) हमारे कानों द्वारा संचारित श्रवणात्मक संकेतों को ग्रहण करता है। ऐसा माना जाता है कि सेतु निद्रा रचनातंत्र से जुड़ा होता है, विशेषतः स्वप्ननिद्रा से। इसमें ऐसे केंद्रक होते हैं जो चेहरे की अभिव्यक्ति और श्वास-प्रश्वास संचालन को भी प्रभावित करते हैं।

(c) **अनुमस्तिष्क**—पश्च मस्तिष्क का यह सबसे विकसित हिस्सा अपनी झुर्रीदार सतह से आसानी से पहचाना जा सकता है। यह शारीरिक मुद्रा एवं संतुलन को बनाए रखने और नियंत्रित करने का कार्य करता है। इसका मुख्य कार्य मांसपेशीय क्रियाकलापों में समन्वय करना है। यद्यपि पेशीय आदेश अग्र मस्तिष्क में उत्पन्न होते हैं, अनुमस्तिष्क उनको ग्रहण कर तथा समन्वित कर, मांसपेशियों को भेजता है। यह क्रियाकलापों की विधियों की स्मृति भी संचित करता है जिससे हम कैसे चलें, साइकिल पर चढ़ें या नाचें इत्यादि मुद्राओं पर ध्यान केंद्रित नहीं करना पड़ता है।

(ii) **मध्य मस्तिष्क**—मध्य मस्तिष्क अपेक्षाकृत छोटे आकार का होता है तथा यह पश्च मस्तिष्क और अग्र मस्तिष्क को जोड़ता है। यहाँ कुछ तंत्रिकीय केंद्र जो कुछ विशेष प्रतिवर्तों से संबंधित होते हैं तथा चाक्षुष और श्रवण संवेदनाएँ पाई जाती हैं। मध्य मस्तिष्क का एक महत्त्वपूर्ण हिस्सा जिसे रेटिक्युलर एक्टिवेटिंग सिस्टम कहते हैं, हमारे भाव प्रबोधन के लिए उत्तरदायी होता है। संवेदी आगत को नियमित करके यह हमें सजग और सक्रिय बनाता है। पर्यावरण से आगत सूचनाओं के चयन में भी यह हमारी सहायता करता है।

(iii) **अग्र मस्तिष्क**—अग्र मस्तिष्क को सर्वाधिक महत्त्वपूर्ण हिस्सा माना जाता है क्योंकि यह सभी प्रकार की संज्ञानात्मक, संवेगात्मक और प्रेरक क्रियाकलापों को संपादित करता है। हम अब अग्र मस्तिष्क के चार मुख्य भागों की चर्चा करेंगे—अधश्चेतक, चेतक, उपवल्कुटीय तंत्र और प्रमस्तिष्क।

(a) **अधश्चेतक**—मस्तिष्क के सबसे छोटे भागों में से अधश्चेतक एक है, किंतु यह व्यवहार में बहुत महत्त्वपूर्ण भूमिका अदा करता है। सांवेगिक एवं अभिप्रेरणात्मक व्यवहारों में शामिल शारीरिक प्रक्रियाओं को यह नियमित करता है, जैसे—भोजन करना, पानी पीना, सोना, तापमान नियमन और कामोत्तेजना। यह शरीर के आंतरिक वातावरण (यथा, हृदयगति, रक्तचाप, तापमान) को नियंत्रित एवं नियमित करता है तथा विभिन्न अंतःस्रावी ग्रंथियों से निकलने वाले अंतःस्राव या हार्मोन को भी नियमित करता है।

(b) **चेतक**—चेतक अधश्चेतक के ऊपरी हिस्से पर अंडाकार रूप से स्थित होता है। इसमें तंत्रिका कोशिकाओं के गुच्छे होते हैं। यह एक प्रसारण स्टेशन की

तरह है जो ज्ञानेंद्रियों से आने वाले सभी संवेदी संकेतों को ग्रहण करके वल्कुट के उपयुक्त हिस्सों में प्रक्रमण के लिए भेजता है। वल्कुट से निकलने वाले सभी बर्हिगत प्रेरक संकेतों को भी ग्रहण कर, शरीर के उपयुक्त भागों में भेजता है।

(c) **उपवल्कुटीय तंत्र**–यह तंत्र ऐसी संरचनाओं के समूह से बना है जो पुरातन स्तनधारीय मस्तिष्क का हिस्सा है। शरीर में शारीरिक तापमान, रक्तचाप और रक्तशर्करा स्तर का नियमन करके यह आंतरिक समस्थिति को कायम रखने में मदद करता है। इसका अधश्चेतक से भी गहरा संबंध है। अधश्चेतक के अलावा उपवल्कुटीय तंत्र में हिप्पोकेम्पस और गलतुंडिका भी समाविष्ट हैं। दीर्घकालिक स्मृति में हिप्पोकेम्पस की और संवेगात्मक व्यवहारों में गलतुंडिका की महत्त्वपूर्ण भूमिका होती है।

(d) **प्रमस्तिष्क**–यह प्रमस्तिष्कीय वल्कुट के नाम से भी जाना जाता है। यह भाग सभी उच्चस्तरीय संज्ञानात्मक प्रकार्यों, जैसे–अवधान, प्रत्यक्षण, अधिगम, स्मृति, भाषा व्यवहार, तर्कना और समस्या समाधान को नियमित करता है। मानव मस्तिष्क के कुल परिमाण का दो तिहाई भाग प्रमस्तिष्क होता है। इसकी सघनता 1.5 मि.मी. से लेकर 4 मि.मी. तक होती है जो मस्तिष्क की पूरी सतह को ढक लेती है और इसमें तंत्रिका कोशिकाएँ अक्ष-तंतुओं के समूह और तंत्रिका जाल होते हैं। ये सभी हमारे लिए संगठित कार्य करना और प्रतिमाएँ, प्रतीक, साहचर्य तथा स्मृति सर्जन करना संभव बनाते हैं।

प्रमस्तिष्क दो बराबर अर्धभागों में विभक्त है जिन्हें प्रमस्तिष्कीय गोलार्ध कहते हैं। यद्यपि दोनों गोलार्ध देखने में एक जैसे लगते हैं, किंतु प्रकार्यात्मक रूप से एक गोलार्ध सामान्यत: दूसरे की अपेक्षा अधिक प्रभावशाली होता है। उदाहरणार्थ, बायाँ गोलार्ध सामान्यत: भाषा संबंधी व्यवहारों को नियंत्रित करता है और दायाँ गोलार्ध सामान्यत: प्रतिमाएँ, देशिक संबंध, प्रारूप प्रत्यभिज्ञान जैसे विशिष्ट कार्यों को संभालता है। ये दोनों गोलार्ध एक सफेद माइलिन आच्छादित तंतुओं के समूह से जुड़े होते हैं जिसे महासंयोजक पिंड या कार्पस कोलोसम कहा जाता है और जो दोनों गोलार्धों के बीच संदेश लाने और ले जाने का कार्य करता है।

प्रमस्तिष्कीय वल्कुट को भी चार पालियों (खंडों) में विभक्त किया गया है–ललाट पालि, पार्श्विक पालि, शंख पालि और पश्चकपाल पालि। ललाट पालि (frontal lobe) मुख्यत: संज्ञानात्मक कार्यों, जैसे–अवधान, चिंतन, स्मृति अधिगम एवं तर्कना से संबद्ध है, किंतु यह स्वायत्त और संवेगात्मक अनुक्रियाओं पर भी अवरोधात्मक प्रभाव डालता है। पार्श्विक पालि (parietal lobe) मुख्यत: त्वचीय संवेदनाओं और उनका चाक्षुष और श्रवण संवेदनाओं के साथ समन्वय में संबद्ध। शंख पालि (temporal lobe) मुख्यत:

श्रवणात्मक सूचनाओं के प्रक्रमण से संबद्ध है। प्रतीकात्मक शब्दों और ध्वनियों की स्मृति यहाँ रहती है। लिखित भाषा और वाणी को समझना इसी पालि पर निर्भर करता है। पश्चकपाल पालि (occiptal lobe) मुख्यत: चाक्षुष सूचनाओं से संबद्ध है। ऐसा माना जाता है कि चाक्षुष आवेगों की व्याख्या, चाक्षुष उद्दीपकों की स्मृति और रंग चाक्षुष उन्मुखता इसी पालि के द्वारा संपन्न होती है।

शरीर क्रिया विज्ञानी और मनोवैज्ञानिकों ने मस्तिष्क की विशिष्ट संरचनाओं से संबंधित विशिष्ट प्रकार्यों को पहचानने का प्रयास किया है। उन्होंने पाया है कि मस्तिष्क की कोई भी गतिविधि वल्कुट के केवल एक हिस्से के द्वारा ही संपादित नहीं होती है। सामान्यत: दूसरे हिस्से भी सम्मिलित होते हैं। किंतु यह भी सत्य है कि प्रकार्यों का कुछ क्षेत्र निर्धारण भी है अर्थात् एक विशेष कार्य के लिए वल्कुट का कोई विशेष भाग दूसरे भागों की अपेक्षा अधिक महत्त्वपूर्ण भूमिका निभाता है। उदाहरणार्थ, यदि आप कोई कार चला रहे हैं तो आप अपने पश्चकपाल पालि के कार्यों के फलस्वरूप सड़क और अन्य दूसरी गाड़ियों को देखते हैं, हॉर्न की आवाज शंख पालि के काम करने के कारण सुन पाते हैं, पार्श्विक पालि के नियंत्रण में कई प्रकार के पेशीय क्रियाकलाप करते हैं और निर्णय ललाट पालि के द्वारा लेते हैं। पूरा मस्तिष्क एक समुचित रूप से समन्वित इकाई के रूप में कार्य करता है, जहाँ अलग-अलग हिस्से अपना कार्य अलग-अलग करते हैं।

(2) मेरुरज्जु–मेरुरज्जु एक लंबी रस्सी की तरह का तंत्रिका तंतुओं का एक समूह है जो मेरुदंड के अंदर पूरी लंबाई तक जाता है। इसका एक हिस्सा मस्तिष्क के मेडुला से जुड़ा होता है और दूसरा हिस्सा एक पूँछ के अंतिम हिस्से की भाँति मुक्त रहता है। पूरी लंबाई तक इसकी संरचना एक जैसी है। मेरुरज्जु के मध्य में उपस्थित तितली के आकार के धूसर रंग के द्रव्य के ढेर में साहचर्य तंत्रिका कोशिकाएँ (association neurons) तथा अन्य कोशिकाएँ होती हैं। धूसर द्रव्य को घेरे हुए मेरुरज्जु का श्वेत द्रव्य होता है जो कि ऊपर जाने वाले और नीचे की ओर आने वाले तंत्रिका पथ से बना होता है। ये तंत्रिका पथ (तंत्रिका तंतु का समूह) मस्तिष्क को शरीर के अन्य हिस्सों से जोड़ता है। मेरुरज्जु एक बहुत बड़े केबिल की भूमिका निभाती है जो केंद्रीय तंत्रिका तंत्र को असंख्य संदेश भेजती और प्राप्त करती है। मेरुरज्जु के दो मुख्य प्रकार्य हैं। पहला, शरीर के निचले भागों से आने वाले संवेदी आवेगों को मस्तिष्क तक पहुँचाना और मस्तिष्क में उत्पन्न होने वाले पेशीय आवेगों को सारे शरीर तक पहुँचाना। दूसरा, इसमें कुछ सरल प्रतिवर्ती क्रियाएँ संपन्न होती हैं जिनमें मस्तिष्क भाग नहीं लेता है। इन सरल प्रतिवर्ती क्रियाओं में संवेदी तंत्रिका, पेशीय तंत्रिका तथा मेरुरज्जु के धूसर द्रव्य की साहचर्य तंत्रिका कोशिकाएँ शामिल हैं।

प्रतिवर्ती क्रिया–प्रतिवर्ती क्रिया एक ऐसी अनैच्छिक क्रिया है जो एक विशेष प्रकार के उद्दीपक के तुरंत बाद घटित होती है। प्रतिवर्ती क्रियाएँ मस्तिष्क के चेतन रूप से लिए गए निर्णय

के बिना स्वत: घटित होती हैं। प्रतिवर्ती क्रियाएँ हमारे तंत्रिका तंत्र में विकासवादी प्रक्रिया के माध्यम से वंशानुगत होती हैं। उदाहरणार्थ, आँख झपकने की प्रतिवर्ती क्रिया। जब कभी कोई वस्तु हमारी आँखों के समीप अचानक आती है तो हमारी पलकें झपकती हैं। प्रतिवर्ती क्रियाएँ जीव को किसी भी संभावित खतरे से बचाकर जीवन की रक्षा करती हैं। हालाँकि हमारा तंत्रिका तंत्र कई प्रकार की प्रतिवर्ती क्रियाएँ करता है किंतु उनमें जो परिचित हैं वे हैं, घुटने में झटका लगना, पुतलियों का फैलना-सिकुड़ना, बहुत गरम या बहुत ठंडी चीज से हाथ हटाना, साँस लेना और अंगों को फैलाना। इनमें से बहुत सारी प्रतिवर्ती क्रियाएँ मेरुरज्जु के द्वारा की जाती हैं जिनमें मस्तिष्क सम्मिलित नहीं होता है। जी.पी.एच. की पुस्तकों का मुख्य उद्देश्य ज्ञान के साथ-साथ अच्छे नम्बर दिलाना है।

प्रश्न 3. हमारे व्यवहार में विभिन्न अंत:स्रावी ग्रंथियों की भूमिका को समझाइए।

उत्तर— हमारे विकास और व्यवहार में अंत:स्रावी ग्रंथियों की निर्णायक भूमिका होती है। वे विशेष रासायनिक द्रव्य प्रवाहित करती हैं जिन्हें अंत:स्राव कहते हैं जो हमारे कुछ व्यवहारों को नियंत्रित करते हैं। ये ग्रंथियाँ वाहिनी रहित ग्रंथियाँ या अंत:स्रावी ग्रंथियाँ कहलाती हैं, क्योंकि इनमें कोई नली नहीं होती है जिससे ये अपने स्राव को विशेष स्थानों पर भेज सकें। अंत:स्राव रक्त धारा के साथ प्रवाहित होते हैं। अंत:स्रावी ग्रंथियाँ और शरीर में एक अंत:स्रावी तंत्र बना लेती हैं। यह तंत्र तंत्रिका तंत्र के अन्य हिस्सों के संयोजन में काम करता है। अत: पूरे तंत्र को तंत्रिका-अंत:स्रावी तंत्र के रूप में जाना जाता है। चित्र 2.6 शरीर की मुख्य अंत:स्रावी ग्रंथियों को प्रदर्शित करता है।

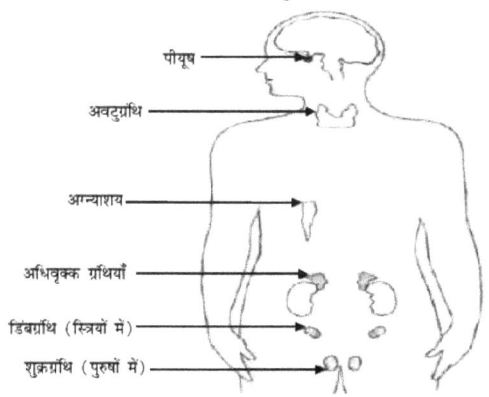

चित्र 2.6: मुख्य अंत:स्रावी ग्रंथियाँ

- **पीयूष ग्रंथि—**यह ग्रंथि कपाल में, अधश्चेतक के ठीक नीचे स्थित होती है। पीयूष ग्रंथि अग्र पीयूष और पश्च पीयूष में विभक्त है। अग्र पीयूष अधश्चेतक से प्रत्यक्षत: जुड़ी होती है जो इसके अंत:स्रावी स्रावों को नियमित करती है। पीयूष ग्रंथि संवृद्धि अंत:स्राव और अन्य कई अंत:स्रावों को स्रावित करती है, जो हमारे शरीर में पाई जाने वाली अन्य कई अंत:स्रावी ग्रंथियों के स्रावों का निर्देशन एवं नियमन करते हैं। इसी कारण पीयूष ग्रंथि को 'मुख्य ग्रंथि' कहा जाता है। कुछ अंत:स्राव जीवन पर्यंत धीमी गति से स्रावित

होते रहते हैं जबकि दूसरे अन्य, जीवन में उपयुक्त समय पर प्रवाहित होते हैं। उदाहरणार्थ, संवृद्धि अंत:स्राव पूरी बाल्यावस्था में स्थिरतापूर्वक प्रवाहित होते रहते हैं, किशोरावस्था में कुछ स्फुरण के साथ, लेकिन जननग्रंथि पोषक हार्मोन यौवनारंभ की अवस्था में प्रवाहित होते हैं जो लड़कियों और लड़कों में स्त्रियोचित एवं पुरुषोचित अंत:स्रावों को उद्दीप्त करते हैं। इसके फलस्वरूप मूल और गौण लैंगिक परिवर्तन होते हैं।

- **अवटुग्रंथि**–यह ग्रंथि गले में स्थित होती है। यह थाइरॉक्सिन (thyroxine) नामक अंत:स्राव उत्पन्न करती है जो शरीर में चयापचय की दर को प्रभावित करता है। अग्र पीयूष हार्मोन के द्वारा उपयुक्त मात्रा में थाइरॉक्सिन हार्मोन का स्राव और नियमन होता है। इस हार्मोन का स्थिर स्राव शरीर कोशिकाओं में ऊर्जा के उत्पादन को ऑक्सीजन की खपत को और बेकार पदार्थ के विलोपन को बनाए रखता है। दूसरी ओर थाइरॉक्सिन हार्मोन के उत्पादन की कमी से शारीरिक और मानसिक सुस्ती आती है। यदि छोटे जानवरों से अवटुग्रंथि को निकाल दिया जाए तो उनका विकास रुक जाता है और वे लैंगिक रूप से विकसित नहीं हो पाते।
- **अधिवृक्क ग्रंथियाँ**–ये दोनों ग्रंथियाँ प्रत्येक गुर्दे के ऊपर स्थित होती हैं। इसके दो भाग होते हैं, अधिवृक्क वल्कुट (adrenal cortex) और अधिवृक्क मध्यांश (adrenal medulla) और इनमें प्रत्येक से अलग-अलग अंत:स्राव उत्पन्न होता है। अधिवृक्क वल्कुट से होने वाला अंत:स्राव, अग्र पीयूष ग्रंथि से स्रावित होने वाले अंत:स्राव एड्रीनोकॉर्टिकोट्रोफिक हार्मोन (ACTH) द्वारा नियंत्रित और नियमित होता है। जब अधिवृक्क वल्कुट का स्राव कम हो जाता है तब अग्र पीयूष ग्रंथि संदेश पाकर एड्रीनोकॉर्टिकोट्रोफिक हार्मोन के स्राव को बढ़ा देती है जो अधिवृक्क वल्कुट को अधिक अंत:स्राव के लिए उद्दीप्त कर देता है।

  अधिकवृक्क वल्कुट हार्मोन के एक समूह को स्रावित करता है जिन्हें कॉर्टिकोयड कहा जाता है। शरीर के द्वारा इनका उपयोग कई शरीरक्रियात्मक उद्देश्यों, उदाहरणार्थ, शरीर में खनिज विशेषत: सोडियम, पोटैशियम और क्लोराइड्स के नियमन के लिए किया जाता है। इस ग्रंथि के कार्यों में किसी भी प्रकार की बाधा तंत्रिका तंत्र के प्रकार्यों को गंभीर रूप से प्रभावित करती है।

  अधिवृक्क मध्यांश दो प्रकार के अंत:स्राव स्रावित करता है, एपाइनफ्राइन (epinephrine) तथा नॉरएपाइनफ्राइन (norepinephrine)। इन्हें क्रमश: एड्रिनलीन और नॉरएड्रिनलीन के नाम से भी जाना जाता है। अनुकंपी सक्रियता, जैसे–हृदयगति में वृद्धि, ऑक्सीजन की खपत, चयापचय दर, पेशीय शक्ति इत्यादि, इन्हीं दो हार्मोन के स्राव के द्वारा घटित होती है। एपाइनफ्राइन और नॉरएपाइनफ्राइन अधश्चेतक को उद्दीप्त करते हैं जो प्रतिबलकों के हटा लेने के बाद भी व्यक्ति में संवेगों को बढ़ाते हैं।
- **अग्न्याशय**–अग्न्याशय पेट के नीचे रहता है। यह खाना पचाने में मुख्य भूमिका निभाता है। लेकिन यह भी एक हार्मोन का स्राव करता है जिसे इन्सुलिन (insulin) कहा जाता है। इन्सुलिन, शरीर के उपयोग के लिए या यकृत में ग्लाइकोजन के रूप में भंडारण

के लिए यकृत की ग्लूकोज के विखंडन में सहायता करता है। जब समुचित मात्र में इन्सुलिन का स्राव नहीं होता तो लोगों में बीमारी उत्पन्न हो जाती है जिसे मधुमेह कहते हैं।

- **जननग्रंथियाँ**—जननग्रंथियों से तात्पर्य पुरुषों में शुक्रग्रंथि और स्त्रियों में डिंबग्रंथि से है। इन ग्रंथियों से स्रावित होने वाले अंत:स्राव पुरुषों और स्त्रियों में काम व्यवहार और प्रजनन प्रकार्यों को नियंत्रित और नियमित करते हैं। इन ग्रंथियों से निकलने वाले अंत:स्राव को शुरू करना, उसे बनाए रखना और उसके नियमन करने का कार्य जननग्रंथि पोषक हार्मोन (gonadotropic hormone) करते हैं जो अग्र पीयूष ग्रंथि से निकलते हैं। जननग्रंथि पोषक हार्मोन का स्राव यौवनारंभ के दौरान (10 से 14 वर्ष के मानवों में) शुरू होता है और ये जननग्रंथियों को अंत:स्राव को उत्पन्न करने के लिए उद्दीप्त करता है जो कि पुन: मूल और गौण लैंगिक लक्षणों के विकास को उद्दीप्त करता है।

महिलाओं में डिंबग्रंथियाँ एस्ट्रोजन और प्रोजेस्ट्रान उत्पन्न करती हैं। एस्ट्रोजन में महिला शरीर का लैंगिक विकास होता है। लैंगिक रूप से परिपक्व एक महिला की डिंबग्रंथि में प्रजनन से संबंधित मूल लैंगिक लक्षण प्रकट होते हैं, जैसे—डिंबग्रंथि से लगभग प्रत्येक 28 दिनों में अंडाणु का निकलना। गौण लैंगिक लक्षण, जैसे—वक्षस्थल का विकास, शरीर की बाह्य सीमाओं का गोल होना, चौड़ी श्रोणि इत्यादि। इसी अंत:स्राव पर निर्भर करती हैं। प्रोजेस्ट्रान का लैंगिक विकास में कोई योगदान नहीं होता है। इसका कार्य गर्भाशय को, निषेचित अंडाणु को ग्रहण करने के लिए, तैयार करना होता है। पुरुषों में यह प्रजनन संबंधी व्यवहार अधिक सरल होता है, क्योंकि इसमें कोई चक्रीय प्रतिरूप नहीं होता। पुरुषों में शुक्रग्रंथि शुक्राणु निरंतर उत्पन्न करती रहती है और एंड्रोजन नामक पुरुष यौन अंत:स्राव स्रावित करती है। प्रमुख पुरुष यौन हार्मोन टेस्टोस्ट्रोन है। टेस्टोस्ट्रोन से गौण लैंगिक परिवर्तन होते हैं, जैसे—शारीरिक परिवर्तन, शरीर और चेहरे पर बालों का आना, आवाज का भारीपन और लैंगिक उन्मुख व्यवहार में वृद्धि। आक्रामकता में वृद्धि और दूसरे अन्य व्यवहार भी टेस्टोस्ट्रोन की उत्पत्ति से संबंधित हैं। सभी अंत:स्रावों का सामान्य प्रकार्य हमारे व्यवहारपरक कल्याण के लिए निर्णायक होता है। अंत:स्राव के संतुलित स्राव के बिना शरीर आंतरिक संतुलन को बनाने में सक्षम नहीं होता। यदि अंत:स्राव में वृद्धि न हो तो दबाव की स्थिति में हम पर्यावरण के संभाव्य खतरों के प्रति प्रभावी प्रतिक्रिया नहीं कर सकते। अंत में, हमारे जीवन के विशिष्ट समय में यदि अंत:स्राव स्रावित न हों तो हमारी संवृद्धि नहीं हो सकती, हम परिपक्व नहीं हो सकते और न ही प्रजनन संभव हो सकता है।

विद्यार्थीगण **GPH** की पुस्तकें क्यों चुनते हैं?

- विश्वविद्यालयों/परीक्षा बोर्डों/संस्थानों द्वारा निर्धारित पाठ्यक्रमों का पूर्ण समावेश।
- आसानी से समझी जा सकने वाली भाषा तथा प्रारूप (फॉर्मेट) जिससे विद्यार्थियों को थोड़े समय में परीक्षा की तैयारी करने में सहायता मिलती है।
- हमारी पुस्तकें परीक्षा को ध्यान में रखकर प्रश्न-उत्तर शैली में तैयार की जाती हैं जिससे विद्यार्थीगण सही उत्तर को तुरंत समझ पाते हैं।
- पिछले वर्षों के प्रश्न-पत्रों को हल करके शामिल किया जाता है ताकि विद्यार्थीगण को परीक्षा के उस खास ढाँचे को समझने में सहायता मिल सके और वे परीक्षा की तैयारी बेहतर ढंग से कर सकें।
- दोनों छमाहियों (जून-दिसम्बर) के प्रश्न-पत्रों को हल करके पुस्तक में शामिल किया जाता है।
- आँकड़ों में जब भी कोई परिवर्तन होता है तो उसे अपडेट कर दिया जाता है।
- पुनरावृत्त (रिसाइकल किए गए) कागज का प्रयोग।
- सुविधाजनक आकार तथा उचित मूल्य।
- अपने सामाजिक दायित्वों के अनुरूप हम बेची गई प्रत्येक पुस्तक से समाज/संस्थाओं/एन.जी.ओ./वंचितों को सहयोग देते हैं।

संज्ञानात्मक प्रक्रियाएँ: अवधान, प्रत्यक्षण, अधिगम, स्मृति और चिंतन

भूमिका

इस दुनिया का अर्थ समझने के लिए कोई एकल प्रक्रिया नहीं है बल्कि प्रक्रियाओं का एक संग्रह जिम्मेदार है, जिसे संज्ञानात्मक प्रक्रियाओं के रूप में जाना जाता है। इस प्रकार, संज्ञानात्मक प्रक्रियाएँ वे मानसिक प्रक्रियाएँ हैं जिनका उपयोग करके हम दुनिया से जानकारी प्राप्त करते हैं और इसे समझते हैं। यह अध्याय पाँच प्रमुख संज्ञानात्मक प्रक्रियाओं अर्थात् अवधान, प्रत्यक्षण, अधिगम, स्मृति और चिंतन पर चर्चा करता है।

प्रश्न 1. अवधान को परिभाषित करते हुए, इसके विभिन्न प्रकारों का वर्णन कीजिए।

उत्तर– सामान्य दृष्टिकोण से अवधान या ध्यान का अर्थ है–किसी काम में मन लगाना। भारतीय दर्शन में अवधान (ध्यान) को एक विलक्षण या अद्भुत शक्ति माना गया है। प्रत्येक कार्य को करते समय व्यक्ति अपनी चेतना, ज्ञानेंद्रियों और कर्मेंद्रियों को लगाता है। उसका अपनी मानसिक शक्तियों या चेतना का वातावरण को किसी विशेष उत्तेजना पर केंद्रित करना तत्कालीन आवश्यकता अथवा लक्ष्य सिद्धि पर निर्भर करता है। अपनी चेतना या मानसिक शक्तियों को जब व्यक्ति किसी विषय-वस्तु पर केंद्रित करता है तो केंद्रीकरण की यह प्रक्रिया या अवस्था अवधान कहलाएगी। वस्तुत: अवधान की यह प्रक्रिया व्यक्ति के उस कार्य-व्यापार की सफलता का आधार है। मनोवैज्ञानिक दृष्टि से अवधान एक सामान्य मानसिक प्रक्रिया है।

प्रमुख विद्वानों ने अवधान को निम्न प्रकार से परिभाषित किया है–

- जे.एस. रॉस के अनुसार, "अवधान किसी विचार की वस्तु को मन के सम्मुख स्पष्ट रूप में रखने की प्रक्रिया है।"
- मैक्डूगल के अनुसार, "ज्ञानात्मक प्रक्रिया पर पड़े प्रभाव की दृष्टि से विचार करने पर अवधान एक चेष्टा या प्रयास-भर है।"
- डूमवाइल के अनुसार, "यह (अवधान) किन्हीं अन्य वस्तुओं की अपेक्षा किसी एक वस्तु पर चेतना का केंद्रीकरण है।"
- एन.एल. मन के कथनानुसार, "हम चाहे जिस दृष्टिकोण से विचार करें, अंतिम विश्लेषण में अवधान एक प्रेरणात्मक प्रक्रिया है।"

अवधान के अर्थ एवं उपर्युक्त परिभाषाओं से स्पष्ट होता है कि "अवधान (ध्यान) किसी एक विचार को मानव मस्तिष्क में स्पष्टत: अंकित करने से संबंधित या मानव चेतना की चुनाव संबंधी अवरत एवं सुव्यवस्थित प्रक्रिया है। यह प्रक्रिया मानव के मस्तिष्क में मौजूद विविध वस्तुओं में से कभी एक तो कभी अन्य को चेतना के ध्यान केंद्र में पहुँचाती है।"

अवधान के चार रूप हैं, जो निम्न प्रकार हैं–

- **चयनात्मक अवधान–**चयनात्मक अवधान का संबंध मुख्यत: अनेक उद्दीपकों में से कुछ सीमित उद्दीपकों अथवा वस्तुओं के चयन से होता है। दूसरे शब्दों में कह सकते हैं कि यह एक ऐसी प्रक्रिया को संदर्भित करता है जिसके द्वारा अन्य असंबंधित उद्दीपक की अनदेखी करते हुए संबंधित उद्दीपकों पर ध्यान केंद्रित किया जाता है। चयनात्मक ध्यान एक फिल्टर के रूप में कार्य करता है।
- **विभक्त अवधान–**यह एक साथ दो या अधिक कार्यों पर ध्यान बनाए रखने की क्षमता को संदर्भित करता है। उदाहरण के लिए, किसी से बात करते हुए संदेश भेजना। कुछ मनोवैज्ञानिकों के अनुसार यह कई कार्य एक साथ करने की क्षमता है।
- **कार्यकारी अवधान–**यह अवधान हमें पर्यावरण की महत्वहीन विशेषताओं को अवरुद्ध करने में मदद करता है और हमें केवल उन्हीं विशेषताओं में भाग लेने के लिए प्रेरित करता है जो हमारे उद्देश्य पूर्ति के लिए महत्त्वपूर्ण हैं।
- **संधृत अवधान–**जहाँ चयनात्मक अवधान मुख्यत: उद्दीपकों के चयन से संबंधित होता है वहीं संधृत अवधान का संबंध एकाग्रता से होता है। यह हमारी उस योग्यता से संबंधित

होता है जिससे हम अपना ध्यान किसी वस्तु अथवा घटना पर देर तक बनाए रखते हैं। इसे 'सतर्कता' भी कहते हैं। कभी-कभी लोगों को एक विशेष कार्य पर घंटों तक ध्यान देना पड़ता है। हवाई यातायात नियंत्रक एवं रेडार रीडर इस गोचर के उत्तम उदाहरण हैं। उन्हें स्क्रीन पर सिगनलों को लगातार देखना एवं मॉनीटर करना पड़ता है। ऐसी स्थितियों में सिगनलों की प्राप्ति प्राय: पूर्वानुमान पर निर्भर नहीं होती है तथा सिगनलों की पहचान में हुई त्रुटियाँ घातक हो सकती हैं। इसलिए उन स्थितियों में अधिक सतर्कता की आवश्यकता होती है। जी.पी.एच. की पुस्तकों का मुख्य उद्देश्य ज्ञान के साथ-साथ अच्छे नम्बर दिलाना है।

प्रश्न 2. प्रत्यक्षण को परिभाषित करते हुए प्रत्यक्षण के विभिन्न चरणों और इन चरणों को प्रभावित करने वाले कारकों को समझाइए।

अथवा

प्रात्यक्षिक प्रक्रिया के चरणों का वर्णन कीजिए।

उत्तर– प्रत्यक्षण को भिन्न-भिन्न लोगों ने भिन्न-भिन्न प्रकार से परिभाषित किया है–

आइजनेक के अनुसार, "प्रत्यक्षीकरण प्राणी का एक मनोवैज्ञानिक प्रकार्य है जिसका संबंध पर्यावरण की स्थिति या परिवर्तनों की सूचना ग्रहण करने तथा प्रक्रम से है।"

बार्टली ने अपनी पुस्तक 'प्रिंसिपल्स ऑफ परसेप्शन' में अनेक परिभाषाओं का पुनरावलोकन कर निष्कर्ष निकाला कि ज्ञानेंद्रियों को प्रभावित करने वाले ऊर्जा संबंधी प्रभाव अथवा तुरंत बाद घटित होने वाली प्राणी की समस्त क्रियाएँ प्रत्यक्षण के अंतर्गत आती है।

फोर्गस ने माना कि प्रत्यक्षण वह प्रक्रम है जो पर्यावरण से सूचना का अवशोषण करता है तथा जिसकी चार अवस्थाएँ है–(1) प्रथम में ज्ञानेंद्रियों के माध्यम से भौतिक ऊर्जा ग्रहण की जाती है, (2) द्वितीय में सूचना देने वाले स्नायु आवेश के रूप में भौतिक ऊर्जा का रूप परिवर्तित होता है, (3) तृतीय अवस्था में जब स्नायु आवेग मस्तिष्क में पहुँचते है तो कुछ मध्यस्थकारी क्रियाएँ उत्पन्न होती है, इन क्रियाओं का कार्य स्नायु आवेशों से प्राप्त सूचना को परिवर्द्धित, पुनर्गठित और परिवर्तित करना होता है। (4) चतुर्थ अवस्था का संबंध प्राणी के प्रत्यक्षपरक अनुभवों से है, तथा इन अनुभवों में व्यक्ति का वांचित और शारीरिक व्यवहार भी सम्मिलित है।

हैबर के अनुसार, "प्रत्यक्षपरक प्रक्रियाओं में वह सभी प्रक्रियाएँ सम्मिलित है जिसका कि संबंध ज्ञानेंद्रियों पर पड़ने वाली उद्दीपक ऊर्जा को, उद्दीपन की अनुक्रिया को तथा इस उद्दीपक की समाप्ति, तक न मिटने वाली स्मृति को सूचना देने वाले अनुभवों के रूप में अनुवादित या व्याख्या करता है।"

प्रत्यक्षण के विभिन्न चरण और इन चरणों को प्रभावित करने वाले कारक निम्नलिखित हैं–

- **चयन**–प्रत्यक्षण का पहला चरण 'चयन' है क्योंकि हमारे मस्तिष्क की क्षमता सीमित होती है इसलिए इसका ध्यान सभी उद्दीपनों पर नहीं जा सकता। हम अनजाने में या जानबूझकर कुछ उद्दीपनों पर ध्यान देते हैं व अन्य को नजरअंदाज कर देते हैं। चयनित उद्दीपन 'उपस्थित उद्दीपन' बन जाता है।

- **संगठन**–प्रत्यक्षण में सिर्फ उद्दीपकों की व्याख्या ही नहीं की जाती है बल्कि उन उद्दीपकों का विशेष नियमों के आधार पर एक खास ढंग से संगठन (organisation) भी होता है। उदाहरणस्वरूप, यदि किसी व्यक्ति का एक हाथ दुर्घटना या किसी बीमारी के कारण काट दिया गया है और यदि वह व्यक्ति हमारे सामने उपस्थित होता है तो इसे हम पूर्ण व्यक्ति के रूप में संगठित (organised) कर ही उसका प्रत्यक्षण करते हैं। उसी तरह यदि हम किसी व्यक्ति के चेहरे (face) पर देखते हैं तो ऐसा नहीं होता है कि उसका होठ, आँख, भौं, ललाट, गाल सभी का हम अलग-अलग प्रत्यक्षण करते हैं। इस तरह से व्यक्ति स्वाभाविक रूप से उद्दीपनों को अर्थपूर्ण आकार प्रदान करने के लिए संगठित करता है व इस प्रकार उद्दीपन की व्याख्या करता है।
- **व्याख्या**–इस अंतिम चरण में संगठित उद्दीपनों को एक अर्थ प्रदान किया जाता है। उत्तेजनाओं की व्याख्या व्यक्ति के अनुभवों, अपेक्षाओं, आवश्यकताओं, विश्वासों और अन्य कारकों पर आधारित होता है। इस प्रकार इस अवस्था का स्वभाव व्यक्तिगत होता है। एक जैसे उद्दीपनों की विभिन्न व्यक्तियों के द्वारा अलग-अलग तरीके से व्याख्या की जा सकती है।

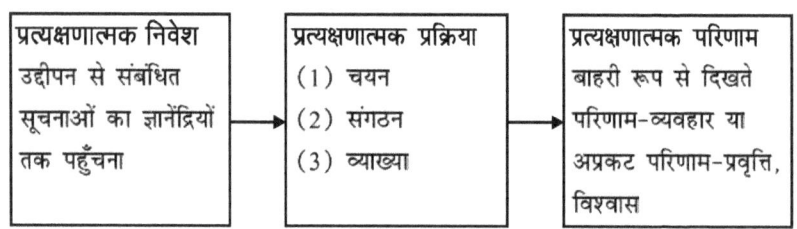

प्रत्यक्षणात्मक निवेश		प्रत्यक्षणात्मक प्रक्रिया		प्रत्यक्षणात्मक परिणाम
उद्दीपन से संबंधित सूचनाओं का ज्ञानेंद्रियों तक पहुँचना	→	(1) चयन (2) संगठन (3) व्याख्या	→	बाहरी रूप से दिखते परिणाम-व्यवहार या अप्रकट परिणाम-प्रवृत्ति, विश्वास

चित्र 3.1: प्रत्यक्षण की प्रक्रिया

प्रश्न 3. संगठन के गेस्टाल्ट सिद्धांत की व्याख्या कीजिए।

उत्तर– गेस्टाल्ट उपागम या सिद्धांत का प्रतिपादन मनोविज्ञान के एक प्रमुख स्कूल गेस्टाल्ट मनोविज्ञान (Gestalt psychology) जिसमें वर्दाइमर (Wertheimer), कोहलर (Kohler), कौफ्का (Koffka) के नाम मशहूर हैं, द्वारा किया गया। गेस्टाल्ट के अनुसार, प्रत्यक्षण की प्रक्रिया में किसी वस्तु के रूप में उद्दीपनों की एक सारणी को शामिल नहीं करना है लेकिन इसमें एक रूप या पैटर्न की तलाश करने की हमारी प्रवृत्ति शामिल है। गेस्टाल्ट शब्द का शाब्दिक अर्थ 'रूप या विन्यास' है। गेस्टाल्ट मनोविज्ञान का मूल आधार यह है कि 'सम्पूर्ण इसके भाग के योग से भिन्न होता है'। इसका तात्पर्य यह है कि संगठन प्रत्यक्षण को एक अलग अर्थ देता है। यह संगठन के कारण होता है जिसमें हम जटिल संरचना को एकात्मक रूप या वस्तुओं के रूप में अनुभव करने में सक्षम होते हैं। संगठन उस तरह से हो सकता है जैसे चीजों को एक साथ रखा जाता है। इस मूल धारणा के आधार पर गेस्टाल्ट मनोवैज्ञानिकों ने कई तरह के सिद्धांत एवं कानून प्रस्तुत किए जो यह बताते हैं कि किस तरह से हम उद्दीपन की छोटी इकाइयों को एक संपूर्ण,

जिसमें विशिष्ट आकृति/स्वरूप होता है, के रूप में देखते हैं। ये सिद्धांत प्रत्यक्षणात्मक संगठन के नियम के रूप में जाने जाते हैं।

गेस्टाल्ट उपागम की व्याख्या निम्नांकित भागों में बाँटकर की जा सकती है–

- **आकृति-पृष्ठभूमि प्रत्यक्षण का नियम (Law of Figure-ground Relationship)**–गेस्टाल्ट सिद्धांत के अनुसार व्यक्ति किसी वस्तु का प्रत्यक्षण अलग-अलग रूप में न कर संपूर्ण रूप से (as a whole) करता है। इस संपूर्ण प्रत्यक्षण (whole perception) का अपना एक विशेष गुण होता है जो वस्तु वे भिन्न-भिन्न हिस्सों (parts) के प्रत्यक्षण के विशेष गुण से भिन्न होता है। उदाहरणार्थ, व्यक्ति जब किसी दूसरे व्यक्ति के चेहरे को देखता है, तो उसके आँख, नाक, कान, होठ, भौं आदि (जो चेहरे के हिस्से हैं) को अलग-अलग नहीं देखता है। इतना ही नहीं, चेहरा का यानी संपूर्ण प्रत्यक्षण (whole perception) का अपना एक विशेष गुण होता है जो चेहरे के किसी भी हिस्से के गुणों से भिन्न होता है।

  जब व्यक्ति किसी वस्तु विशेष का प्रत्यक्षण करता है, तो उसे वस्तु-विशेष का कुछ भाग अत्यन्त स्पष्ट दिखलाई देता है तथा कुछ तुलनात्मक रूप से कम स्पष्ट दिखाई देता है। जो भाग अत्यन्त स्पष्ट दिखाई देता है उसे आकृति (figure) तथा जो भाग कम स्पष्ट दिखलाई देता है उसे पृष्ठभूमि (background) कहा जाता है। इस तरह के प्रत्यक्षण को आकृति-पृष्ठभूमि प्रत्यक्षण (figure-background perception) कहा जाता है। चित्र 3.2 में देखने से आकृति-पृष्ठभूमि प्रत्यक्षण का स्पष्ट उदाहरण मिलता है। चित्र 3.2 में दो आकृति (figure) तथा दो पृष्ठभूमि दिखलाई देती है। चित्र 3.2 का यदि उजला भाग आकृति (figure) के रूप में उभरता है तो व्यक्ति को फूलदान (flower vase) दिखाई पड़ता है तथा काला वाला भाग पृष्ठभूमि (background) के रूप में दिखलाई देता है, परंतु जब काला वाला भाग स्पष्ट रूप से यानी आकृति (figure) के रूप में दिखलाई देता है, तो व्यक्ति को आमने-सामने हुए दो व्यक्तियों का चेहरा दिखलाई पड़ता है तथा उजला भाग पृष्ठभूमि (background) के रूप में दिखलाई पड़ता है।

चित्र 3.2: आकृति-पृष्ठभूमि प्रत्यक्षण संबंध

- **सन्निकटता का सिद्धांत (Law of Proximity)**–जो वस्तुएँ किसी स्थान अथवा समय में एक-दूसरे के निकट होती हैं वे एक-दूसरे से संबंधित अथवा एक समूह के

रूप में दिखती हैं। उदाहरण के लिए, चित्र में बिंदुओं के एक वर्ग प्रतिरूप जैसा नहीं दिखता है, बल्कि बिंदुओं के स्तंभ की एक शृंखला के रूप में दिखाई देता है। इसी प्रकार, चित्र में पंक्तियों में बिंदुओं के एक समूह के रूप में दिखाई देता है।

```
О О О О О О      О О    О О    О О
О О О О О О      О О    О О    О О
О О О О О О      О О    О О    О О
О О О О О О      О О    О О    О О
О О О О О О      О О    О О    О О
О О О О О О      О О    О О    О О
```

चित्र 3.3: निकटता का गेस्टाल्ट सिद्धांत

- **एकरूपता या समानता का नियम (Law of Similarity)**—जिन वस्तुओं में समानता होती है तथा विशेषताओं में वे एक-दूसरे के समान होती हैं वे एक समूह के रूप में प्रत्यक्षित होती हैं। चित्र में छोटे वृत्त एवं वर्ग क्षैतिज और उदग्र रूप से समरूप अंतराल पर हैं जिससे निकटता का प्रश्न नहीं उठता है। हम यहाँ एकांतर वृत्त एवं वर्ग के स्तंभ को देखते हैं।

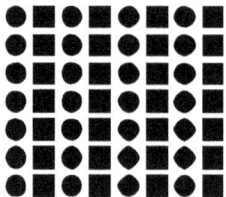

चित्र 3.4: समानता का गेस्टाल्ट सिद्धांत

- **निरंतरता का नियम (Law of Continuation)**—यह सिद्धांत बताता है कि जब वस्तुएँ एक सतत् प्रतिरूप प्रस्तुत करती हैं तो हम उनका प्रत्यक्षण एक-दूसरे से संबंधित के रूप में करते हैं। उदाहरण के लिए, हमें अ-ब तथा स-द रेखाएँ एक दूसरे को काटती हुई दिखती हैं, तुलना में चार रेखाएँ केंद्र प पर मिल रही हैं।

चित्र 3.5: निरंतरता का गेस्टाल्ट सिद्धांत

- **सामान्य गति का नियम (Law of Common fate)**–इस नियम के अनुसार दृष्टि क्षेत्र में उपस्थित उद्दीपकों में जब सामान्य गति या परिवर्तन होते पाया जाता है, तो उसे व्यक्ति एक खास पैटर्न में संगठित हुए प्रत्यक्षण करता है।
- **बंदी का नियम (Law of Closure)**–इस नियम के अनुसार व्यक्ति उद्दीपक में रिक्त स्थानों को अपनी ओर से भर कर उसे एक संगठित पैटर्न के रूप में देखता है। इस नियम की सक्रियता के कारण व्यक्ति उद्दीपक का एक संपूर्ण रूप को न कि उसके विभक्त रूप का प्रत्यक्षण करता है।
- **समान शैली प्रेग्नाज का नियम**–प्रेग्नाज एक जर्मन शब्द है, जिसका अर्थ है "अच्छा आकार" इस सिद्धांत को "अच्छे आकार का सिद्धांत" भी कहा जाता है। इस सिद्धांत के अनुसार, उद्दीपक को समूहीकृत करने के सभी संभावित तरीकों में से, हमारा झुकाव सरल और स्थिर आकार में समूह उद्दीपक की और होता है। इस प्रकार, हम कह सकते हैं कि सरल आकार हमारे द्वारा अधिक आसानी से देखे जाते हैं। उदाहरण के लिए, चित्र 3.6 को हम तीन त्रिभुज और गेंदों से मिलकर बना चित्र समझने के बजाय, इसे एक त्रिभुज के रूप में देखते हैं।

चित्र 3.6: प्रेग्नाज का गेस्टाल्ट सिद्धांत

प्रश्न 4. अधिगम क्या है? वर्णन कीजिए।

उत्तर– अधिगम (learning) पूर्व अनुभव द्वारा व्यवहार में प्रगतिशील परिवर्तन है। इस आधार पर कहा जा सकता है कि अधिगम ही शिक्षा है। अधिगम और शिक्षा एक ही क्रिया की ओर संकेत करते हैं। दोनों क्रियाएँ जीवन में सदा और सर्वत्र चलती रहती हैं। बालक परिपक्वता (maturation) की ओर बढ़ता हुआ, अपने अनुभवों का लाभ उठाता हुआ वातावरण के प्रति जो उपयुक्त प्रतिक्रिया करता है, वही अधिगम है।

अधिगम कक्षा कक्ष के भीतर संपन्न होने वाली घटना न होकर किसी के भी द्वारा कहीं भी और कभी भी संपन्न होने वाली घटना है। इसका आशय यह है कि अधिगम कहीं भी संपन्न होने वाली घटना है। पारंपरिक भारतीय साहित्य में ऐसे कई उदाहरण हैं जहाँ लोगों ने वृक्षों, नदियों,

पर्वतों तथा कीट-पतंगों आदि से सीखा है, जैसे-चींटी के दीवार पर चढ़ते समय बार-बार गिरने एवं चढ़ने के पुनर्प्रयास से हमें हिम्मत न हारने की शिक्षा मिलती है।

विभिन्न मनोवैज्ञानिकों एवं शिक्षाशास्त्रियों द्वारा दी गई अधिगम की कुछ परिभाषाएँ निम्नलिखित हैं-सबसे स्वीकार्य परिभाषा के अनुसार, यह "व्यवहार में (या व्यवहार क्षमता में) अनुभव के परिणामस्वरूप अपेक्षाकृत स्थायी परिवर्तन है" (बैरन, 2001)। इस परिभाषा के तीन बिंदुओं को स्पष्टीकरण की आवश्यकता है। सबसे पहले, जैसा कि परिभाषा में लिखा गया है 'अपेक्षाकृत स्थायी परिवर्तन', यहाँ यह उल्लेख करना महत्त्वपूर्ण है कि व्यवहार में किसी भी अस्थायी परिवर्तन को सीखने के रूप में कहा जा सकता है। जैसे, दवा लेने या भारी भोजन करने के बाद नींद आना या बीमारी के कारण दर्द महसूस करना। दूसरा, उम्र बढ़ने या परिपक्वता के कारण स्थायी परिवर्तन, सीखने के रूप में नहीं माना जाएगा। तीसरा, यहाँ 'अनुभव' का अर्थ केवल हमारा अपना अनुभव नहीं है। सीखना प्रतिनिधिक अधिगम अर्थात् दूसरों के अनुभवों द्वारा, भी हो सकता है।

ब्लेयर, जोन्स और सिम्पसन के अनुसार, "व्यवहार में कोई परिवर्तन जो अनुभवों का परिणाम है और जिसके फलस्वरूप व्यक्ति आने वाली स्थितियों का भिन्न प्रकार से सामना करता है - अधिगम कहलाता है।"

गेट्स व अन्य के अनुसार, "अनुभव और प्रशिक्षण (training) द्वारा व्यवहार में परिवर्तन लाना ही अधिगम या सीखना है।"

स्कीनर के अनुसार, "अधिगम, व्यवहार में उत्तरोत्तर सामंजस्य की प्रक्रिया है।"

गिलफोर्ड के अनुसार, "व्यवहार के परिणामस्वरूप व्यवहार में किसी प्रकार का परिवर्तन ही अधिगम है।"

हरलॉक (1942) के अनुसार, अधिगम विकास है जो अभ्यास एवं प्रयास के द्वारा होता है। अधिगम के द्वारा बालक अपने आनुवांशिक संसाधनों का प्रयोग करने में सक्षम हो जाते हैं।

प्रश्न 5. अधिगम के सिद्धांतों का वर्णन कीजिए।

उत्तर- जिस प्रकार से हम सूचनाओं को प्रत्यक्षीकृत करते हैं, भाषा को समझते व उसका प्रयोग करते हैं, हमारा चिंतन, विश्वास, मनोवृत्ति यह सब अधिगम द्वारा प्रभावित होते हैं। अधिगम व्यवहार में परिवर्तन है जो सापेक्षित रूप से स्थायी स्वरूप में है तथा यह अनुभव एवं प्रयास द्वारा प्रभावित होता है। मोटे तौर पर, अधिगम के सिद्धांतों को निम्नलिखित के आधार पर वर्गीकृत किया जा सकता है-

- **साहचर्य द्वारा अधिगम**-क्लासिकल अनुबंधन के रूप में जाना जाता है।
- **परिणाम आधारित अधिगम**-क्रिया-प्रसूत या साधनात्मक अनुबंधन के रूप में जाना जाता है।
- **प्रेक्षणात्मक अधिगम**-अवलोकन अधिगम के रूप में जाना जाता है।

(1) साहचर्य द्वारा अधिगमः क्लासिकल अनुबंधन-रूस निवासी पैवलॉव (I.P. Pavlov) मूल रूप से शरीरविज्ञानी थे। वे कुत्ते की पाचन क्रिया में लार के स्राव का अध्ययन कर रहे थे। उन्होंने इस अध्ययन में देखा कि भोजन देखते ही कुत्ते के लार स्राव में वृद्धि हो जाती थी। कुछ

दिन बाद उन्होंने देखा कि भोजन लाने वाले की पैरों की आवाज सुनते ही उसमें लार स्रवित होना शुरू हो जाता था और भोजन देखकर और अधिक होने लगता था। कुत्ते की भोजन (उद्दीपक, Stimulus) के प्रति इस अनुक्रिया (Response-R) ने उन्हें मनोवैज्ञानिक अध्ययन की ओर मोड़ दिया।

पैवलॉव ने लकड़ी का एक उपकरण तैयार कराया। इसमें बीच में लकड़ी का एक तख्ता लगा था और इस तख्ते में एक खिड़की लगी थी जिसके द्वारा कुत्ते के सामने भोजन आता था। इस उपकरण में एक स्थान पर एक घंटी (bell) लगी थी। पैवलॉव ने इस उपकरण में कुछ ऐसा प्रबंध कराया था कि घंटी का बटन दबाने से घंटी बजने लगती थी और भोजन का बटन दबाते ही कुत्ते के सामने भोजन की प्लेट आ जाती थी। इस उपकरण में कुत्ते की लार एकत्रित करने के लिए एक स्थान पर बीकर की व्यवस्था थी।

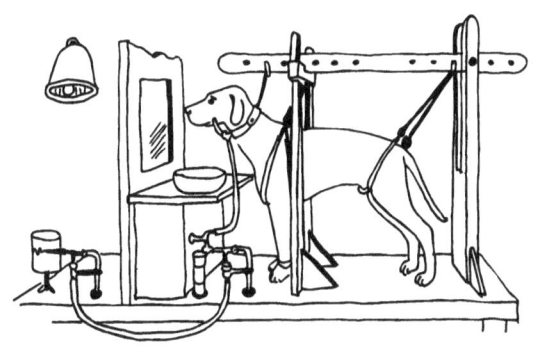

चित्र 3.7: पैवलॉव द्वारा किया गया प्रयोग

पैवलॉव ने यह प्रयोग एक ध्वनि बाधित (sound proof) कमरे में किया। उन्होंने इस उपकरण को इस कमरे में रखा और उसके एक ओर भूखे कुत्ते को बाँध दिया। इस कुत्ते की लार ग्रंथि में ऑपरेशन द्वारा एक नली डाली हुई थी। इस नली के दूसरे छोर को उन्होंने लार एकत्रित करने वाले बीकर में डाल दिया। उन्होंने भोजन का बटन दबाया, भोजन का बटन दबाते ही कुत्ते के सामने भोजन की प्लेट आ गई। भोजन देखते ही कुत्ते का लार स्राव होने लगा। पैवलॉव की दृष्टि से भोजन कुत्ते के लिए स्वाभाविक उद्दीपक (natural stimulus) था और भोजन देखते ही उसके मुँह से लार आना सहज अनुक्रिया थी। दूसरे दिन पैवलॉव ने घंटी का बटन दबाया। घंटी की ध्वनि सुनते ही कुत्ते के कान खड़े हो गए, परंतु लार नहीं आई। पैवलॉव की शब्दावली में भोजन के स्थान पर घंटी की ध्वनि से लार स्राव अनुक्रिया के लिए अस्वाभाविक उत्तेजक (unnatural stimulus) था। इसलिए अनुक्रिया में कान खड़े हुए। ध्वनि की प्रतिक्रियास्वरूप कान खड़े होना अपने में सहज क्रिया है। तीसरे दिन पैवलॉव ने पहले घंटी बजाई, घंटी की ध्वनि सुनते ही कुत्ते के कान खड़े हो गए। उन्होंने घंटी के बटन के दो सेकंड बाद भोजन का बटन दबा दिया, भोजन देखते ही कुत्ते की लार ग्रंथि से लार स्राव होने लगा। पैवलॉव ने यह प्रयोग कई दिन दोहराया और कुछ दिन बाद देखा कि घंटी की ध्वनि सुनते ही कुत्ते का लार स्राव शुरू हो जाता था जो भोजन देखकर और अधिक होने लगता था। पैवलॉव ने अनुबंधित उद्दीपक (Conditioned

Stimulus-CS) घंटी की ध्वनि के साथ स्वाभाविक उद्दीपक (Unconditioned Stimulus-US) भोजन से स्राव में वृद्धि होने को पुनर्बलन (Reinforcement) कहा। कुछ दिन यह प्रयोग दोहराने के बाद पैवलॉव ने केवल घंटी का बटन दबाया। उसके साथ भोजन की प्लेट उपस्थित नहीं की। उन्होंने देखा कि घंटी की ध्वनि सुनते ही कुत्ते की लार ग्रंथि से उतनी ही मात्रा में लार स्राव हुआ जितना घंटी की ध्वनि और भोजन से होता था। इसका कारण यह था कि वह घंटी की ध्वनि से भोजन प्राप्त करने के लिए अनुबंधित हो चुका था। पैवलॉव ने इस स्थिति में घंटी की ध्वनि को अनुबंधित उद्दीपक (Conditioned Stimulus-CS) कहा। पैवलॉव ने स्वाभाविक उद्दीपक (US) के स्थान पर अनुबंधित (अस्वाभाविक) उद्दीपक के प्रति स्वाभाविक अनुक्रिया करने को सीखने की संज्ञा दी। इस प्रकार से सीखने को पैवलॉव ने अनुबंधित सहज क्रिया (Conditioned Reflex Action) कहा। आज के मनोवैज्ञानिक इसे शास्त्रीय अनुबंधन (Classical Conditioning) कहते हैं। इसके बाद पैवलॉव ने घंटी तो बजाई परंतु घंटी की ध्वनि के साथ भोजन नहीं दिया। उन्होंने देखा कि घंटी की ध्वनि सुनते ही कुत्ते का लार स्राव हुआ। उन्होंने यह प्रयोग कई दिन तक दोहराया। उन्होंने देखा कि एक दिन घंटी की ध्वनि से कुत्ते का लार स्राव नहीं हुआ। इसे पैवलॉव ने विलोपन (extinction) की संज्ञा दी। इस प्रयोग से पैवलॉव ने निम्नलिखित निष्कर्ष निकाले–

(क) किसी भी स्वाभाविक उद्दीपक (Unconditioned Stimulus-US) के लिए स्वाभाविक अनुक्रिया (Unconditioned Response-UR) होती है जिसे मनोविज्ञान की भाषा में सहज क्रिया कहते हैं, जैसे कि ऊपर के प्रयोग में भोजन (US) के प्रति लार आना (UR)। इसे संक्षेप में निम्नलिखित रूप में प्रकट करते हैं–

US⟶UR

(ख) किसी भी अस्वाभाविक उद्दीपक (CS) और स्वाभाविक उद्दीपक (US) को एक साथ प्रस्तुत करने से स्वाभाविक अनुक्रिया (UR) होती है, जैसे कि ऊपर के प्रयोग में घंटी + भोजन से लार स्राव होना है। इसे निम्नांकित रूप में प्रकट करते हैं–

CS+US⟶UR

(ग) स्वाभाविक उद्दीपक (Unconditioned Stimulus-US) को अनुबंधित उद्दीपक (Conditioned Stimulus-CS) से प्रतिस्थापित (Replace) किया जा सकता है, जैसे कि ऊपर के प्रयोग में भोजन को घंटी की ध्वनि से प्रतिस्थापित किया जा सका। यहाँ CS की प्रतिक्रिया UR को उन्होंने CR कहा। इसे संक्षेप में निम्नलिखित रूप में प्रकट करते हैं–

CS⟶UR or CR

(घ) अनुबंधित उद्दीपक (CS) कुछ ही समय तक प्रभावित रहता है, जैसा कि ऊपर के प्रयोग में कुछ दिनों बाद केवल घंटी की ध्वनि (CS) से लार स्राव (UR or CR) का बंद होना। इसे पैवलॉव ने विलोपन की संज्ञा दी।

पैवलॉव ने इन तथ्यों को अनुबंधित प्रत्यावर्तन सिद्धांत (Conditioned Reflex Theory) की संज्ञा दी जिसे आगे चलकर मनोवैज्ञानिकों ने शास्त्रीय अनुबंधन सिद्धांत (Classical

Conditioning Theory) का नाम दिया। चूँकि यह सिद्धांत अनुबंधित उद्दीपक (CS) के प्रति स्वाभाविक अनुक्रिया (UR) को सीखने की संज्ञा देता है इसलिए इसे अनुबंधित अनुक्रिया सिद्धांत (Conditioned Response Theory) भी कहते हैं। इस सिद्धांत के अनुसार सीखने के लिए उद्दीपक (Stimulus-S) का होना आवश्यक नहीं होता, अनुबंधित उद्दीपक (CS) के प्रति भी अनुक्रिया होती है और अपने सही अर्थों में अनुबंधित उद्दीपक के प्रति जो अनुक्रिया होती है वही सीखना अर्थात् अधिगम है।

(2) क्रिया-प्रसूत या साधनात्मक अनुबंधन: परिणाम आधारित अधिगम – अमेरिकी मनोवैज्ञानिक स्कीनर (B.F. Skinner) ने सीखने की प्रक्रिया के स्वरूप को समझने के लिए सर्वप्रथम अन्य मनोवैज्ञानिकों द्वारा किए गए प्रयोगों के निष्कर्षों और सिद्धांतों का अध्ययन किया और पैवलॉव के प्रत्यावर्तन और पुनर्बलन संप्रत्ययों को समझा। उसके बाद उन्होंने स्वतंत्र रूप से प्रयोग किए। इस संदर्भ में उनके दो प्रयोगों का बड़ा महत्त्व है–एक चूहे पर किए गए प्रयोग का और दूसरा कबूतर पर किए गए प्रयोग का।

स्कीनर ने चूहा बंद करने के लिए एक पिंजड़ा बनवाया। इस पिंजड़े में चूहे को अंदर करने के लिए एक दरवाजा था। इसके अंदर एक स्थान पर एक लीवर फिट था। इस लीवर को दबाने से पिंजड़े में रखी प्लेट में भोजन आ जाता था। यह प्लेट पिंजड़े में जमी (fixed) थी। लीवर दबने से भोजन की नली का रास्ता खुल जाता था और ऊपर रखा भोजन इस रास्ते से भोजन की प्लेट में गिर जाता था। इस पिंजड़े को स्कीनर बॉक्स कहते हैं। स्कीनर ने इस बॉक्स में एक भूखे चूहे को अंदर कर दिया। उसने देखा कि चूहे ने अंदर जाते ही उछल-कूद करना शुरू कर दिया। इस उछल-कूद में एक बार उसका पंजा अचानक उस लीवर पर पड़ गया और भोजन उसकी प्लेट में आ गया। उसने भोजन प्राप्त किया और अपनी भूख मिटाई। इससे उसे बड़ा संतोष मिला। अब उसे जब फिर कुछ खाने की इच्छा हुई तो उसने पुन: उछल-कूद करना शुरू किया। इस उछल-कूद में वह लीवर पुन: दब गया और उसने भोजन प्राप्त किया। स्कीनर ने देखा कि भोजन मिलने से चूहे की क्रिया को पुनर्बलन मिला। उसने इस चूहे पर यह प्रयोग कई बार दोहराया और देखा कि एक स्थिति ऐसी आई कि भूखे चूहे ने पिंजड़े में पहुँचते ही लीवर दबाकर भोजन प्राप्त कर लिया। दूसरे शब्दों में उसने लीवर दबाकर भोजन प्राप्त करना सीख लिया था।

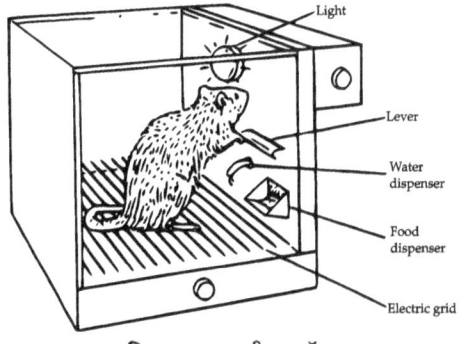

चित्र 3.8: स्कीनर बॉक्स

स्कीनर ने यह प्रयोग एक कबूतर पर दोहराया। उन्होंने इस प्रयोग के लिए एक विशेष प्रकार का बॉक्स बनवाया। इस बॉक्स में एक ऐसी ऊँचाई पर जहाँ कबूतर की चोंच जा सकती थी, एक प्रकाशपूर्ण की (key) लगाई थी। इस की (key) के दबाने से कबूतर के खाने के लिए दाने मिल सकते थे। साथ ही इसमें 6 प्रकार के प्रकाश की ऐसी व्यवस्था की गई थी कि भिन्न-भिन्न बटन दबाने से भिन्न-भिन्न प्रकाश होता था। इस बॉक्स को कबूतर बॉक्स (Pigeon Box) कहते हैं।

स्कीनर ने इस बॉक्स में एक भूखे कबूतर को बंद कर दिया। इसके बाद की (key) में सबसे हल्के कलर का प्रकाश पहुँचाया गया। उसकी चमक से कबूतर उसकी ओर खिंचा और उसने उसके इधर-उधर चोंच मारी। एक बार उसकी चोंच प्रकाशित की (key) के ऊपर लग गई, उसके दबते ही उसे खाने के लिए दाने मिल गए। उस कबूतर पर यह प्रयोग छहों प्रकार की प्रकाश व्यवस्था पर किया गया। स्कीनर ने देखा कि प्रकाश में परिवर्तन करने से कबूतर की अनुक्रिया में थोड़ा परिवर्तन हुआ पर भोजन मिलने से उसके सही जगह चोंच मारने की क्रिया को पुनर्बलन बराबर मिला और एक स्थिति ऐसी आई कि जब भी इस कबूतर को भूखा रखने के बाद इस बॉक्स में बंद किया गया, वह उस की (key) को दबाकर भोजन प्राप्त करने लगा। दूसरे शब्दों में उसने की दबाकर भोजन प्राप्त करना सीख लिया। इन प्रयोगों से स्कीनर ने निम्नलिखित निष्कर्ष निकाले—

(क) क्रिया करने के लिए किसी उद्दीपक का होना जरूरी नहीं होता, जैसा कि थॉर्नडाइक एवं पैवलॉव ने समझा था। क्रिया प्राणी की जैविक रचना का एक अंग है, जब उसे कोई जैविक अथवा पर्यावरणीय आवश्यकता जिसे मनोवैज्ञानिक भाषा में अंतर्नोद (प्रेरक) एवं अभिप्रेरक कहते हैं, होती है, वह स्वत: क्रियाशील हो जाता है, जैसे कि कबूतर ने बॉक्स के अंदर प्रवेश करते ही भूख (अंतर्नोद) के कारण क्रिया करनी शुरू कर दी थी।

(ख) क्रिया के परिणामस्वरूप प्राप्त सफलता से सीखने वाले को पुनर्बलन मिलता है, जैसा कि कबूतर को भोजन प्राप्त करने से मिला। स्कीनर के अनुसार यह महत्त्वपूर्ण नहीं है कि की (key) किस प्रकार दबी, महत्त्वपूर्ण यह है कि की (key) दबने से कबूतर को भोजन मिला, उसकी भूख शांत हुई।

(ग) पुनर्बलन से सीखने की क्रिया तीव्र होती है और सीखने वाला शीघ्र सीख जाता है, जैसे कि कबूतर भोजन प्राप्त होने से की (key) दबाना सीख गया। कबूतर द्वारा स्वत: की (key) दबाना सीखने की अनुक्रिया को उन्होंने क्रियाप्रसूत अनुक्रिया कहा और इस प्रकार सीखने की क्रिया को क्रियाप्रसूत अनुबंधन कहा।

(घ) क्रिया और पुनर्बलन के परिणामस्वरूप होने वाला अनुबंधन ही क्रियाप्रसूत अथवा सक्रिय अनुबंधन है क्योंकि यह उद्दीपक के द्वारा नहीं क्रिया के द्वारा होता है, जैसा कि कबूतर की क्रिया और भोजन प्राप्ति में हुआ।

(ङ) सभी प्राणी प्राय: सक्रिय अनुबंधन द्वारा ही सीखते हैं, इस प्रकार सीखने को स्कीनर ने सक्रिय अनुबंधन सीखना कहा।

उपरोक्त तथ्यों के आधार पर स्कीनर ने सीखने संबंधी अपने सिद्धांत का प्रतिपादन किया जिसे उन्होंने क्रियाप्रसूत अनुबंधन सिद्धांत की संज्ञा दी।

स्कीनर ने प्राणी की क्रियाओं को दो वर्गों में विभाजित किया–एक निष्कर्षित अनुक्रिया और दूसरी उत्सर्जित अनुक्रिया। निष्कर्षित अनुक्रियाओं से उनका तात्पर्य किसी उद्दीपक (Stimulus-S) के प्रति होने वाली अनुक्रियाओं (Responses-R) से था और उत्सर्जित अनुक्रियाओं से उनका तात्पर्य किसी क्रिया के प्रति होने वाली अनुक्रिया से था। क्रिया के परिणामस्वरूप उत्सर्जित होने वाली अनुक्रियाओं को ही स्कीनर ने क्रियाप्रसूत की संज्ञा दी है।

दूसरा शब्द है–क्रियाप्रसूत अनुबंधन। थॉर्नडाइक के सिद्धांतानुसार सीखने में उद्दीपक (S) और अनुक्रिया (R) में संबंध स्थापित होता है और पैवलॉव के सिद्धांतानुसार अनुबंधित उद्दीपक (CS) और अनुबंधित अनुक्रिया (CR) में संबंध स्थापित होता है। इन दोनों के विपरीत स्कीनर ने अपने प्रयोगों द्वारा यह पाया कि सर्वप्रथम प्राणी अनुक्रिया करता है, उस अनुक्रिया में उसे सफलता मिलती है, सफलता से पुनर्बलन मिलता है, इससे उसकी अनुक्रिया और सफलता में अनुबंधन हो जाता है। इसे उन्होंने अनुक्रिया-उद्दीपक बंधन कहा क्योंकि इसमें क्रिया से अनुबंधन होता है इसलिए इसे क्रियाप्रसूत अथवा सक्रिय अनुबंधन कहा जाता है।

यह सिद्धांत पुनर्बलन पर विशेष बल देता है इसलिए यहाँ पुनर्बलन के संप्रत्यय को भी थोड़े स्पष्ट रूप से समझना आवश्यक है। जब किसी प्राणी को किसी अनुक्रिया से सुखद परिणाम प्राप्त होता है तो वह उस अनुक्रिया को बार-बार दोहराता है, इस बार-बार दोहराने की इच्छा उत्पन्न होने को ही पुनर्बलन कहते हैं; जैसा कि कबूतर को की दबाने से भोजन प्राप्त हुआ। स्पष्ट है कि पुनर्बलन अनुक्रिया का परिणाम है जिससे भविष्य में अनुक्रिया होने की संभावना बढ़ती है। इस सिद्धांत में पुनर्बलन का बड़ा महत्त्व है इसलिए इसे पुनर्बलन का सिद्धांत कहते हैं। पुनर्बलन को मनोवैज्ञानिकों ने दो रूपों में विभाजित किया है–एक धनात्मक पुनर्बलन एवं नकारात्मक पुनर्बलन।

स्कीनर ने सकारात्मक एवं नकारात्मक पुनर्बलन में विभेद किया। सकारात्मक पुनर्बलन एक उद्दीपन होता है जो वांछित अनुक्रिया के घटित होने की संभावना को बढ़ाता है। सकारात्मक पुनर्बलन सकारात्मक पुरस्कार होता है। प्रशंसा, पुरस्कार, धन, कोई पसंदीदा टी.वी. कार्यक्रम आदि धनात्मक पुनर्बलन के उदाहरण हैं। नकारात्मक पुनर्बलन वे उद्दीपक होते हैं जिनको हटा लेने के बाद वांछित व्यवहार के घटित होने की संभावना बढ़ जाती है। उदाहरण के तौर पर हम दरवाजों और खिड़कियों को शोर से बचने के लिए बंद कर सकते हैं; सही उत्तर देकर हम गलत उत्तरों से बच सकते हैं। यहाँ शोर और गलत उत्तर नकारात्मक पुनर्बलक हैं। इस प्रकार एक नकारात्मक पुनर्बलन एक नकारात्मक पुरस्कार है – जिसको हटाना हमें कष्टप्रदायी स्थिति से आराम दिलाता है। स्कीनर के अनुसार नकारात्मक पुनर्बलन का अर्थ दंड नहीं है।

आंशिक पुनर्बलन (Partial Reinforcement)–प्रबलन को सतत प्रबलन (continuous reinforcement) तथा असतत या आंशिक प्रबलन (partial reinforcement) दो भागों में विभाजित किया जा सकता है। सतत् प्रबलन की अवस्था में प्राणी को प्रत्येक प्रयत्न में प्रबलक (reinforcer) दिया जाता है। यहाँ प्राणी की हर प्रतिक्रिया प्रबलित (reinforced) होती है। पैवलव के प्रयोग में कुत्ते को प्रत्येक प्रयत्न में भोजन (प्रबलक) दिया गया। दूसरी ओर असतत प्रबलन अथवा आंशिक प्रबलन में प्राणी की हर प्रतिक्रिया प्रबलित नहीं होती है। यहाँ योजना के अनुसार कोई प्रतिक्रिया प्रबलित होती है और कोई अप्रबलित होती है और कोई अप्रबलित होती

है। कभी प्राणी को प्रबलक (भोजन) दिया जाता है और कभी नहीं दिया जाता है। स्किनर के प्रयोग में चूहे को कभी भोजन मिला और कभी नहीं मिला। सही प्रतिक्रिया करने पर भोजन प्राप्त हुआ और गलत प्रतिक्रिया करने पर भोजन प्राप्त नहीं हुआ।

सीखने की क्रिया पर दोनों तरह के प्रबलन का प्रभाव पड़ता है। लेकिन, प्रश्न यह है कि सीखने के लिए सतत तथा असतत प्रबलन में कौन अधिक प्रभावशाली या उपयोगी है। सामान्यत: सतत प्रबलन की अपेक्षा आंशिक प्रबलन की अवस्था में सीखने की क्रिया देर से होती है। रेनोल्ड्स द्वारा क्लासिकी अनुकूलन पर किए गए प्रयोग से इस विचार का प्रमाण मिलता है। लेकिन, आंशिक प्रबलन की अवस्था में प्रतिरोध (resistance) अधिक पाया जाता है और विलोप (extinction) देर से होता है। आंशित प्रबलन अनुसूची का मुख्य प्रकार प्रबलन दिए जाने के समय पर निर्भर करता है अथवा दी गई अनुक्रिया को कितनी बार प्रबलित किया गया, इस पर निर्भर करता है।

(i) **निश्चित मध्यांतर-सारणी**—निश्चित मध्यान्तर-सारणी प्रबलन के उस प्रतिरूप को कहते हैं, जिसमें दो प्रबलकों के बीच का समय निश्चित रहता है। प्राणी को एक प्रबलक के बाद हमेशा एक निश्चित समय के बाद दूसरा प्रबलक दिया जाता है। जैसे-चूहे को प्रत्येक 30 सेकंड या 50 सेकंड के बाद भोजन दिया जा सकता है। यहाँ दो बातें मुख्य हैं। एक तो यह कि मध्यांतर समय निश्चित रहता है और दूसरी बात यह कि प्रबलक को पाने के लिए प्राणी को प्रतिक्रिया करना पड़ता है।

(ii) **परिवर्ती मध्यांतर-सारणी**—यहाँ दो प्रबलकों के बीच का समय निश्चित नहीं रहता है। एक प्रबलक के बाद दूसरा प्रबलक कभी 1 मिनट, कभी 30 सेकंड और कभी 3 मिनट के आद घटित हो सकता है। अत: यहाँ प्राणी को इस बात का अंदाजा नहीं रहता है कि उसे प्रबलन कब मिलेगा। इसीलिए, इस सारणी में प्राणी अधिक सतर्क रहता है। अध्ययनों से पता चलता है कि निश्चित मध्यांतर सारणी में प्रबलन के बाद प्राणी की क्रियाशीलता घट जाती है और जब दूसरा प्रबलन के घटित होने का समय नजदीक आता है तो क्रियाशीलता बढ़ जाती है। इस तरह, निश्चित मध्यांतर सारणी में प्राणी की क्रिया की गति बदलती रहती है जबकि परिवर्ती मध्यांतर सारणी में उसकी प्रतिक्रिया में अधिक स्थिरता पाई जाती है। अध्ययनों से यह भी पता चलता है कि निश्चित मध्यांतर सारणी की अपेक्षा परिवर्ती मध्यांतर सारणी में प्रतिरोध (resistance) अधिक होता है और विलोप (extinction) देर से होता है।

- **निश्चित अनुपात-सारणी**—प्रबलन के इस प्रतिरूप के अंतर्गत प्राणी को प्रयत्नों की एक निश्चित संख्या के बाद प्रबलन दिया जाता है। यहाँ दो प्रबलकों के बीच प्राणी द्वारा की गई प्रतिक्रियाओं की संख्या निश्चित रहती है। जैसे-चूहे को प्रत्येक 5 प्रयत्न या 7 प्रयत्न के बाद भोजन दिया जाता है। प्रबलन का यह प्रतिरूप निश्चित मध्यांतर सारणी (FI) से भिन्न है। यहाँ प्राणी जितना ही जल्दी-जल्दी प्रतिक्रिया करता है, उतना ही जल्दी प्रबलक प्राप्त करता है।

इसलिए, वह हमेशा अधिक सक्रिय रहता है। लेकिन, निश्चित मध्यांतर-सारणी में, जैसा कि लिखा जा चुका है, प्रबलक मिल जाने के बाद उसकी क्रियाशीलता घट जाती है। फिर, निश्चित मध्यांतर-सारणी में प्रबलन मिलने की अवधि जितनी कम होती है, प्राणी उतनी ही अधिक प्रतिक्रिया करता है। मध्यांतर की परिवर्त्य अनुपात अनुसूची (variable ratio schedule) वैसी अनुसूची को कहा जाता है जिसमें पुनर्बलन देने का आधार अनुक्रियाओं का कोई निश्चित संख्या नहीं होती है। कभी उसे औसतन पाँच अनुक्रिया के बाद तो कभी दो अनुक्रिया के बाद तो कभी 10 अनुक्रिया के बाद पुनर्बलन दिया जा सकता है।

तालिका 3.1: क्रिया प्रसूत अनुबंधन में प्रयोग किए जाने वाले प्रबलन एवं दंड का पुनरावलोकन

विधि	उद्दीपक घटना	प्रभाव	व्यवहारात्मक निष्कर्ष
धनात्मक प्रबलन	कुछ वांछित उद्दीपक (जैसे—भोजन, काम, सुख, प्रशंसा)	अनुक्रियाओं को दृढ़ करता है।	प्राणी अनुक्रिया को सीखता है।
ऋणात्मक प्रबलन	कुछ अवांछित (अरुचिकर) उद्दीपक (जैसे : ऊष्मा, ठंड, कठोर आलोचना)	उन अनुक्रियाओं को दृढ़ करना जो उद्दीपक से पलायन अथवा उसे छोड़ने की आज्ञा देते हैं।	प्राणी उन अनुक्रियाओं को निष्पादित करना सीखता है जो ऋणात्मक प्रबलक से पलायन करने की आज्ञा देता है।
धनात्मक दंड	कुछ अवांछित वस्तुएँ (अरुचिकर उद्दीपक)	उद्दीपक के आने से पहले अनुक्रियाओं को कमजोर करना।	प्राणी उन अनुक्रियाओं को दबाना सीखता है जो असुखदायी परिणामों को प्रस्तुत करने में अग्रणी होते हैं।
ऋणात्मक दंड	कुछ वांछित वस्तुएँ	उन अनुक्रियाओं को कमजोर करता है जो उद्दीपक के नुकसान अथवा उद्दीपक को आगे बढ़ाने में सहायक होते हैं।	प्राणी उन अनुक्रियाओं को दबाना सीखता है जो वांछित उद्दीपकों को खो देते हैं अथवा आगे बढ़ा देते हैं।

(3) प्रेक्षणात्मक अधिगम—प्रेक्षणात्मक अधिगम दूसरों का प्रेक्षण करने से घटित होता है। अधिगम के इस रूप को पहले अनुकरण (imitation) कहा जाता था। बंदूरा (Bandura) और उनके सहयोगियों ने कई प्रायोगिक अध्ययनों में प्रेक्षणात्मक अधिगम की विस्तृत खोजबीन की। इस प्रकार के अधिगम में व्यक्ति सामाजिक व्यवहारों को सीखता है, इसलिए इसे कभी-कभी सामाजिक अधिगम (social learning) भी कहा जाता है। हमारे सामने ऐसी अनेक सामाजिक स्थितियाँ आती हैं, जिनमें यह ज्ञात नहीं रहता कि हमें कैसा व्यवहार करना चाहिए। ऐसी स्थितियों में हम दूसरे व्यक्तियों के व्यवहारों का प्रेक्षण करते हैं और उनकी तरह व्यवहार करने लगते हैं। इस प्रकार के अधिगम को मॉडलिंग (modeling) कहा जाता है। हमारे सामाजिक जीवन में प्रेक्षणात्मक अधिगम के अनेक उदाहरण मिलते हैं। हम जानते हैं कि फैशन डिजाइनर विशेषत: लंबी, सुंदर तथा गरिमायुक्त नवयुवतियों को और लंबे तथा आकर्षक कद-काठी वाले नवयुवकों को अपने बनाए परिधानों को लोकप्रिय बनाने के लिए नियुक्त करते हैं। लोग उन्हें टी.वी. के फैशन शो तथा पत्रिकाओं और समाचारपत्रों के विज्ञापनों में देखते हैं। वे इन आदर्श लोगों का अनुकरण करते हैं। अपने से श्रेष्ठ और पसंदीदा लोगों को देखना और नई सामाजिक परिस्थिति में उनके व्यवहारों का अनुकरण करना एक सामान्य अनुभव है।

प्रेक्षणात्मक अधिगम के स्वरूप को समझने के लिए बंदूरा के अध्ययनों का वर्णन करना उचित होगा। बंदूरा ने एक प्रसिद्ध प्रायोगिक अध्ययन में बच्चों को पाँच मिनट की अवधि की एक फिल्म दिखाई। फिल्म में एक बड़े कमरे में बहुत से खिलौने रखे थे और उनमें एक खिलौना एक बड़ा-सा गुड्डा (बोबो डॉल) था। अब कमरे में एक बड़ा लड़का प्रवेश करता है और चारों ओर देखता है। लड़का सभी खिलौनों के प्रति क्रोध प्रदर्शित करता है और बड़े खिलौने के प्रति तो विशेष रूप से आक्रामक हो उठता है। वह गुड्डे को मारता है, उसे फर्श पर फेंक देता है, पैर से ठोकर मारकर गिरा देता है और फिर उसी पर बैठ जाता है। इसके बाद का घटनाक्रम तीन अलग रूपों में तीन फिल्मों में तैयार किया गया। एक फिल्म में बच्चों के एक समूह ने देखा कि आक्रामक व्यवहार करने वाले लड़के (मॉडल) को पुरस्कृत किया गया और एक प्रौढ़ व्यक्ति ने उसके आक्रामक व्यवहार की प्रशंसा की। दूसरी फिल्म में बच्चों के दूसरे समूह ने देखा कि उस लड़के को उसके आक्रामक व्यवहार के लिए दंडित किया गया। तीसरी फिल्म में बच्चों के तीसरे समूह ने देखा कि लड़के को न तो पुरस्कृत किया गया है और न ही दंडित।

इस प्रकार बच्चों के तीन समूहों को तीन अलग-अलग फिल्में दिखाई गईं। फिल्में देख लेने के बाद सभी बच्चों को एक अलग प्रायोगिक कक्ष में बिठाकर उन्हें विभिन्न प्रकार के खिलौनों से खेलने के लिए स्वतंत्र छोड़ दिया गया। इन समूहों को छिपकर देखा गया और उनके व्यवहारों को नोट किया गया। उन लोगों ने पाया कि जिन बच्चों ने फिल्म में खिलौने के प्रति किए जाने वाले आक्रामक व्यवहार को पुरस्कृत होते हुए देखा था, वे खिलौनों के प्रति सबसे अधिक आक्रामक थे। सबसे कम आक्रामकता उन बच्चों ने दिखाई जिन्होंने फिल्म में आक्रामक व्यवहार को दंडित होते हुए देखा था। इस प्रयोग से यह स्पष्ट होता है कि सभी बच्चों ने फिल्म में दिखाए गए घटनाक्रम से आक्रामकता सीखी और मॉडल का अनुकरण भी किया। प्रेक्षण द्वारा अधिगम की प्रक्रिया में प्रेक्षक मॉडल के व्यवहार का प्रेक्षण करके ज्ञान प्राप्त करता है परंतु वह किस

प्रकार से आचरण करेगा यह इस पर निर्भर करता है कि उसने मॉडल को पुरस्कृत होते हुए देखा है या दंडित होते हुए। आपने देखा होगा कि छोटे शिशु भी घर में तथा सामाजिक उत्सवों एवं समारोहों में प्रौढ़ व्यक्तियों के अनेक प्रकार के व्यवहारों का ध्यान से प्रेक्षण करते हैं इसके बाद अपने खेल में उनको दुहराते हैं। उदाहरणार्थ, छोटे बच्चे विवाह समारोह, जन्मदिन प्रीतिभोज, चोर और सिपाही, घर-रखाव आदि के खेल खेलते हैं। वे अपने खेलों में ऐसा सब करते हैं जैसा वे समाज में और टेलीविजन पर देखते हैं तथा पुस्तकों में पढ़ते हैं।

बच्चे अधिकांश सामाजिक व्यवहार प्रौढ़ों का प्रेक्षण तथा उनकी नकल करके सीखते हैं। कपड़े पहनना, बालों को सँवारने की शैली और समाज में कैसे रहा जाए यह सब दूसरों को देखकर सीखा जाता है। विभिन्न अध्ययनों से यह भी ज्ञात हुआ है कि बच्चों में व्यक्तित्व का विकास भी प्रेक्षणात्मक अधिगम के द्वारा होता है। आक्रामकता, परोपकार, आदर, नम्रता, परिश्रम, आलस्य आदि गुण भी अधिगम की इसी विधि द्वारा अर्जित किए जाते हैं।

प्रश्न 6. स्मृति से आप क्या समझते हैं? स्मृति के स्वरूप की चर्चा कीजिए।

अथवा

स्मृति के तीन चरणों को समझाइए।

उत्तर– स्मरण एक संज्ञानात्मक प्रक्रिया है जिसके माध्यम से विभिन्न प्रकार की गत अनुभूतियों को प्राणी संचालित करके भविष्य के प्रति क्रिया करने में सक्षम होता है। स्मृति एक मानसिक प्रक्रिया है जिसके माध्यम से वर्तमान व्यवहार का निर्धारण वातावरण के अनुसार होता है। मानव जीवन में स्मरण शक्ति महत्त्वपूर्ण भूमिका अदा करती है।

बुडवर्थ–पहले सीखी गई बातों को याद रखना स्मृति है।

मैक्डूगल–स्मृति का अर्थ भूतकालीन घटनाओं के अनुभवों की कल्पना करना है तथा यह पहचान कर लेना कि यह अपने ही भूतकालीन अनुभव हैं।

रास–स्मृति एक नवीन अनुभव है जो पूर्व घटनाओं के संस्कारों द्वारा निर्धारित होता है तथा दोनों के मध्य का संबंध स्पष्ट समझा जा सकता है।

स्काउट–स्मृति एक आदर्श पुनरावृत्ति है जिसमें अतीत काल के अनुभव उसी क्रम तथा ढंग से जागृत होते है जैसा वे पहले हुए थे।

रायबर्न–अपने अनुभवों को संग्रहीत करने तथा अनुभवों के घटित होने के कुछ समय बाद उन्हें चेतना के क्षेत्र में लाने की हमारी शक्ति स्मृति है।

इन परिभाषाओं के आधार पर हम कह सकते हैं कि प्रत्येक व्यक्ति में कुछ शक्तियों निहित होती हैं जिनके माध्यम से वह अपने व्यवहार को अनुभव के आधार पर परिष्कृत करता है। इस परिष्करण में स्मृति का योगदान निश्चित रूप से अत्यधिक होता है। स्मृति के अंतर्गत सीखने की, धारणा करने की, पुनःस्मरण करने तथा पहचानने की शक्ति होती है। इसीलिए मैक्डूगल ने भी कहा है कि स्मृति का संदर्भ सभी मानसिक क्रियाओं में निहित है।

स्मृति का स्वरूप (Nature of Memory)–स्मृति किसी सूचना को एक समय तक धारित करना तथा उसका प्रत्याह्वान करना है जो इस बात पर निर्भर करता है कि किस तरह का

संज्ञानात्मक कार्य किया जाना है। कभी किसी सूचना को कुछ क्षणों के लिए रोक कर रखना होता है। उदाहरणार्थ, एक अपरिचित टेलीफोन नंबर को तब तक धारित रखना पड़ता है जब तक कि आप टेलीफोन यंत्र तक उस नंबर को डायल करने के लिए पहुँच नहीं जाते या अपने स्कूल के प्रारंभिक दिनों में जोड़-घटाव करने की जो विधि आपने सीखी थी वह कई वर्षों बाद भी याद रहती है। स्मृति एक प्रक्रिया है जिसमें तीन स्वतंत्र किंतु अंत:संबंधित अवस्थाएँ होती हैं। ये हैं–कूट संकेतन (encoding), भंडारण (storage) एवं पुनरुद्धार (retrieval)। कोई भी सूचना जो हमारे द्वारा ग्रहण की जाती है वह इन अवस्थाओं से अवश्य प्रवाहित होती है।

- **कूट संकेतन (Encoding)**–यह पहली अवस्था है जिसका तात्पर्य उस प्रक्रिया से है जिसके द्वारा सूचना स्मृति तंत्र में पहली बार पंजीकृत की जाती है, ताकि इसका पुन: उपयोग किया जा सके। जब भी कोई बाह्य उद्दीपक हमारी ज्ञानेंद्रियों को प्रभावित करता है तो वह तांत्रिका आवेग उत्पन्न करता है और इन्हें हमारे मस्तिष्क के विभिन्न क्षेत्रों में पुन: प्रक्रमण के लिए ग्रहण किया जाता है। कूट संकेतन में आने वाली सूचना को ग्रहण किया जाता है तथा उससे कोई अर्थ व्युत्पन्न किया जाता है। उसे इस प्रकार से प्रस्तुत किया जाता है कि उसका पुन: प्रक्रमण किया जा सके।

- **भंडारण (Storage)**–यह स्मृति की द्वितीय अवस्था है। सूचना, जिसका कूट संकेतन किया गया, उसका भंडारण भी आवश्यक है जिससे उस सूचना का बाद में उपयोग किया जा सके। अत: भंडारण उस प्रक्रिया को कहते हैं जिसके द्वारा सूचना कुछ समय सीमा तक धारण की जाती है।

- **पुनरुद्धार (Retrieval)**–यह स्मृति की तीसरी अवस्था है। सूचना का उपयोग तभी किया जा सकता है जब कोई व्यक्ति अपनी स्मृति से उसे वापस प्राप्त करने में समर्थ हो। विभिन्न प्रकार के संज्ञानात्मक कार्यों; जैसे–समस्या समाधान, निर्णयन इत्यादि को करने के लिए जब संचित सूचना को पुन: चेतना में लाया जाता है तो इस प्रक्रिया को पुनरुद्धार कहा जाता है। यह एक रोचक तथ्य है कि स्मृति की विफलता इनमें से किसी भी अवस्था में हो सकती है। आप किसी सूचना का पुन:स्मरण इसलिए नहीं कर पाते हैं क्योंकि आपने उसका ठीक ढंग से कूट संकेतन नहीं किया या आपका भंडारण कमजोर था। अत: आवश्यकता पड़ने पर उसका पुनरुद्धार नहीं किया जा सका।

प्रश्न 7. स्मृति के विभिन्न मॉडलों की चर्चा कीजिए।

अथवा

अल्पकालिक स्मृति तथा दीर्घकालिक स्मृति में अंतर स्पष्ट कीजिए।

उत्तर– स्मृति के विभिन्न मॉडल निम्नलिखित हैं–

(1) **सूचना प्रक्रमण उपागम: अवस्था मॉडल (Information-processing Model)**–प्रारंभ में यह समझा जाता था कि हम जो कुछ भी सीखते हैं या अनुभव करते हैं उन समस्त सूचनाओं को संचित करने की क्षमता स्मृति में होती है। इसे एक वृहद् भंडार की भाँति समझा जाता था जिससे आवश्यकता पड़ने पर उस सूचना को वहाँ से निकाल कर उसका उपयोग

किया जा सके। किंतु कंप्यूटर के आविष्कार से मानव स्मृति को भी उसी तंत्र के रूप में देखा जाने लगा है जिसमें सूचनाओं का प्रक्रमण कंप्यूटर की भाँति होता है। दोनों ही बड़ी मात्रा में सूचना का पंजीकरण, भंडारण और उसमें फेरबदल करते हैं और इस फेरबदल के परिणामस्वरूप कार्य करते हैं। यदि आपने कभी कंप्यूटर पर काम किया होगा तो आपको पता होगा कि इसमें एक अस्थायी स्मृति (यादृच्छिक अभिगम स्मृति) और एक स्थायी स्मृति (जैसे–हार्ड डिस्क) होती है। कार्यक्रम आदेश के आधार पर कंप्यूटर अपनी स्मृति की सूचना में फेरबदल करके उत्पादित सूचना को कंप्यूटर की स्क्रीन पर प्रदर्शित करता है। उसी प्रकार मनुष्य भी सूचना को पंजीकृत करता है, संचित करता है तथा आवश्यकतानुसार संचित सूचना में फेरबदल करता है। उदाहरणार्थ, जब आपको किसी गणितीय समस्या का समाधान करना हो तो गणितीय संक्रिया से संबंधित स्मृति, जैसे–भाग या घटाव इत्यादि का उपयोग किया जाता है और इससे स्मृति क्रियाशील होती है तथा समस्या का समाधान उत्पादित सामग्री के रूप में प्राप्त किया जाता है। इस सादृश्य से प्रेरित होकर , Vfd'lu (Atkinson) एवं शिफ्रिन (Shiffrin) ने 1968 में स्मृति का प्रथम मॉडल प्रस्तुत किया, जिसे अवस्था मॉडल के रूप में जाना जाता है। स्मृति तंत्र : संवेदी, अल्पकालिक एवं दीर्घकालिक स्मृतियाँ अवस्था मॉडल के अनुसार स्मृति तंत्र तीन प्रकार के होते हैं–संवेदी स्मृति (sensory memory), अल्पकालिक स्मृति एवं दीर्घकालिक स्मृति। प्रत्येक तंत्र की अपनी अलग विशेषताएँ होती हैं तथा इनके द्वारा संवेदी सूचनाओं के संबंध में भिन्न-भिन्न प्रकार्य निष्पादित किए जाते हैं। ये तंत्र निम्नलिखित हैं–

(क) **संवेदी स्मृति (Sensory Memory)**–कोई भी नई सूचना पहले संवेदी स्मृति में आती है। संवेदी स्मृति की संचयी क्षमता तो बहुत होती है किंतु इसकी अवधि बहुत कम होती है, एक सेकंड से भी कम। यह एक ऐसा स्मृति तंत्र है जो प्रत्येक संवेदना को परिशुद्धता से ग्रहण करता है। अक्सर इस तंत्र को संवेदी स्मृति या संवेदी पंजिका कहते हैं, क्योंकि समस्त संवेदनाएँ यहाँ उद्दीपक की प्रतिकृति के रूप में ही संग्रहित की जाती हैं। यदि आपने कभी दृश्य-उत्तर-बिंब (बल्ब बुझने के बाद भी जो छाया रह जाती है) का अनुभव किया हो या आवाज के बंद हो जाने के बाद भी उसकी प्रतिध्वनि सुनी हो तो इसका तात्पर्य है कि आप चित्रात्मक एवं प्रतिध्वन्यात्मक संवेदी पंजिका से परिचित हैं।

(ख) **लघु कालीन स्मृति (STM)**–लघुकालीन स्मृति को विलियम जेम्स ने प्राथमिक स्मृति भी कहा है। इस तरह की स्मृति की दो मुख्य विशेषताएँ है। पहला SMT में किसी सूचना को अधिक से अधिक 20-30 सेकंड तक संचित करके रखा जा सकता है तथा दूसरा इसमें प्रवेश पाने वो सूचनाएँ कमजोर प्रकृति की होती है क्योंकि उन्हें व्यक्ति मात्र एक दो प्रयास में ही सीख लिया होता है। STM को अन्य नामों से भी जैसै-सक्रिय स्मृति, तत्कालिक स्मृति, चलन स्मृति, लघुकालीन संचन से भी जाना जाता है।

लघुकालीन स्मृति से तात्पर्य उस सीमित सूचनाओं के संचयन से होता है जिसे थोड़े समय अर्थात् न्यूनतम एक सेकंड तथा अधिकतम 20-30 सेकंड तक के लिए

सक्रिय अवस्था में व्यक्ति रख पाता है। दूसरे शब्दों में, इसमें वैसी सूचनाएँ संचित होती हैं जिस पर व्यक्ति ध्यान देता है, उसे संसाधित करता है तथा उसे दोहराता है। जैसे, मान लिया जाए कि कोई आदमी किसी अपरिचित से टेलीफोन पर बातचीत करने के लिए उसके टेलीफोन का नंबर टेलीफोन डाइरेक्टरी से लेकर उसके पास डायल करता है और व्यस्त संकेत (busy signal) पाकर 10 सेकंड रुककर पुन: डायल करना चाहता है। परंतु इस बार नंबर के सही क्रम को थोड़ी देर के लिए मान लिया जाय कि वह भूल जाता है। इस उदाहरण में लघुअवधि स्मृति 10 सेकंड का दिखाया गया है तथा उस अपरिचित के टेलीफोन नंबर को भी मात्र एक ही अभ्यास में सीखा गया था। उक्त उदाहरण से यह स्पष्ट है कि STM में मात्र वैसी सूचनाएँ होती हैं, जिन्हें वर्तमान समय में व्यक्ति संसोधित (processing) करता होता है।

मनोवैज्ञानिकों द्वारा किए गए अध्ययनों के आलोक में लघुकालीन स्मृति की कुछ स्पष्ट विशेषताओं पर प्रकाश पड़ता है। ये विशेषताएँ निम्नांकित है–

(i) लघुकालीन स्मृति कमजोर होती है।

(ii) लघुकालीन स्मृति में इसमें उद्दीपकों के बारे में ज्ञानेंद्रिय द्वारा प्राप्त सुचनाओं की कूटसंकेतीकरण करके उन्हें संचित किया जाता है। लघुकालीन स्मृति में शाब्दिक एकांशों को उनके आवाज के आधार पर कूटसंकेतीकरण करके संचित किया जाता है।

(iii) मनोवैज्ञानिकों द्वारा किए गए अध्ययनों से स्पष्ट हुआ है कि लघुकालीन स्मृति में सामान्यत: पाँच से नौ अलग-अलग सूचनाओं को ही एक साथ संचित किया जा सकता है। परंतु चुंकिंग की प्रक्रिया द्वारा एक समय में नौ से भी अधिक अलग-अलग सूचनाओं को भी संचित किया जा सकता है। चुंकिंग ऐसी प्रक्रिया है जिसमें छोटी-छोटी सूचनाओं को बढ़ी इकाइयों में समूहन करके उसे याद करते हैं। इन इकाइयों को चुक प्रत्याह्वान कहा जाता है। जिसमें वैसी सूचनाएँ होती है जो आपस में संबंधित होते हैं तथा जिन्हें अर्थपूर्ण इकाई में एक साथ समूहन किया जा सकता है।

(iv) लघुकालीन स्मृति की अवधि अधिक से अधिक 20-30 सेकंड तक होता पाया गया है। इस तथ्य की संपुष्टि कई अध्ययनों से हुई है जिसमें ब्राऊन, पेटरसन एवं पेटरसन द्वारा किए गए अध्ययन अधिक महत्त्वपूर्ण है।

(ग) दीर्घकालीन स्मृति (Long-term memory of LTM)–विलियम जेम्स (William Jemes) ने इसे गौण स्मृति (secondary memory of SM) भी कहा है। इस तरह की स्मृति में किसी सूचना को व्यक्ति कम-से-कम 30 सेकंड तक तो अवश्य ही धारण करके रखता है। अधिक-से-अधिक कितने समय के लिए किसी सूचना को यहाँ संचित रखा जा सकता है, इसकी कोई निश्चित समय सीमा नहीं है। संभव है कि किसी सूचना को पूरे जीवन काल तक संचित रखा

जा सकता है या किसी को मात्र एक घंटा तक ही संचित रखा जा सकता है। जब कोई छात्र कल शिक्षक द्वारा वर्ग में दिए गए व्याख्यान का प्रत्याह्वान कर सकने में सफल हो पाता है, तो यह कहा जाता है कि व्याख्यान का विषय दीर्घकालीन स्मृति (long term memory) में संचित था। इसे अन्य नामों जैसे-असक्रिय स्मृति (inactive memory) तथा दीर्घ-अवधि संचयन (long-term store) के नाम से भी जाना जाता है। दीर्घकालीन स्मृति की एक विशेषता यह भी है कि इसमें नाना प्रकार की सूचनाओं को संचित किया जाता है तथा इसका स्वरूप कुछ स्थायी होता है।

दीर्घकालिक स्मृति में कूटसंकेतन और भंडारण—दीर्घकालिक स्मृति भण्डार में मुख्यत: दो प्रकार की स्मृतियों से संबंधित कूटसंकेत होते है यह दो प्रकार की स्मृतियाँ हैं—(i) शब्दार्थ विषयक स्मृति, (ii) वृत्तात्मकता स्मृति। दीर्घकालिक स्मृति भण्डार में व्यक्ति के अभ्यास, अनुभवन, साहचर्य निर्माण और प्रतिमा निर्माण से संबंधित सूचनाएँ संचित होती है। मूर्त और अमूर्त पदार्थों में से संबंधित तथा घटनाओं और भाषा से संबंधित पद इसी स्मृति भण्डार में होते हैं। एक व्यक्ति की दीर्घकालिक स्मृति संबंधित पद भी इसी स्मृति भंडार में संचित होते हैं। बेंजामिन होर्फ (1955) ने अपने अध्ययनों के आधार पर यह प्रतिपादित किया है कि स्मृति और प्रत्यक्षीकरण का कुट संकेतन वाचिक प्रकार का होता है और यह भाषा से महत्त्वपूर्ण ढंग से प्रभावित होता है। दीर्घकालिक स्मृति भंडार में भी कूटसंकेत वाचिक साहचर्यों पर ही निर्भर होते हैं।

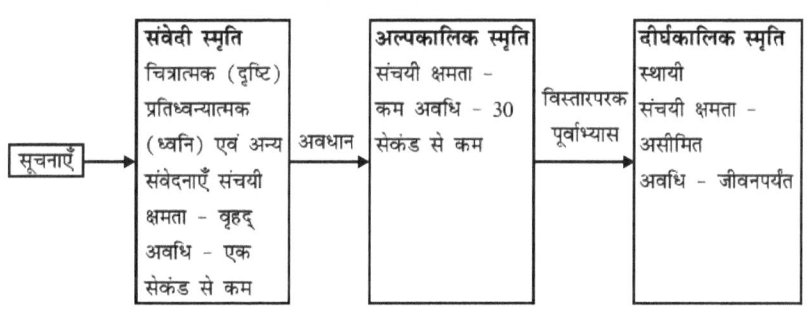

चित्र 3.9: सूचना-प्रक्रिया मॉडल

LTM एवं STM का एक तुलनात्मक अध्ययन : अंतर (A Comparative Study of LTM & STM : Differences)—स्मृति के दो प्रमुख प्रकारों STM तथा LTM का तुलनात्मक अध्ययन कई मनोवैज्ञानिकों द्वारा की गयी है। कुछ मनोवैज्ञानिकों ने इन अध्ययनों के आधार पर इन्हें दो अलग-अलग स्मृति संचलन क्षेत्र (memory storage system) माना है। उनके इस विचार धारा को द्वैत-प्रक्रिया सिद्धांत (dual-process theory) कहा जाता है। इस सिद्धांत के अनुसार STM तथा LTM का तुलनात्मक अध्ययन करते हुए निम्नांकित अंतरों (differences) पर प्रकाश डाला है—

(i) STM में सूचनाओं का अधिकतम अवधि 20 सेकंड होता है हालाँकि कुछ मनोवैज्ञानिकों ने इस अधिकतम अवधि को 30 सेकंड तक भी माना है। LTM में सूचनाओं के संचयन की कोई ऐसी अधिकतम अवधि नहीं होती है। व्यक्ति किसी सूचना को तो अपनी पूरी जिंदगी तक LTM में संचित करके रखता है।

(ii) STM में सक्रिय एवं सतत रिहर्सल की प्रक्रिया चलती है अन्यथा इसमें प्रवेशित सूचना का ह्रास (decay) होने लगता है। दूसरे शब्दों में, STM में जैसे ही सूचना प्रवेश पाता है, व्यक्ति यदि उस पर ध्यान नहीं देता है, या सक्रिय रूप से सतत रिहर्सल नहीं करता है, तो ऐसी सूचनाओं को व्यक्ति भूल जाता है। शायद यही कारण है कि STM को सक्रिय स्मृति (active memory) भी कहा जाता है। परंतु LTM के साथ ऐसी बात नहीं है। LTM में ऐसी सक्रियता की जरूरत नहीं पड़ती है हालाँकि यह बात जरूर है कि प्रारंभ में LTM में सूचनाओं को संचित करने में व्यक्ति को अधिक प्रयास करना पड़ता है। परंतु बाद में यह एक निष्क्रिय प्रक्रिया हो जाती है जिसमें सूचनाओं का ह्रास समय बीतने या कोई अन्य सूचनाओं द्वारा सक्रिय बाधा पहुँचने से होता है।

(iii) STM की संचयन शक्ति (storage capacity) सीमित होती है। मिल्लर (Miller, 1956) के मशहूर मैजिक संख्या (magical number) के अनुसार STM की संचयन शक्ति 7 ± 2 होती है अर्थात् STM का आकार एक समय में 5 में से 9 एकांशों (items) जैसे अक्षरों या अंकों आदि तक सीमित होता है। यह बात जरूर है कि विशेष परिस्थिति में चुकिंग (chunking) द्वारा इस संचयन शक्ति को उक्त सीमा से बड़ा किया जाता है। LTM की संचयन शक्ति असीमित (unlimited) होता है। इसमें व्यक्ति कितनी संख्या में एकांशों को संचित करता है, इसकी कोई सीमा नहीं है।

(2) प्रक्रमण स्तर (Levels of Procession Theory)—प्रक्रमण स्तर दृष्टिकोण क्रैक (Craik) एवं लॉकहार्ट (Lockhart) द्वारा सन् 1972 में प्रतिपादित किया गया था। इस दृष्टिकोण के अनुसार किसी भी नई सूचना का प्रक्रमण इस बात से संबंधित है कि उसका किस प्रकार से प्रत्यक्षण एवं विश्लेषण किया जा रहा है तथा उसे किस प्रकार से समझा जा रहा है। प्रक्रमण का स्तर यह सुनिश्चित करता है कि किस सीमा तक सूचना धारित की जाएगी। यद्यपि तब से इस दृष्टिकोण में कई संशोधन किए जा चुके हैं, किंतु फिर भी इसके मूलभूत पक्ष समान हैं। क्रैक एवं लॉकहार्ट ने बताया कि सूचना का कई स्तरों पर विश्लेषण संभव है। कोई भी इसके भौतिक या संरचनात्मक गुणों के आधार पर विश्लेषण कर सकता है। उदाहरणार्थ, 'बिल्ली' शब्द के लिए कोई भी इस बात पर ध्यान दे सकता है कि वह बड़े अक्षरों में लिखा गया है या छोटे अक्षरों में, या उसकी स्याही का रंग कैसा है। यह प्रथम एवं सबसे निम्न स्तर का प्रक्रमण है। मध्य स्तर पर कोई इस शब्द के उच्चारण की ध्वनि पर ध्यान दे सकता है अर्थात् इसकी संरचनात्मक विशेषताओं के आधार पर इसका अर्थ निकाल सकता है कि बिल्ली शब्द में दो पूर्ण अक्षर तथा एक आधा अक्षर है। इन दो स्तरों पर सूचना का विश्लेषण किए जाने पर स्मृति कमजोर रहती है और शीघ्र ही उसका क्षय हो जाता है। सूचना का प्रक्रमण एक तीसरे और गहन स्तर पर भी किया जा सकता है।

कोई भी सूचना लंबे समय तक हमारी स्मृति में रहे, इसके लिए आवश्यक है कि उसका अर्थ समझ कर उस सूचना का विश्लेषण किया जाए। उदाहरणार्थ, आप यह सोच सकते हैं कि बिल्ली एक जानवर है जिसके रोएँ होते हैं, चार पैर होते हैं, एक पूँछ होती है और यह स्तनधारी होती है। आप बिल्ली की प्रतिमा भी अपने मन में ला सकते हैं और उसे अपने अनुभव से जोड़ सकते हैं। संक्षेप में, जब हम सूचना की संरचनात्मक और स्वनिक विशेषताओं पर ध्यान देते हैं तो यह निचले स्तर का प्रक्रमण है जबकि इसके शब्दार्थ के आधार पर कुछ संकेतन करना गहन स्तर का प्रकमण है, इससे ऐसी स्मृति बनती है कि उसका विस्मरण अपेक्षाकृत कम होता है।

हम किसी सूचना को जिस तरह से संकेतित करते हैं, हमारी स्मृति उसी का परिणाम होती है। इस तथ्य का महत्त्व अधिगम की प्रक्रिया में सर्वाधिक है। स्मृति के इस पक्ष से हम यह अनुभव करेंगे कि जब भी हम कोई नया पाठ सीख रहे होते हैं तो यथासंभव सामग्री के अर्थ पर विस्तारपूर्वक ध्यान देना आवश्यक होता है न कि केवल रट कर याद करना।

इस मॉडल के अध्ययन के आधार पर यह सुझाव दिया गया कि प्रक्रिया जितने गहराई के स्तर पर किया जाएगा उतने ही उच्च एवं सफल पुनरुद्धार होने की संभावना बढ़ जाएगी।

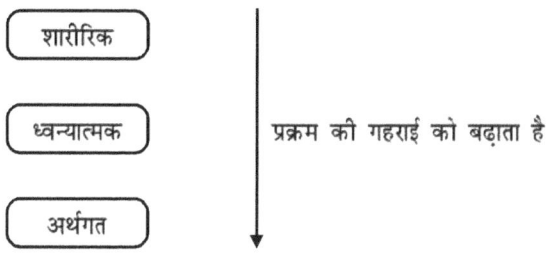

चित्र 3.10: प्रक्रिया का स्तर (क्रेक एवं टयूलिंग, 1975)

प्रश्न 8. चिंतन से आप क्या समझते हैं? इसके विभिन्न प्रकारों की विवेचना कीजिए।

उत्तर– चिंतन एक उच्च मानसिक प्रक्रिया है। साहित्य में इसे मुख्य रूप से दो तरह से परिभाषित किया गया है; परिभाषा की एक श्रेणी समस्या को हल करने वाली गतिविधि के रूप में सोचती है। जबकि परिभाषा का अन्य वर्ग इसे बाहरी दुनिया के आंतरिक प्रतिनिधित्व के एक तंत्र के रूप में मानता है।

इसके अतिरिक्त चिंतन के अर्थ को विभिन्न मनोवैज्ञानिकों द्वारा दी गई निम्न परिभाषाओं के माध्यम से और अधिक स्पष्ट किया जा सकता है–गैरेट (1968) के अनुसार, चिंतन एक प्रकार का अव्यक्त एवं अदृश्य व्यवहार होता है जिसमें सामान्य रूप से प्रतीकों (बिम्बों, विचारों, प्रत्यय) का प्रयोग होता है। गिल्मर (1970) ने सोच को "समस्या-सुलझाने की प्रक्रिया" के रूप में परिभाषित किया है जिसमें हम विचारों या प्रतीकों का उपयोग प्रत्यक्ष गतिविधि के दायरे में करते हैं। इस प्रकार चिंतन लक्ष्य-निर्देशित व्यवहार है। अर्थात् यह केवल कुछ संदर्भ में घटित होता है और यादृच्छिक रूप से नहीं होता है। एक पोशाक चुनने से लेकर पहनने एवं गणितीय समस्या को हल करने तक सभी गतिविधियों में चिंतन शामिल है।

रॉस के अनुसार, "चिंतन मानसिक क्रिया का भावनात्मक पक्ष या मनोवैज्ञानिक वस्तुओं से संबंधित मानसिक क्रिया है।"

चिंतन को प्रमुखत: निम्न रूपों में वर्गीकृत किया जा सकता है। कुछ सामान्य प्रकार के चिंतन इस प्रकार है–

- **प्रात्यक्षिक या मूर्त चिंतन**–यह एक ठोस या मूर्त वस्तु के प्रत्यक्षण के लिए किए नए चिंतन का सबसे सरल रूप है। यदि आपसे आपकी पसंदीदा पुस्तक पर चार वाक्य लिखने के लिए कहा जाता है, तो आप जिस चिंतन का उपयोग कर रहे हैं वह प्रात्यक्षिक चिंतन है।
- **संप्रत्ययी या अमूर्त चिंतन**–प्रात्यक्षिक चिंतन से बेहतर। इसमें किसी समस्या को हल करने के लिए संप्रत्ययों, प्रतीकों या भाषा का उपयोग करना शामिल है।
- **चिंतनशील/परावर्तक चिंतन**–यह एक अंतर्दृष्टि आधारित चिंतन है जो किसी समस्या को हल करने के लिए पिछले अनुभवों का उपयोग करती है।
- **सर्जनात्मक चिंतन**–नए और अनूठे विचारों या वस्तुओं के सृजन में शामिल चिंतन। इसमें कुछ नया बनाने के लिए मौजूदा उद्दीपकों को फिर से व्यवस्थित करना शामिल है।
- **समीक्षात्मक/आलोचनात्मक चिंतन**–इस प्रकार के चिंतन में तर्कपूर्ण निर्णय लेना और मान्यताओं की जाँच करना शामिल है।

प्रश्न 9. चिंतन की प्रक्रिया में मानसिक प्रतिमा, संप्रत्यय और प्रस्थापना की भूमिका पर संक्षेप में चर्चा कीजिए।

उत्तर– हम या तो शब्दों या मानसिक छवियों में सोचते हैं। जिस विचार को हम अपने मन में कथनों या शब्दों के रूप में सुनते हैं उसे प्रस्थापित विचार के रूप में जाना जाता है। "किसी को पानी बर्बाद नहीं करना चाहिए" या "काला एक सुंदर रंग है" जैसे वाक्य कुछ प्रस्थापना दे रहे हैं या दावा कर रहे हैं। इसलिए इसे प्रस्थापित विचार कहा जाता है। चिंतन का एक अन्य तरीका दृश्य विचार या काल्पनिक विचार है। यह विचार का प्रकार है जिसे हम अपने मन में देखते हैं। ये (प्रस्थापित विचार और काल्पनिक विचार) सोच के दो प्राथमिक तरीके हैं। काल्पनिक विचार को समझने के लिए, पहले, हमें "मानसिक प्रतिमाओं" को समझने की जरूरत है और प्रस्थापित विचार को समझने के लिए, हमें "संप्रत्यय" को समझने की आवश्यकता है।

- **मानसिक प्रतिमा**–इस विचार को एक उदाहरण द्वारा समझा जा सकता है–माना, राम अपने दोस्त श्याम को बताता है कि उसने अपने बगीचे में बेरंग चोंच वाले एक सुंदर पीले पक्षी को देखा। यदि श्याम उसके वर्णन पर पर्याप्त ध्यान दे रहा है, तो वह उस पक्षी की एक दृश्य छवि अपने मन में बना सकता है। इस प्रकार श्याम द्वारा बनाई गई पक्षी की दृश्य छवि को 'मानसिक छवि' या 'मानसिक प्रतिमा' के रूप में जाना जाता है, यह उद्दीपकों का एक मानसिक प्रतिनिधित्व है जो वर्तमान समय में इंद्रियों द्वारा प्रत्यक्षित नहीं किए जाते हैं (मौलटन और कोसलिन, 2009)।
- **संप्रत्यय**–एटकिंसन और हिलगार्ड (2009) के अनुसार, "एक संप्रत्यय पूरे वर्ग का प्रतिनिधित्व करता है; यह उन गुणों का समूह है जिन्हें हम एक विशेष वर्ग से संबद्ध

करते हैं।" उदाहरण के लिए, 'कार' के हमारे संप्रत्यय में चार पहिए, पेट्रोल इंजन, स्टीयरिंग और सीटें होने के गुण शामिल हैं। संप्रत्यय हमारी दुनिया की मानसिक जटिलताओं को प्रबंधनीय जानकारी में वर्गीकृत करके इन जटिलताओं को कम करने में मदद करता है। इसके अलावा, यह संप्रत्ययों के प्रोटोटाइप विकसित करने में हमारी मदद करता है। एक प्रोटोटाइप संप्रत्यय का विशिष्ट उदाहरण या संप्रत्यय के सर्वोत्तम उदाहरण का प्रतिनिधित्व करने वाली विशेषताओं का एक समुच्चय है। उदाहरण स्वरूप, कार की अवधारणा के लिए, हमारे आद्यरूप (प्रोटोटाइप) में चार पहिए और पेट्रोल इंजन जैसे गुण शामिल हो सकते हैं। हम लक्ष्य वस्तु की तुलना प्रोटोटाइप से करते हैं और समानता के आधार पर तय करते हैं कि लक्ष्य वस्तु उस श्रेणी की है या नहीं।

- **प्रस्थापना**—कई शोधकर्त्ताओं द्वारा प्रस्तावित किया गया है कि चिंतन केवल छवियों या शब्दों तक ही सीमित नहीं है, बल्कि यह अमूर्त भी है। इस दृष्टिकोण का समर्थन करने के लिए कुछ शोधकर्त्ताओं द्वारा एक प्रस्थापना सिद्धांत दिया गया था। प्रस्थापना मानसिक अभ्यावेदन का एक रूप है, लेकिन न तो शब्दों के रूप में और न ही छवियों में। यह संप्रत्ययों के बीच संबंध के अंतर्निहित अर्थ को संदर्भित करता है। सरल शब्दों में, यह सबसे छोटा कथन है जिसे सही या गलत के रूप में आँका जा सकता है। उदाहरण के लिए, 'पेड़ हरे हैं'। यह कथन दो तर्कों (पेड़, हरे) के साथ संकेतबद्ध सबसे छोटे प्रस्ताव का अभ्यावेदन करता है।

चिंतन एक निष्क्रिय कर्म नहीं है, हम अपनी दुनिया को बेहतर तरीके से समझने के लिए एक संप्रत्यय को दूसरे से संबंधित करते रहते हैं। प्रस्थापना सिद्धांत के अनुसार, जिसे संप्रत्यय-प्रस्थापना सिद्धांत भी कहा जाता है, हम केवल शब्दों या प्रतिमाओं के बारे में ही नहीं, बल्कि उनके अर्थों के बारे में भी सोचते हैं। इस प्रकार हम संप्रत्ययों को एक साथ संबंधित करके अर्थ के रूप में अपनी दुनिया का प्रतिनिधित्व करते हैं। "हम छवियों के रूप में हमारे मानसिक अभ्यावेदन का अनुभव कर सकते हैं, लेकिन ये छवियाँ एपिफेनोमेना हैं - माध्यमिक और व्युत्पन्न घटनाएँ जो अन्य अधिक बुनियादी संज्ञानात्मक प्रक्रियाओं के परिणामस्वरूप होती हैं।" प्रस्थापना सिद्धांत के अनुसार, हमारा मानसिक अभ्यावेदन (जिसे कभी-कभी "मेंटलिस" भी कहा जाता है) एक प्रस्थापना के अमूर्त रूप से बहुत मिलता-जुलता है (स्टर्नबर्ग, 2012)।

Feedback is the breakfast of Champions.

Ken Blanchard

You can Help other students.
"Inform any error or mistake in this book."

We and Universe
will reward you for Your Kind act.

Email at : feedback@gullybaba.com
or
WhatsApp on 9350849407

अध्याय
4

भावात्मक प्रक्रियाएँ: अभिप्रेरणा और संवेग

भूमिका

प्रस्तुत अध्याय दो महत्त्वपूर्ण मनोवैज्ञानिक प्रक्रियाओं पर केंद्रित है; अभिप्रेरणा और संवेग। अभिप्रेरणा एक प्रकार की शक्ति है जो छात्रों में अध्ययन तथा अन्य कार्यों को करने का जोश तथा रुचि उत्पन्न करती है। व्यक्ति जो भी कार्य करता है उसमें किसी प्रकार की अभिप्रेरणा की भूमिका आवश्यक होती है। अध्यापक के समक्ष यह बहुत बड़ी समस्या होती है कि छात्रों को किस प्रकार अधिक से अधिक अभिप्रेरित किया जाए। अध्यापक इसके लिए अनेक उपाय करता है। अभिप्रेरणा अधिगम के लिए कोई आवश्यक शर्त नहीं है। परंतु फिर भी अधिगम प्रक्रिया को गतिशीलता प्रदान करती है। व्यवहार से समझने के लिए आवश्यकताओं अथवा इच्छाओं को जानना आवश्यक है। ये अभिप्रेरित तत्त्व अनेक रूपों में हो सकते है जैसे–उद्देश्य, प्रवृत्तियाँ, इच्छाएँ, प्रयोजन, आकांक्षाएँ, रुचियाँ, आदत इत्यादि। अभिप्रेरणा का समायोजन प्रक्रिया में घनिष्ट संबंध है। व्यक्ति का व्यवहार अभिप्रेरणाओं के अधीन होने के कारण समायोजन की प्रक्रिया प्रभावित होती है। समायोजन को भी समझने के लिए अभिप्रेरणाओं को समझना आवश्यक है।

संवेग और अभिप्रेरण एक ही सिक्के के दो पहलू के रूप में प्रयोग किए जा सकते हैं और ये दोनों ही व्यक्ति के व्यवहार को दिशा प्रदान करने में महत्त्वपूर्ण भूमिका निभाते हैं। जब व्यक्ति की भलाई, जीविका और भूख से संबंधित तथ्य होते हैं तब व्यक्ति के अंदर अभिप्रेरणा और संवेग दोनों उत्पन्न होते हैं। जब व्यक्ति कुछ निश्चित उद्देश्य को प्राप्त कर लेता है तो वह खुशी का अनुभव करता है और यदि वह असफल हो जाता है तो दु:ख का अनुभव करता है। इस प्रकार अभिप्रेरण और संवेग दोनों ही मानव व्यवहार के लिए महत्त्वपूर्ण प्रक्रिया है।

प्रश्न 1. अभिप्रेरणा से आप क्या समझते हैं? समझाइए।

उत्तर– प्राणी किसी उत्तेजना के प्रति एक खास तरह की प्रतिक्रिया क्यों करता है उसका व्यवहार एक खास दिशा की ओर क्यों निर्देशित होता है तथा उसका व्यवहार निर्दिष्ट लक्ष्य को प्राप्त कर लेने के बाद क्यों रुक जाता है, आदि प्रश्नों का उत्तर प्रेरणा के विश्लेषण से प्राप्त होता है। व्यक्ति भी अपनी आवश्यकताओं से प्रेरित होकर ही प्रतिक्रियाएँ करता है, यानी व्यक्ति का व्यवहार भी प्रेरणात्मक स्वरूप का होता है।

प्रेरणा लैटिन के 'मोटिव' शब्द से बना है जिसका अर्थ "गतिशील होना" होता है। इस अर्थ में प्रेरणा व्यक्ति को कार्य करने के लिए प्रेरित करती है। प्रेरणा के इस शाब्दिक अर्थ से व्यक्ति की उस आंतरिक शक्ति या अग्रसारित करने वाली ऊर्जा का बोध होता है, जिसके परिणामस्वरूप व्यक्ति किसी उत्तेजना के प्रति खास तरह की प्रतिक्रिया करने हेतु कार्यशील होता है।

'प्रेरणा' शब्द का उपयोग विभिन्न लोगों ने अलग-अलग अर्थों में किया है। कुछ लोग प्रेरणा का तात्पर्य प्राणी या व्यक्ति को क्रियाशील करने वाली शक्तिदायक विशेषता से लगाते हैं। उनके अनुसार, प्रेरणा एक शक्ति है, जो किसी क्रिया को उत्पन्न करती है। व्यक्ति या शक्ति बाह्य और आंतरिक दोनों तरह से प्राप्त करता है। कुछ लोग प्रेरणा का अर्थ प्रणोदन से लगाते हैं। प्रणोदन व्यक्ति की उस खास अवस्था को कहते हैं, जो किसी क्रिया को करने हेतु उसे अग्रसर करती है।

प्रेरणा का यह अर्थ संज्ञा के रूप में है। कुछ लोग प्रेरणा का एक तीसरा अर्थ क्रिया के रूप में भी लगाते हैं। इस अर्थ में किसी क्रिया को करने के लिए बल देने वाली चीज को प्रेरणा कहते हैं। प्रेरणा शब्द का उपयोग शक्ति, व्यक्ति की एक खास अवस्था जिसे प्रणोदन कहते हैं तथा बल, जो किसी क्रिया को अग्रसारित करती है–इन तीन अर्थों में किया जाता है।

उपर्युक्त विवेचन से स्पष्ट है कि सामान्य लोगों के बीच प्रेरणा के अनेक अर्थ है। किंतु मनोविज्ञान में प्रेरणा का एक विशेष अर्थ लगाया जाता है। प्रेरणा का तात्पर्य व्यक्ति की एक ऐसी अवस्था से है, जिस अवस्था के उत्पन्न होने पर वह बेचैनी का अनुभव करता है और इस बेचैनी को दूर करने के लिए विशेष प्रकार की क्रिया करता है। व्यक्ति की यह अवस्था आंतरिक होती है क्योंकि इसकी उत्पत्ति किसी-न-किसी प्रकार की आवश्यकता या कमी या इच्छा से होती है। व्यक्ति जब किसी तरह की आवश्यकता या कमी का अनुभव करता है या किसी प्रकार की इच्छापूर्ति चाहता है तब यह एक खास ढंग का व्यवहार यानी प्रतिक्रिया करता है। उदाहरण के लिए, भूख की अवस्था को लें। व्यक्ति में इस अवस्था की उत्पत्ति आंतरिक अवस्था में परिवर्तन के कारण होती है। इस परिवर्तन के फलस्वरूप व्यक्ति बेचैनी का अनुभव करता है। इस बेचैनी को दूर करने के लिए अर्थात् शारीरिक संतुलन स्थापित करने के लिए भोजन की आवश्यकता होती है। अपनी इस आवश्यकता की पूर्ति के उद्देश्य से व्यक्ति होटल में जाने की क्रिया करता है। व्यक्ति का यह व्यवहार खास ढंग का है, क्योंकि वह भूख लगने की अवस्था में कपड़े की दुकान, पुस्तक की दुकान या परचून की दुकान में जाने की क्रिया नहीं करता। वह केवल होटल में जाने की क्रिया करता है और वह भी ऐसे होटल में जो उसकी पंसद, इच्छा, आवश्यकता आदि के अनुकूल हो। इस उदाहरण से यह स्पष्ट है कि व्यक्ति का व्यवहार चयनात्मक, अर्थात् खास दिशा में निर्देशित होता है। अतएव हम कह सकते हैं कि प्रेरणात्मक व्यवहार चयनात्मक और लक्ष्य-निर्देशित होता है।

प्रेरणात्मक व्यवहार की एक और विशेषता पाई जाती है। व्यक्ति जब किसी प्रकार की आवश्यकता से अग्रसर होकर किसी क्रिया को करता है, तब उसकी वह क्रिया आवश्यकता की पूर्ति होने अथवा उद्देश्य को प्राप्त करने की अवस्था तक चलती रहती है और आवश्यकता की पूर्ति होने पर वह क्रिया समाप्त हो जाती है तथा व्यक्ति की बेचैनी भी दूर हो जाती है।

इस प्रकार, उपर्युक्त व्याख्या से यह स्पष्ट हो जाता है कि प्रेरणा उस अवस्था को कहते हैं, जिस अवस्था के उत्पन्न होने पर बेचैनी का अनुभव करता है और इस बेचैनी को दूर करने के लिए उसकी शक्ति वातावरण में उपस्थित अनेक चीजों में से किसी एक खास चीज का चयन करने की ओर व्यक्ति को अग्रसारित करती है। व्यक्ति का यह चयनात्मक व्यवहार तब तक चलता रहता है, जब तक कि उसकी आवश्यकता या उद्देश्य पूरी नहीं हो जाती।

प्रेरणा की परिभाषाएँ–प्रेरणा की परिभाषा विभिन्न लोगों ने अलग-अलग ढंग से दी है। यहाँ कुछ परिभाषाएँ दी जा रही हैं–

शेरिफ, ग्लिमर एवं स्कोयन के अनुसार, "प्रेरणा व्यक्ति के क्रिया करने की उस प्रवृत्ति को कहेंगे जो किसी प्रणोदन से आरंभ होती है तथा अभियोजन में समाप्त होती है।"

गिलफोर्ड के अनुसार, "प्रेरणा किसी खास आंतरिक कारक या अवस्था को कहते हैं जो किसी क्रिया को प्रारंभ करती है तथा उसे जारी रखती है।"

न्यूकॉम्ब की परिभाषा, "प्रेरणा प्राणी की वह अवस्था है जिसमें उसकी शारीरिक शक्ति वातावरण में उपस्थित विभिन्न चीजों में से किसी विशेष चीज को प्राप्त करने की ओर चयनात्मक ढंग से अग्रसारित होती है।"

मार्गन एवं किंग के अनुसार, "प्रेरणा एक सामान्य शब्द है। यह प्राणी की भीतरी अवस्था, व्यवहार एवं उस लक्ष्य की ओर इंगित करता है, जिस ओर उसका व्यवहार निर्देशित होता है।

केंडलर के अनुसार, "प्रेरणा का मनोविज्ञान कार्यशीलता उत्पन्न करने और व्यवहार को निर्देशित करने वाले परिवर्त्यों की विवेचना करता है।"

प्रश्न 2. आवश्यकता, प्रणोदन (अंतर्नोद) तथा प्रोत्साहन में अंतर स्पष्ट कीजिए।

अथवा

अभिप्रेरणा के संदर्भ तीन मुख्य शब्द आवश्यकता, अंतर्नोद और प्रोत्साहन की चर्चा कीजिए।

उत्तर– प्रेरणा के स्वरूप की चर्चा करते समय कुछ पदों, जैसे–आवश्यकता, प्रणोदन, प्रोत्साहन आदि का व्यवहार किया गया है। इनका व्यवहार कभी-कभी एक-दूसरे के बदले में भी किया जाता है तो कभी भिन्न रूप में। अत: पदों का वास्तविक स्वरूप जान लेना आवश्यक है। यहाँ इनके अर्थ को संक्षेप में स्पष्ट किया जा रहा है–

- **आवश्यकता**–आवश्यकता से तात्पर्य व्यक्ति में आंतरिक या बाह्य कारणों से उत्पन्न अवस्था से है, जिसकी अनुभूति अभाव के रूप में होती है। इस अनुभव को प्राप्त करने के फलस्वरूप प्राणी में या तो तत्क्षण या कुछ विलंब से कुछ ऐसी क्रिया करने की इच्छा होती है जो उसकी कमी या अभाव को पूरा करने में समर्थ होती है। स्पष्ट है

कि ऐसी क्रिया करने से कर्ता को आनंद या सुख का अनुभव होता है। जैसे–भोजन या पानी की आवश्यकता का अनुभव शरीर में भोजन या जल की कमी होने पर होता है। इसी प्रकार काम, निद्रा, किसी संकट से बचना, ज्ञानोपार्जन आदि की आवश्यकताएँ भी किसी प्रकार के अभाव की स्थिति के घोतक होते हैं।

- **प्रणोदन**–प्रणोदन व्यक्ति में उत्पन्न होने वाली एक अवस्था है, जिसके फलस्वरूप व्यक्ति क्रियाशील होता है। मनुष्य के प्रत्येक व्यवहार के लिए इस अवस्था की उत्पत्ति अनिवार्य है। यह अवस्था व्यक्ति में बल प्रदान करती है, जिसके फलस्वरूप वह कोई व्यवहार करने हेतु क्रियाशील होता है। इस अवस्था के उत्पन्न होने पर व्यक्ति बेचैन रहता है, जिसे दूर करने के लिए ही वह क्रियाशील होता है। लेकिन, प्राणी के सभी व्यवहारों में इस बेचैनी को दूर करने की क्षमता नहीं रहती। अत: वह ऐसी क्रिया करने को तत्पर होता है, जिससे उसकी बेचैनी दूर हो। इस प्रकार, व्यक्ति का व्यवहार उद्देश्यपूर्ण होता है और प्रणोदन की अवस्था में उद्देश्य प्राप्त करना व्यक्ति का मुख्य ध्येय होता है।

  प्रणोदन वस्तुत: प्रेरणा का एक अंग है। प्रेरक में दो चीजों का समावेश रहता है–(1) बल या शक्ति या प्रणोदन तथा (2) व्यवहार का लक्ष्य - प्राप्ति की ओर अग्रसारित होने की प्रवृत्ति। जब किसी प्रणोदन के फलस्वरूप व्यक्ति का व्यवहार लक्ष्य को प्राप्त करने की दिशा में अग्रसर होते हैं, तब ऐसे व्यवहार को ही प्रेरित व्यवहार की संज्ञा दी जाती है। इस प्रकार, प्रेरित व्यवहार लक्ष्य की ओर अग्रसारित होता है।

- **प्रोत्साहन**–प्रोत्साहन वैसी वस्तुओं अथवा लक्ष्य को कहते हैं जिसकी ओर व्यक्ति का प्रेरित व्यवहार निर्देशित रहता है। इस अर्थ में प्रोत्साहन का तात्पर्य प्राणी की क्रिया को आकर्षित करने वाली या उसे किसी कार्य का प्रलोभन देने वाली वस्तु से लगाया जा सकता है। दूसरे शब्दों में हम ऐसा भी कह सकते हैं कि प्रोत्साहन एक ऐसी वस्तु या अवस्था है, जिससे कोई प्रणोदन समाप्त होता है। उदाहरण के लिए, भूखे व्यक्ति के लिए भोजन, प्यासे के लिए पानी, विद्यार्थी के लिए परीक्षा में ऊँचा स्थान पाना, बेरोजगारों के लिए नौकरी प्राप्त करना आदि सब प्रोत्साहन है।

प्रश्न 3. अभिप्रेरणा के विभिन्न प्रकारों का वर्णन कीजिए।

उत्तर– मूल रूप से, अभिप्रेरक दो प्रकार के होते हैं–जैविक एवं मनोसामाजिक। जैविक अभिप्रेरकों को शरीरक्रियात्मक अभिप्रेरक भी कहते हैं, क्योंकि उनका संचालन मुख्यत: शरीर के शरीरक्रियात्मक तंत्र पर निर्भर करता है। इसके विपरीत, मनोसामाजिक अभिप्रेरक प्राथमिक रूप से विभिन्न पर्यावरणी कारकों के साथ व्यक्ति की अंत:क्रिया द्वारा सीखे गए होते हैं। फिर भी, दोनों प्रकार के अभिप्रेरक परस्पर एक-दूसरे पर निर्भर होते हैं। अर्थात् कुछ परिस्थितियों में जैविक कारक कुछ अभिप्रेरकों को उत्पन्न करते हैं, जबकि कुछ अन्य परिस्थितियों में मनोसामाजिक कारक अभिप्रेरक को उत्पन्न कर सकते हैं। अत: यह ध्यान रखना चाहिए कि कोई भी अभिप्रेरक अपने आप में पूर्णत: जैविक अथवा मनोसामाजिक नहीं होता, बल्कि वे व्यक्ति में विभिन्न मिश्रणों में उद्दीप्त होते हैं।

(1) जैविक अभिप्रेरक (Biogenic Motives)–अभिप्रेरणा को समझने के लिए जैविक अथवा शरीरक्रियात्मक उपागम सबसे पहले अपनाए गए। बाद में जो सिद्धांत विकसित हुए, उनमें भी जैविक उपागम के प्रभाव के शेष चिह्न दिखाई पड़ते हैं। अनुकूली क्रिया के संप्रत्यय पर दृढ़ रहने वाले उपागम भी मानते हैं कि प्राणी की आवश्यकताएँ (आंतरिक शरीरक्रियात्मक असंतुलन) अंतर्नोद उत्पन्न करती हैं तथा जो ऐसे व्यवहारों को उद्दीप्त करती हैं जिनके कारण वे कुछ विशेष लक्ष्यों को प्राप्त करने की क्रिया करते हैं, जिससे अंतर्नोद घट जाता है। अभिप्रेरणा की सबसे पुरानी व्याख्या मूल प्रवृत्ति के संप्रत्यय पर आधारित थी। मूल प्रवृत्ति उन सहज व्यवहारों के प्रतिरूप को सूचित करती है, जिनका निर्धारण जैविक कारकों से होता है न कि वे सीखे हुए होते हैं। कुछ सामान्य मानवीय मूल प्रवृत्तियाँ जिज्ञासा, पलायन, प्रतिकर्षण, प्रजनन, पैतृक देखभाल इत्यादि हैं। मूल प्रवृत्तियाँ ऐसी अंतर्जात प्रवृत्तियाँ हैं जो एक प्रजाति के सभी सदस्यों में पाई जाती हैं तथा जो व्यवहार को पूर्वकथनीय तरीकों से निर्दिष्ट करती हैं। मूल प्रवृत्ति बहुधा कुछ कार्य करने के अंत:प्रेरण को प्रदर्शित करती है। मूल प्रवृत्ति का एक बल या आवेग होता है जो प्राणी को कुछ ऐसी क्रिया करने के लिए चालित करता है जो उस बल या आवेग को कम कर सके। इस उपागम द्वारा जिन मूल जैविक आवश्यकताओं की व्याख्या की जाती है, वे हैं-भूख, प्यास तथा काम-वृत्ति जो कि व्यक्ति के जीवन निर्वाह के लिए आवश्यक हैं।

(क) भूख अभिप्रेरक (Hunger Motivation)–जब किसी को भूख लगी हो तो भोजन की आवश्यकता सर्वोपरि हो जाती है। यह व्यक्ति को भोजन प्राप्त करने और उसे खाने के लिए अभिप्रेरित करती है। लेकिन आपको भूख की अनुभूति क्यों होती है? अनेक अध्ययन सूचित करते हैं कि शरीर के भीतर तथा बाहर घटित होने वाली अनेक घटनाएँ भूख को उद्दीप्त या निरुद्ध कर सकती हैं। भूख के उद्दीपकों में अन्तर्निहित हैं–अमाशय में संकुचन, जो यह इंगित करता है कि अमाशय रिक्त है रक्त में ग्लूकोज की निम्न सांद्रता; प्रोटीन का निम्न स्तर तथा शरीर में वसा के भंडारण की मात्रा। शरीर में ईंधन की कमी के प्रति यकृत भी प्रतिक्रिया करता है तथा वह मस्तिष्क को तंत्रिका आवेग प्रेषित करता है। भोजन की सुगंध, स्वाद या दर्शन भी खाने की इच्छा उत्पन्न करते हैं। ज्ञातव्य है कि इनमें से कोई भी एक अपने आप में यह भाव नहीं जगाते कि आप भूखे हैं। ये सब बाह्य कारकों (जैसे–स्वाद, रंग, दूसरों को भोजन करते हुए देखना तथा भोजन की सुगंध इत्यादि) के साथ संयुक्त होकर, आपको यह समझने में सहायता करते हैं कि आप भूखे हैं। अत: यह कहा जा सकता है कि हमारी भूख अधश्चेतक में स्थित पोषण-तृप्ति की जटिल व्यवस्था, यकृत और शरीर के अन्य अंगों तथा परिवेश में स्थित बाह्य संकेतों द्वारा नियंत्रित होती है। कुछ शरीरक्रिया वैज्ञानिकों का मत है कि यकृत के उपापचयी क्रियाओं में होने वाले परिवर्तनों के कारण भूख की अनुभूति होती है। मस्तिष्क के उस भाग को जिसे अधश्चेतक कहते हैं, यकृत संकेत भेजता है। अधश्चेतक के दो क्षेत्र जिनका भूख से संबंध है, वे हैं पार्श्विक अधश्चेतक तथा अधर मध्य अधश्चेतक। पार्श्विक अधश्चेतक भूख संदीपन क्षेत्र

समझा जाता है। पशुओं के इस क्षेत्र को उद्दीप्त करने पर वे भोजन करने लगते हैं। जब यह क्षतिग्रस्त हो जाता है तो पशु खाना छोड़ देते हैं तथा अनशन से उनकी मृत्यु भी हो जाती है। अधर मध्य अधश्चेतक, अधश्चेतक के मध्य में स्थित होता है, इसे भूख नियंत्रण क्षेत्र कहते हैं तथा यह भूख के अंतर्नोद कोनिरुद्ध कर देता है। क्या अब आप उन लोगों के बारे में अनुमान लगा सकते हैं जो अत्यधिक भोजन करते हैं और अत्यंत मोटे हो जाते हैं तथा उन लोगों के बारे में भी जो बहुत कम भोजन करते हैं, या जो कम खाकर दुबले होने की चेष्टा करते हैं?

(ख) **प्यास अभिप्रेरक (Thirst Motivation)**–दूसरा प्रमुख जन्मजात अभिप्रेरक प्यास है जिस पर मनोवैज्ञानिकों का ध्यान अधिक गया है। 20वीं शताब्दी के प्रारंभ में कुछ ऐसे प्रयोग किए गए जिनके आधार पर मनोवैज्ञानिकों ने यह बतलाया कि मुँह के भीतर गीलेपन में अत्यधिक कमी, यानी मुँह सुखने से हमें प्यास लगती है। इसे प्यास का स्थानीय सिद्धांत कहा गया जिसका प्रतिपादन कैनन (Cannon, 1932) ने किया था। परंतु बाद में कर्म मनोवैज्ञानिकों ने जैसे स्टीग्गेरडा (Steggerda, 1941), मीगेरसन (Greegersen, 1932) तथा मौन्टगोमेरी (Montgomery, 1931) ने अपने-अपने प्रयोगों के आधार पर यह साबित कर दिया है कि मुँह में सूखापन प्यास का कारण नहीं बल्कि मात्र एक प्रारंभ कारक के रूप में कार्य करता है।

आजकल शरीरक्रिया मनोवैज्ञानिकों ने प्यास की व्याख्या करने के लिए कई शारीरिक आधार बतलाया है। जैसे–कुछ विशेषज्ञों ने यह दिखलाया है कि हाइपोथैलमस (Hypothalamus) तथा पीयूष ग्रंथि (Pituitary gland) से एक विशेष प्रकार का हारमोन्स (Hormones) निकलता है जिसे एंटीड्युरेटिक हारमोन्स कहा जाता है। ADH वृक्क द्वारा पानी शरीर से बाहर निकलने की प्रक्रिया पर अपना नियंत्रण रखता है। इस तरह से ADH वृक्क के कार्यवाही पर नियंत्रण रखकर शरीर में पानी के सामान्य स्तर को बनाए रखता है।

(ग) **यौन क्रिया अभिप्रेरक (Sex Motivation)**–मनुष्य तथा पशुओं दोनों में ही एक अत्यंत शक्तिशाली अंतर्नोद, काम अंतर्नोद है। काम-क्रिया की अभिप्रेरणा, मानव व्यवहार को प्रभावित करने वाला एक अत्यंत बलशाली कारक है। किंतु काम केवल एक जैविक अभिप्रेरक से कहीं अधिक है। यह अन्य प्राथमिक अभिप्रेरकों (भूख, प्यास) से अनेक प्रकार से भिन्न है, जैसे–(i) काम-क्रिया एक व्यक्ति के जीवन-निर्वाह के लिए आवश्यक नहीं है, (ii) काम-क्रिया का लक्ष्य समस्थिति (प्राणी की एक समग्र के रूप में स्थिरता बनाए रखने की प्रवृत्ति, या स्थिरता के भंग हो जाने पर साम्यावस्था को पुनः स्थापित करना) नहीं है तथा (iii) काम-अंतर्नोद आयु के साथ विकसित होता है इत्यादि। निम्न प्रजातियों के पशुओं में यह उनकी अनेक शरीरक्रियात्मक दशाओं पर निर्भर करता है मानव में काम-अंतर्नोद जैविक कारकों द्वारा गहनता से नियंत्रित होता है, किंतु

कभी-कभी काम को एक जैविक अंतर्नोद की श्रेणी में रखना अत्यंत कठिन प्रतीत होता है।

शरीरक्रिया वैज्ञानिकों का सुझाव है कि कामेच्छा की तीव्रता रक्त में प्रवाहित हो रहे उन रासायनिक तत्वों पर निर्भर करती है जिन्हें यौन हार्मोन कहते हैं। पशुओं तथा मनुष्यों पर किए गए अध्ययन बताते हैं कि जननग्रंथि अर्थात पुरुषों में शुक्रग्रंथि एवं स्त्रियों में डिंबग्रंथि, के द्वारा स्रावित होने वाले यौन हार्मोन ही काम अभिप्रेरणा के लिए उत्तरदायी हैं। काम अभिप्रेरणा पर अन्य अंत:स्रावी ग्रंथियों जैसे– अधिवृक्क और पीयूष ग्रंथियों, का भी प्रभाव पड़ता है। मनुष्यों में काम अंतर्नोद का उद्दीपन, प्राथमिक रूप से बाह्य उद्दीपकों पर तथा उसकी अभिव्यक्ति संस्कृति पर आधारित अधिगम पर निर्भर करती है।

(2) मनोसामाजिक अभिप्रेरक (Psychogenic Motives)–सामाजिक अभिप्रेरक अधिकांशत: सीखे हुए या अर्जित होते हैं। सामाजिक अभिप्रेरकों को अर्जित करने में सामाजिक समूहों जैसे–परिवार, पड़ोस, मित्रगण और संबंधियों का बहुत योगदान होता है। ये अभिप्रेरकों के जटिल रूप हैं जो व्यक्ति की उसके सामाजिक परिवेश के साथ अंत:क्रिया के परिणामस्वरूप उत्पन्न होते हैं।

(क) वातावरण का अन्वेषण (Exploration of the Environment)–प्राय: देखा गया है कि हम लोग नई-नई वस्तुएँ, नए-नए जगह तथा नए-नए बिल्डिंग पर अधिक ध्यान देते हैं। परंतु कुछ दिनों के बाद ये सारी नई चीजें पुरानी हो जाती हैं और फिर हम कुछ और नई चीजों की ताक में रहते हैं। अन्वेषण अभिप्रेरक (exploration motive) एक ऐसा ही अभिप्ररेक या आवश्यकता (need) है जिसके सहारे व्यक्ति नई चीजों या घटनाओं इत्यादि पर ध्यान देता है तथा उसके बारे में विस्तृत रूप से जानना चाहता है। इस आवश्यकता की उत्पत्ति उत्सुकता–अभिप्रेरित व्यवहार (curiosity-motivated behaviour) है जिससे तात्पर्य एक ऐसे व्यवहार से होता है जिसका कोई स्पष्ट लक्ष्य नहीं होता है और प्राणी को अपने क्रियाओं, अनुभूतियों एवं अनुसंधानों से जो कुछ भी प्राप्त होता है, उसको वह अपना उद्देश्य मान लेता है। अत: उत्सुकता से तात्पर्य ऐसे व्यवहार से होता है जिसकी मुख्य प्रेरणा स्वयं क्रियाएँ (activities) ही होती हैं न कि कुछ अलग से विशेष लक्ष्य को प्राप्त करना। इस तरह का अभिप्रेरक मनुष्यों तथा पशुओं दोनों में देखने को मिलता है।

(ख) सामर्थ्य अभिप्रेरक (Competence Motive)–यह अभिप्रेरक वातावरण की चुनौतियों को पूरा करने की एक क्षमता होती है। इसको प्रभावकारी अभिप्रेरण भी कहते हैं। यह एक ऐसी प्रवृत्ति होती हैं जो किसी वातावरण को समझती और प्रभावित करती है (वाइट, 1959)। सुसन हारटर, (1978) के अनुसार, 'सामर्थ्य अभिप्रेरण उस वक्त बढ़ता है जब एक व्यक्ति सफलतापूर्वक किसी कार्य को कर लेता है। यह व्यक्ति को अन्य कार्यों में सफल होने के लिए प्रोत्साहित करता है'।

(ग) आत्मसिद्धि की आवश्यकताएँ (Self-actualisation Needs)—आत्मसिद्धि से अभिप्राय होता है प्रत्यक्षण और स्वप्न को वास्तविकता का रूप देना। व्यक्तियों में आंतरिक क्षमता होती है कि वह दूसरों से कुछ अलग ढंग का कार्य करें। अपनी पूर्ण आंतरिक क्षमता को महसूस करते हुए वह ऐसा बनता चाहता है जैसा बनने की उसमें क्षमता है। आत्मसिद्धि को पूर्णत: प्राप्त करना कठिन कार्य है क्योंकि जब तक कोई अवसर सामने नहीं आ जाता तब तक व्यक्ति अपनी आंतरिक क्षमता को स्पष्ट रूप से नहीं जान पाता।

(3) समाज जनिक अभिप्रेरक (Sociogenic Motives)—यह एक बाह्य आवश्यकता है जो विभिन्न सामाजिक समूह जैसे मित्र, समय या परिवार जहाँ हम पलते-बढ़ते हैं, इनमें रहकर सीखे जाते है। ऐसी आवश्यकताओं में एक व्यक्ति से दूसरे व्यक्ति में काफी अंतर पाया जाता है जो कि व्यक्तित्व के प्रकार पर निर्भर करती हैं। सामाजिक अभिप्रेरक कई प्रकार के होते हैं जिनमें यह कह पाना एक मुश्किल कार्य है कि कौन-सा अभिप्रेरक सबसे महत्त्वपूर्ण है और कौन-सा सबसे कम महत्त्व का है। इनका मापन भी अत्यंत मुश्किल कार्य है। उपलब्धि अभिप्रेरक एक प्रकार का सामाजिक अभिप्रेरक है, और किसी कार्य को पूरा करने या प्राप्त करने और दूसरे व्यक्ति से आगे निकलने से संबंधित है। संबंधन अभिप्रेरण दोस्त बनाने और दूसरों के साथ सहयोग करने की प्रवृति को दर्शाता है। आक्रमणशीलता अभिप्रेरक दूसरों से झगड़ा करने या बदला लेने, दूसरों का अनादर करने, कोसने या बहिष्कृत करने के व्यवहार को प्रदर्शित करता है। पोषण अभिप्रेरक ऐसी आवश्यकता है जिसके अंतर्गत व्यक्ति दूसरों की सहायता या देखभाल उस समय करता है जब वे बीमार होते हैं या किसी समस्या से ग्रसित होते हैं। प्रभुत्व अभिप्रेरक की आवश्यकता तब दिखाई देती है जब एक व्यक्ति नेता बनने के लिए (नेतृत्व करने के लिए) दूसरों को प्रभावित या नियंत्रित करना चाहता है। शक्ति अभिप्रेरक व्यक्ति कुछ ऐसा करना चाहता है या ऐसी शक्ति प्राप्त करना चाहता है जिससे वह अपने आप को अधिक शक्तिशाली व मजबूत महसूस कर सके।

प्रश्न 4. अभिप्रेरणा के विभिन्न सिद्धांतों की व्याख्या कीजिए।

उत्तर– अभिप्रेरणा के विभिन्न सिद्धांत निम्नलिखित हैं–

(1) जैविक स्पष्टीकरण: मूल-प्रवृत्ति का सिद्धांत (Biological Explanations: Instinct Theory)—प्रेरणा के पहले सिद्धांतों में से कुछ ने व्यवहार के जन्म के पैटर्न में प्रवृत्ति के लिए व्यवहार को जिम्मेदार ठहराया। सीखने की निर्विवाद भूमिका के साथ व्यवहार की जटिलता और विविधता एवं अन्य पर्यावरणीय कारकों को मूल-प्रवृत्ति सिद्धांत के खिलाफ तर्क के रूप में लिया गया था। 1950 में एक और उपयोगी परिभाषा उभरी: मूल-प्रवृत्ति, आनुवांशिकी और साधारण विकासात्मक प्रक्रियाओं की परस्पर क्रिया द्वारा निर्मित व्यवहार का एक अनुकूली प्रतिमान है। एक मूल-प्रवृत्ति अपरिवर्तनीय नहीं है, लेकिन एक प्रजाति के सदस्यों के बीच व्यापक और समान है। संस्कृति और अधिगम को अक्सर मूल-प्रवृत्ति के विकल्प के रूप में उद्धृत किया जाता है, लेकिन ऐसा नहीं है। यदि हम मूल-प्रवृत्ति को ऐसे व्यवहार के रूप में परिभाषित नहीं करते हैं जो अधिगम

या स्मृति को पृथक् करता है, तो हम आसानी से ऐसी मूल-प्रवृत्ति के अधिकारी हो सकते हैं जो मनुष्य को सीखने और संस्कृति बनाने की अनुमति देती है। प्राथमिक पुनर्बलकों को स्वाभाविक रूप से मजबूत करने वाला समझा जा सकता है।

(2) अंतर्नोद कटौती सिद्धांत–(Drive Reduction Theory)–अंतर्नोद सिद्धांत अभिप्रेरण के सिद्धांतों में से एक सिद्धांत है। जब व्यक्ति के अंदर किसी तरह की आवश्यकता उत्पन्न होती है तो यह एक तरह का मनोवैज्ञानिक और शारीरिक तनाव उत्पन्न करती है जो व्यक्ति को अपनी आवश्यकता पूरी करके तनाव को कम करने के लिए प्रेरित करता है। इसी तनाव को अंतर्नोद कहते हैं (हल, 1948)। इन सिद्धांतों को अभिप्रेरण का बल सिद्धांत भी कहते हैं। "व्यक्ति या जानवरों के अंदर उत्पन्न अंतर्नोद शक्ति द्वारा उनके व्यवहार को उद्देश्य की दिशा में आगे बढ़ाकर/धक्का देकर प्रेरित किया जाता है" (मॉर्गन, किंग, वेस्ज और शोपलर, 1996)।

अंतर्नोद पदावनति प्रतिमान के अनुसार, "कुछ मूल जैविक आवश्यकताओं की कमी, अंतर्नोद को उत्पन्न करती है जो व्यक्ति को, उसकी आवश्यकता को पूरा करने के लिए प्रेरित करती है।" (फेल्डमैन, 2015) अंतर्नोद को दो भागों में बांटा जा सकता है मुख्य और गौण। प्यास, भूख, नींद लेना, यौन क्रिया मुख्य अंतर्नोद के उदाहरण है जो कि मुख्य रूप से व्यक्ति की शारीरिक जरूरतों से जुड़े होते हैं। गौण अंतर्नोद हमारे पहले के अनुभव और सीख से जुड़े होते हैं जो कि आवश्यकता का विकास करते हैं। उदाहरण के लिए किसी के कार्य क्षेत्र में उपलब्धि की आवश्यकता। इस प्रकार यह गौण अंतर्नोद व्यक्ति के कार्य क्षेत्र से संबंधित उसके व्यवहार को दिशा प्रदान करता है।

एक ऐसा महत्त्वपूर्ण पद जिसकी चर्चा इस प्रतिमान के अंतर्गत करने की जरूरत है वह है समस्थिति जिसको इस तरह से वर्णित किया जा सकता है–'ऐसी प्रक्रिया जिसके द्वारा सभी प्राणी सर्वोत्कृष्ट निर्देश बिंदु के आस-पास जैविक सम्यावस्था या संतुलन बनाए रखने के लिए कार्य करते हैं' (फीस्ट और रोज़नबर्ग, 2015)। इसे (शरीर की) एक ऐसी प्रवृत्ति की तरह भी वर्णित किया जा सकता है जो संतुलन या स्थिरता की अवस्था को बनाए रखती है (फेल्डमैन, 2015)। इस प्रकार जब कभी आदर्श अवस्था या निर्देश बिंदु से किसी तरह का विचलन होता है तब संतुलित अवस्था को फिर से स्थापित करने के लिए या निर्देश बिंदु को प्राप्त करने के लिए शरीर के द्वारा सामंजस्य किया जाता है। इस प्रकार फिर से संतुलन उत्पन्न होता है। समस्थिति भोजन, पानी, नींद, शारीरिक तापक्रम आदि से जुड़ी आवश्यकताओं को परिचालित करने में सहायता करती है।

(3) अनुकूलतम उत्तेजना प्रतिमान (The Optimal Arousal Model) तथा उत्तेजना सिद्धांत (Arousal Theory)–आदर्श-स्तर सिद्धांत (Optimal-level theories) यह सिद्धांत भी विरोधी-प्रक्रिया सिद्धांत (opponent-process theory) के समान सुखवादी नियमों (hedonistic principles) पर आधारित है। इस सिद्धांत, जैसा कि फिस्क एवं माडी (Fiske & Maddi, 1961), बर्लिन (Berlyne, 1971), डुफ्फी (Duffy, 1957), तथा हेब (Hebb, 1955) ने कहा है, के अनुसार प्रत्येक व्यक्ति के सामने क्रियाशीलता या सचेतता (arousal) का एक ऐसा निश्चित स्तर होता है जिसे आदर्श स्तर (optimal level) कहा जाता है और इस स्तर पर यदि व्यक्ति का व्यवहार होता है, तो इससे उसे काफी प्रसन्नता तथा खुशी होती है। कभी ऐसा होता है कि व्यक्ति का व्यवहार उस आदर्श स्तर से नीचे होता है तो कभी ऐसा भी होता है कि

व्यक्ति का व्यवहार उस आदर्श स्तर से काफी ऊपर होता है। इन दोनों परिस्थितियों में उसे अपने व्यवहार से उतनी प्रसन्नता तथा खुशी नहीं मिल पाती है जितना मिलना चाहिए। अतः यदि उसका व्यवहार आदर्श स्तर (optimal level) से अत्यधिक है, तो वह उसे कमकर आदर्श स्तर पर लाने के लिए अभिप्रेरित रहता है। दूसरी तरफ यदि, उसका व्यवहार आदर्श स्तर से नीचे हैं तो वह उसे ऊँचा उठाकर आदर्श स्तर तक लाने के लिए अभिप्रेरित रहता है।

अभिप्रेरण के उत्तेजन सिद्धांत (arousal theory) को कई अध्ययनों से अप्रत्यक्ष समर्थन (Indirect support) प्राप्त है। एण्डरसन का मत है कि उत्तेजन सिद्धांत के उक्त मौलिक दावा को कई प्रयोगों में जिसमें उत्तेजन (arousal) तथा निष्पादन (performance) के बीच के संबंध का अध्ययन किया गया है, सही ठहराया गया है। इन अध्ययनों में पाया गया है कि उत्तेजन का साधारण स्तर होने पर व्यक्ति का कार्य निष्पादन (work performance) उत्तम होता है जबकि बहुत अधिक या बहुत कम उत्तेजन के स्तर होने पर निष्पादन में ह्रास (decrement) होता है। विनर (Wiener, 1989) ने भी एक अध्ययन कर इस तथ्य की संपुष्टि किया है। इनके अध्ययन में यह पाया गया है कि जब उत्तेजन का स्तर साधारण (moderate) था जिसे आदर्श स्तर (optimal level) कहा जाता है तो कार्य निष्पादन (task performance) लगभग 40% था परंतु जब उत्तेजन स्तर बहुत अधिक हो गया तो कार्य निष्पादन घटकर मात्र 12% हो गया तथा जब उत्तेजन का स्तर बहुत कम हो गया तो कार्य निष्पाद का स्तर घटकर 5% से 10% हो गया। इस तथ्य को चित्र 4.1 में दिखलाया गया है। 1908 में सबसे पहली बार वर्क्स (Yerkes) तथा डोडसन (DoosQon) ने उत्तेजन स्तर तथा निष्पादन में इस तरह के संबंध अर्थात उल्टे U-आकारीय (Inverted U-shaped) संबंध की चर्चा की थी। इसलिए इस तरह के संबंध को आज यर्क्स-डोडसन नियम (Yerkes-DoosQon law) भी कहा जाता है।

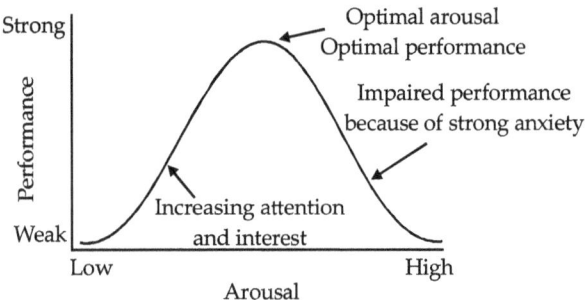

चित्र 4.1: यर्क्स-डोडसन नियम

(4) प्रोत्साहन सिद्धांत (Incentive Theory)—इस सिद्धांत को बल सिद्धांतों के रूप में भी वर्णित किया जा सकता है (मॉर्गन, एट एल 1996) इन सिद्धांतों का कहना है कि "अभिप्रेरण बाहरी इनाम या प्रोत्साहन पाने की चाहत का परिणाम होती है"। उदाहरण एक बच्चे से उसका गृहकार्य कराने के लिए प्रोत्साहन के रूप में एक चॉकलेट दिया जा सकता है, यहाँ तक कि यह हो सकता है वह वास्तव में भूखा न हो (यह आंतरिक संकेत हो सकता है) यद्यपि ये सिद्धांत यह नहीं बताते हैं कि एक व्यक्ति कुछ ऐसे कार्य क्यों करता है जिसके लिए उसे कोई बाहरी प्रोत्साहन नहीं मिलता है।

अंतर्नोद पदावनति सिद्धांत और प्रोत्साहन सिद्धांत दोनों ही महत्त्वपूर्ण एवं प्रासंगिक हैं और दोनों को एक साथ उन उद्दीपनों को समझने के लिए प्रयोग किया जा सकता है जो व्यवहारों को प्रेरित करते हैं। उदाहरण के लिए, एक भूखा व्यक्ति भोजन की तलाश करता है (अंतर्नोद पदावनति प्रतिमान), हालाँकि वह ऐसे भोजन की तरफ आकर्षित होता है जो ज्यादा क्षुधावर्धक (भूख बढ़ाने वाला) या आकर्षक होता है।

(5) **मैस्लो की आवश्यकताओं का पदानुक्रम (Maslow's Hierarchy of Needs)**—अब्राहम हैरोल्ड मैस्लो ने विभिन्न आवश्यकताओं पर आधारित अभिप्रेरण सिद्धांत का प्रतिपादन किया। मानवीय जीवन चाह से घिरा पड़ा है। एक व्यक्ति की एक आवश्यकता पूरी होने पर दूसरी आवश्यकता पैदा हो जाती है। यह क्रम व्यक्ति के जीवन में लगातार चलता रहता है। यदि व्यक्ति के जीवन में आवश्यकता न हो तो जीवन का कोई उद्देश्य नहीं होगा, व्यक्ति काम केवल आवश्यकताओं को संतुष्ट करने के लिए करता है।

अगर मानव की सारी आवश्यकताएँ संतुष्ट हो जाएँ तो वह काम नहीं करेगा। परंतु मानव आवश्यकताएँ कभी भी खत्म नहीं होतीं, एक आवश्यकता खत्म होने पर दूसरी पैदा हो जाती है।

मैस्लो ने मानव आवश्यकताओं को पाँच भागों में वर्गीकृत किया है—

(क) **शारीरिक आवश्यकताएँ (Physiological Needs)**—इसके अंतर्गत मनुष्य की आधारभूत आवश्यकताएँ—भोजन, वस्त्र तथा निवास आदि आती हैं। सबसे पहले व्यक्ति यह आवश्यकताएँ पूरी करता है जैसे ही यह आवश्यकताएँ संतुष्ट होती हैं तभी वह सुरक्षा या सामाजिक आवश्यकता को संतुष्ट करता है।

(ख) **सुरक्षा की आवश्यकताएँ (Safety Needs)**—प्राकृतिक पर्यावरण, जैविक खतरों, आर्थिक अभाव तथा अन्य पशु-प्राणियों से संवेगात्मक भय से व्यक्ति को संरक्षण की आवश्यकता होती है। अतः वह अपनी सुरक्षा की तलाश में रहता है। यह संरक्षण आश्रय के रूप में भी हो सकता है या प्रकृति की ओर से आने वाले खतरों से बचाव के लिए प्राथमिक ग्रुपों को बनाने के रूप में। इस संबंध में अभिप्रेरण संबंधी तथ्य यह है कि मनुष्य की शरीर क्रियात्मक आवश्यकताओं को पूरा होने के शीघ्र बाद सुरक्षा की आवश्यकताएँ उठ खड़ी होती हैं।

(ग) **सामाजिक आवश्यकताएँ (Social Needs)**—व्यक्ति मूलतः एक सामाजिक प्राणी है। वह एकाकी जीवन नहीं जी सकता। उसे अन्य व्यक्तियों से संबंध कायम करना होता है और प्रायः वह पशुओं को पालता है। सामाजिक आवश्यकताएँ व्यक्ति के प्रेम, स्नेह, सहयोग, मैत्री व सामाजिक संबंध के प्रति रुचि अभिव्यक्त करती हैं।

(घ) **सम्मान की आवश्यकताएँ (Esteem Needs)**—सामाजिक आवश्यकताओं की संतुष्टि के बाद व्यक्ति की अहम् एवं स्वाभिमान संबंधी आवश्यकताएँ क्रियाशील हो जाती हैं। स्वाभिमानी होने के कारण प्रत्येक व्यक्ति संगठन में सम्मान, प्रशंसा, मान्यता, पद, ख्याति आदि की इच्छा करने लगता है, जो उसमें आत्म-विश्वास जगाती है।

(ङ) **आत्मसिद्धि की आवश्यकताएँ (Self-actualisation Needs)**–आत्मसिद्धि से अभिप्राय होता है प्रत्यक्षण और स्वप्न को वास्तविकता का रूप देना। व्यक्तियों में आंतरिक क्षमता होती है कि वह दूसरों से कुछ अलग ढंग का कार्य करें। अपनी पूर्ण आंतरिक क्षमता को महसूस करते हुए वह ऐसा बनता चाहता है जैसा बनने की उसमें क्षमता है। आत्मसिद्धि को पूर्णत: प्राप्त करना कठिन कार्य है क्योंकि जब तक कोई अवसर सामने नहीं आ जाता तब तक व्यक्ति अपनी आंतरिक क्षमता को स्पष्ट रूप से नहीं जान पाता।

मैस्लो के आवश्यकताओं के सोपान के आधार पर व्यक्तियों के अभिप्रेरण (motivation) के संबंध में निम्नलिखित तर्क दिए गए–

(i) पाँच आवश्यकताओं का वर्गीकरण निम्न क्रम (lower order) की आवश्यकताओं और उच्च क्रम की आवश्यकताओं में किया गया है। शरीर क्रियात्मक, रक्षा की आवश्यकताएँ निम्न क्रम की होती हैं परंतु सम्मान और आत्मसिद्धि की आवश्यकताएँ उच्च क्रम की होती हैं।

(ii) निम्न क्रम की आवश्यकताओं की तुष्टि बाहर से की जाती है, जबकि उच्च क्रम की आवश्यकताओं की तुष्टि व्यक्ति के अंदर से होती है।

(iii) व्यक्ति पहले निम्न क्रम की आवश्यकताओं की तुष्टि करता है और बाद में उच्च क्रम की आवश्यकताओं की तुष्टि करने लगता है।

(iv) व्यक्ति के जीवन काल में किसी भी आवश्यकता की तुष्टि पूर्णत: नहीं हो पाती। किसी आवश्यकता की तुष्टि यदि पर्याप्त मात्र में हो जाती है तो वह व्यक्ति को अभिप्रेरित नहीं करती।

(v) किसी आवश्यकता की तुष्टि यदि पर्याप्त मात्र में कर दी जाती है तो उससे संतोष प्राप्त होता है और वह आवश्यकता निष्क्रिय हो जाती है। उसके तुरंत बाद अगले स्तर की आवश्यकता सक्रिय हो जाती है। इस प्रकार असंतुष्ट आवश्यकताओं को पूरा करने के लिए व्यक्ति सदा ही अभिप्रेरित रहता है। इस प्रकार अभिप्रेरण सतत् प्रक्रिया है।

(vi) निम्न क्रम की आवश्यकताओं की संतुष्टि से संतोष प्राप्त नहीं होता। वास्तविकता तो यह है कि उससे असंतोष ही होता है और व्यक्ति अन्य आवश्यकताओं की पूर्ति में लग जाता है।

(vii) आवश्यकताओं की पूर्ति के संबंध में सभी व्यक्तियों की प्राथमिकताएँ एक जैसी नहीं होतीं। अलग-अलग देशों तथा अलग-अलग स्थितियों के अनुसार प्राथमिकताएँ भी अलग-अलग होती हैं।

(viii) मूल आवश्यकताओं की पूर्ति के संबंध में व्यक्ति का रुख आक्रामक रहता है और अचेतना की पूर्ति के संबंध में व्यक्ति सामाजिक चेतना का प्रयोग करता है।

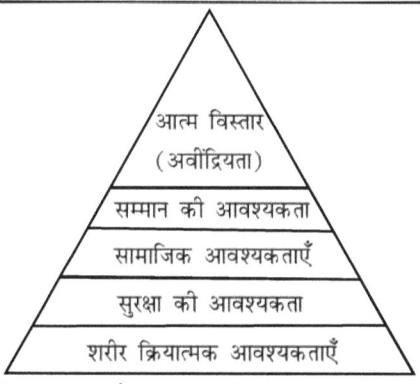

चित्र 4.2 : मैस्लो का आवश्यकता पदानुक्रम प्रतिमान

(6) मैक्लेलैंड का अर्जित आवश्यकता का सिद्धांत (Mcclelland's Acquired Needs Theory) – मैकफारलैंड ने अभिप्रेरण का अर्थ बताया, व्यक्तियों को निर्धारित कार्य व्यवहार संपादित करने के लिए दिया जाने वाला उद्दीपन।

उसके अनुसार तीन आवश्यकताएँ मनुष्य को अभिप्रेरित करती है–

(क) शक्ति या अधिकार की आवश्यकता (Need for Power)
(ख) अनौपचारिक संबंध बनाने की आवश्यकता (Need for Affiliation)
(ग) उपलब्धि की आवश्यकता (Need for Achievement)

तालिका 4.1: मैक्लेलैंड द्वारा बताए गए तीन मूल सिद्धांत

उपलब्धि की आवश्यकता	यह श्रेष्ठता को पाना, चुनौतीपूर्ण उद्देश्य, बाधाओं एवं मुसीबतों को पार करना, प्रतियोगिता और अटलता कुशलता को प्राप्त करने आदि से संबंधित है। जिन लोगों के अंदर उच्च मात्रा में nAch पाया जाता है वे लोग अपने उद्देश्यों को पूरा करना चाहते हैं और अपने लिए चुनौतीपूर्ण उद्देश्य बनाते हैं। उन्हें अपने प्रदर्शन के बारे में प्रतिपुष्टि भी चाहिए होती है।
संबद्धता की आवश्यकता	यह दूसरों के साथ गहरा और करीबी रिश्ता बनाए रखने से संबंधित है। जिन लोगों में संबंधन उच्च मात्रा में पाई जाती है वे चाहते हैं कि उन्हें दूसरों लोगों द्वारा पसंद किया जाए।
शक्ति की आवश्यकता	यह आवश्यकता दूसरों को प्रेरित करने, प्रभाव डालने व नियंत्रित करने से संबंधित है। जिन लोगों में nPow उच्च मात्रा में पाई जाती है वे दूसरों को प्रेरित करने व दूसरों पर प्रभाव डालना चाहते हैं।

इस प्रकार उपर्युक्त सिद्धांत विभिन्न दृष्टिकोणों के द्वारा हमें अभिप्रेरण के संप्रत्यय को समझाने में सहायता करते हैं।

प्रश्न 5. संवेग (भावना) का क्या अर्थ है? संवेग की विभिन्न परिभाषा देते हुए इसकी प्रकृति की चर्चा कीजिए।

उत्तर– मानव जीवन में संवेगों का अत्यधिक महत्त्वपूर्ण स्थान हैं। हर मनुष्य अपने जीवन में कई तरह के संवेगों का अनुभव करता है जैसे क्रोध, भय, हर्ष, उत्सुकता, इत्यादि। ये सभी अनुभूतियाँ संवेग की अवस्था है। अतः संवेग एक उत्तेजित अवस्था है। संवेगों की प्रकृति भावात्मक होती है जो व्यक्ति को क्षणिक उत्तेजना प्रदान करती है। संवेग में दैहिक तत्त्व, संज्ञानात्मक तत्त्व तथा व्यवहारपरक तत्त्व सम्मिलित हैं। संवेग में प्राणी का व्यवहार किसी खास लक्ष्य की ओर होता है। वह किसी खास दिशा में ही व्यवहार करता है। मोटे तौर पर संवेग की दो दिशाएँ होती हैं–सुख और दुःख। प्राणी सुख प्राप्ति की दिशा में व्यवहार करता है तथा दुःख वाले दिशा से बचने का प्रयास करता है। व्यक्ति का संवेगात्मक व्यवहार केवल उसकी शारीरिक वृद्धि और विकास को ही प्रभावित नहीं करता बल्कि बौद्धिक, सामाजिक, नैतिक और सौंदर्यबोधक के विकास पर भी यथेष्ट प्रभाव डालता है। अतः संवेग के विषय में अध्ययन करना आवश्यक है।

संवेग का अर्थ (Meaning of Emotion)–'संवेग' पद का अंग्रेजी रूपांतर 'emotion' है जो लैटिन शब्द 'emovere' से बना है और जिसका अर्थ है उत्तेजित करना।

गेलडार्ड (Geldard, 1963) के अनुसार, 'संवेग' क्रियाओं का उत्तेजक है।

पी.टी.यंग (P.T.Young, 1943,1973) के अनुसार, 'संवेग संपूर्ण व्यक्ति में तीव्र उपद्रव मचाने वाली स्थिति है, जिसका उद्‌यम मनोवैज्ञानिक होता हैं।'

बेरोन, बर्न तथा कैटोविज (Baron, Byrne & Kantowitz, 1980) के अनुसार, 'संवेग से तात्पर्य एक ऐसे आत्मनिष्ठ भाव की अवस्था से होता है जिसमें कुछ शारीरिक उत्तेजना पैदा होती है और फिर जिसमें कुछ खास-खास व्यवहार होते हैं।'

क्रो व क्रो (Crow and Crow, 1973) के अनुसार, 'संवेग वह भावात्मक अनुभूति है जो व्यक्ति की मानसिक तथा शारीरिक उत्तेजनापूर्ण अवस्था सामान्यीकृत आंतरिक समायोजन के साथ जुड़ी होती है और जिसकी अभिव्यक्ति व्यक्ति द्वारा प्रदर्शित बाह्य व्यवहार द्वारा होता है।'

संवेग की प्रकृति (Nature of Emotions)–संवेग एक आत्मनिष्ठ भावना है, अतः संवेग का अनुभव एक व्यक्ति से दूसरे व्यक्ति में भिन्न होता है। आधुनिक मनोविज्ञान ने मूल संवेगों को पहचानने का प्रयास किया है। यह देखा गया है कि कम से कम छः संवेग सब जगह अनुभव किए जाते हैं तथा पहचाने जाते हैं ये हैं–क्रोध, विरुचि, भय, प्रसन्नता, दुख तथा आश्चर्य। इजार्ड (Izard) ने दस मूल संवेगों का एक समुच्चय प्रस्तुत किया है, ये हैं–हर्ष, आश्चर्य, क्रोध, विरुचि, अवमान, भय, शर्म, अपराध, अभिरुचि तथा उत्तेजना। इनकी संयुक्तियाँ अन्य प्रकार के संवेग उत्पन्न करती हैं। प्लुचिक (Plutchik) के अनुसार, आठ मूल या प्राथमिक संवेग होते हैं। अन्य सभी संवेग इन्हीं मूल संवेगों के विभिन्न मिश्रणों के ही परिणाम होते हैं।

उन्होंने इन संवेगों को चार विरोधी युग्मों के रूप में प्रस्तुत किया है ये हैं–हर्ष-विषाद; स्वीकृति-विरुचि; भय-क्रोध तथा आश्चर्य-पूर्वाभास। संवेगों में तीव्रता (उच्च, निम्न) तथा गुणों

(प्रसन्नता, दुख, भय) के आधार पर अंतर होता है। आत्मनिष्ठ कारक तथा स्थितिपरक संदर्भ संवेगों के अनुभव को प्रभावित करते हैं। ये कारक हैं–लिंग, व्यक्तित्व तथा कुछ प्रकार की मनोविवृतियाँ। साक्ष्य बताते हैं कि पुरुषों की अपेक्षा महिलाएँ क्रोध के अतिरिक्त अन्य संवेगों का अधिक तीव्रता से अनुभव करती हैं। पुरुषों में क्रोध को अधिक तीव्रता तथा अधिक आवृत्ति में अनुभव करने की प्रवृत्ति पाई जाती है। इस लिंग-भेद को पुरुषों (स्पर्द्धात्मक) तथा महिलाओं (संबंधन एवं देखभाल) से जुड़ी सामाजिक भूमिकाओं पर आरोपित किया जाता है।

प्रश्न 6. संवेगों के विभिन्न प्रकारों की चर्चा कीजिए।

उत्तर– संवेग मुख्य रूप से दो प्रकार के हो सकते हैं, मूल संवेग और आत्म सचेत संवेग। जो कि इस प्रकार हैं–

- **मूल संवेग**–मूल संवेग संवेगों का एक समुच्चय है जो आमतौर पर सभी मनुष्यों में दिखाई देते हैं। ये क्रोध, घृणा, खुशी, भय, उदासी और आश्चर्य हैं। इन संवेगों को जन्मजात कहा जा सकता है और सभी मनुष्यों में पाया जाता है। यद्यपि मनुष्य संवेगों की एक विस्तृत शृंखला का अनुभव कर सकता है, संवेगों पर शोध ने संकेत दिया है कि सभी संवेग कुछ मूल संवेगों के संयोजन का एक परिणाम हैं (कॉसलिन और रोजेनबर्ग, 2013)। इसके अलावा, चार्ल्स डार्विन ने यह भी प्रस्तावित किया कि संवेग या सांवेगिक व्यवहार के परिणामस्वरूप उत्पन्न होने वाली क्रियाएँ स्वभाव में सहज हैं और सभी संस्कृतियों में समान सांवेगिक स्थिति समान चेहरे के भावों के रूप में व्यक्त की जाती हैं और वास्तव में दृश्य बाधित व्यक्ति भी चेहरे के समान भाव प्रदर्शित कर सकते हैं भले ही उन्होंने दूसरों में सांवेगिक अभिव्यक्तियों को कभी नहीं देखा हो। इसके अलावा, विभिन्न शोधकर्त्ताओं ने मूल संवेगों की थोड़ी अलग सूची का प्रस्ताव किया है (कॉसलिन और रोजेनबर्ग, 2013)। मूल संवेगों के संबंध में इस प्रस्ताव को चुनौती दी गई है और साथ ही मूल संवेगों को सरल नहीं माना गया है। उदाहरण के लिए, 1994 में रोजिन, लोरी और एबर्ट ने चेहरे की अभिव्यक्ति के आधार पर तीन प्रकार के घृणा को बताया (जैसा कि कॉसलिन और रोजेनबर्ग, 2013)। हालाँकि कुछ भावनाएँ सभी संस्कृतियों में एकरूप हो सकती हैं परंतु कुछ ऐसी भावनाएँ हैं जो संस्कृतियों के मानदंडों और प्रथाओं से प्रभावित होती हैं। इस प्रकार यद्यपि मूल संवेगों को जन्मजात माना गया है, अधिगम, सामाजिक मानदंडों और प्रथाओं के प्रभाव को निरस्त नहीं किया जा सकता है।
- **आत्म-चेतन संवेग**–दूसरी ओर आत्म-चेतन संवेग वे संवेग हैं जो आवश्यक रूप से स्वयं की भावना के साथ-साथ किसी के कार्यों को प्रतिबिंबित करने की क्षमता रखते हैं। इसके अलावा ये संवेग सामाजिक मानदंडों और नियमों के संदर्भ में अपेक्षा के अनुरूप हैं या नहीं इस बात का परिणाम हैं। आत्म-चेतन संवेगों के उदाहरण शर्मिंदगी, अपराधबोध, गर्व, शर्म और अपमान हैं (फीस्ट और रोजेनबर्ग, 2015)। आत्म-चेतन संवेग उस हद तक उत्पन्न होते हैं जिसके परिणामस्वरूप एक व्यक्ति अपनी, दूसरों की अपेक्षाओं को या अन्य मानदंडों को पूरा करने में सक्षम होता है।

प्रश्न 7. संवेगात्मक प्रक्रिया के विभिन्न घटकों का वर्णन कीजिए।

उत्तर– संवेग के निम्नलिखित घटक इस प्रकार हैं–

- **संवेग में तीव्र उपद्रव की अवस्था होती है (In emotion there is an acute state of disturbance)**–संवेग में उपद्रव की अवस्था पाई जाती है। कहने का तात्पर्य यह है कि संवेग में व्यक्ति में सामान्य अवस्था समाप्त हो जाती है और उसकी जगह पर शारीरिक उपद्रव की अवस्था कायम हो जाती है। यह तथ्य तीव्र संवेग में अधिक देखने को मिलता है। शायद यही कारण है कि तीव्र संवेग में व्यक्ति का व्यवहार सामान्य व्यवहार से कुछ विचलित हो जाता है। जैसे, तीव्र डार के संवेग में व्यक्ति चीख उठता है और इधर-उधर भागने लगता है। साधारण संवेग में शारीरिक उपद्रव की मात्रा कम होती है।
- **संवेग में समग्र रुप से शारीरिक उपद्रव होता है (In emotion bodily distrurbance takes place as a whole)**–संवेग में जो उपद्रव होते हैं, वह शरीर के किसी एक अंग जैसे, पेट, नाक, हाथ, पैर, चेहरा, आदि में नहीं होते हैं बल्कि वह पूरे शरीर में होता है। जैसे, व्यक्ति में जब क्रोध का संवेग होता है, तो वह किसी अंग विशेष तक सीमित नहीं होता है बल्कि पूरे शरीर में ही एक ही तरह का उपद्रव पाया जाता है।
- **संवेग में चेतन अनुभव, व्यवहार तथा अंतरांगों के कार्यों में परिवर्तन होते हैं (In emotion changes take place in conscious experience, behaviour and in the functioning of visceral organs)**–संवेग में व्यक्ति के चेतन अनुभव, व्यवहार तथा अंतरावयव तीनों में परिवर्तन होते हैं। जैसे क्रोध संवेग को ही ले लिया जाए। इस संवेग में व्यक्ति एक खास तरह का मानसिक अनुभव करता है, खास तरह का व्यवहार करता है तथा इसके अतिरिक्त उसके शरीर के भीतरी अंगों जैसे, हृदय की धड़कन में परिवर्तन, साँस की गति में परिवर्तन, रक्त चाप में वृद्धि आदि भी होते हैं।
- **संवेग की उत्पत्ति मनोवैज्ञानिक कारणों से होती है (Emotions have psychological orgin)**–संवेग की उत्पत्ति मनोवैज्ञानिक कारणों से होती है। व्यक्ति के सामने संवेग उत्पन्न करने वाला उद्दीपक उपस्थित होने पर वह उसके प्रति मानसिक रूप से अनुक्रिया करता है जिससे व्यक्ति में संवेग की उत्पत्ति होती है। जैसे, व्यक्ति साँप को देखकर डर जाता है। इसमें साँप एक उद्दीपक है जिसके प्रति व्यक्ति मानसिक रूप से अनुक्रिया करता है और डर का अनुभव करता है। कभी-कभी उद्दीपक वास्तविक न होकर काल्पनिक भी हो सकता है। जैसे, किसी भयंकर साँप की मात्र कल्पना से ही व्यक्ति में डर उत्पन्न हो जाता है।
- **संज्ञानात्मक मूल्यांकन**–इसमें परिस्थितियों को अपने व्यक्तिगत अर्थ के अनुसार समझा जाता है। उदाहरण के रूप में क्रिकेट के खेल में जब क्रिकेट टीम जीतती है तो व्यक्तिगत अर्थ के अनुसार हम संज्ञानात्मक मूल्यांकन करते हैं। यदि हम जीतने

वाली टीम को सहयोग करते हैं और इसके बड़े प्रशंसक हैं तो परिस्थिति का मूल्यांकन हम अपने व्यक्तिगत अर्थ के अनुसार करेंगे या यह परिस्थिति व्यक्तिगत रूप से हमारे लिए महत्त्वपूर्ण होगी। संज्ञानात्मक मूल्यांकन संवेग के अन्य घटकों को प्रभावित करता है। जब एक व्यक्ति क्रोधित होता है तो वह अनुकंपी उत्तेजना के रूप में शारीरिक उत्तेजना महसूस करता है। अगर व्यक्ति यह विश्वास करता है कि वह खतरे में है तो इसमें संज्ञानात्मक घटक भी पाया जाता है। इस प्रकार व्यक्ति दूर होने की प्रवृत्ति दिखा सकता है जो कि व्यवहारगत घटक से संबंधित है। इसी प्रकार जब एक व्यक्ति क्रोधित होता है वह अनुकंपी और उप अनुकंपी उत्तेजना अनुभव करता है। जब व्यक्ति को लगता है कि उसके साथ गलत हो रहा है तब उसके अंदर आक्रमण करने की प्रवृत्ति देखी जाती है (राथुस, 2008)।

प्रश्न 8. संवेग के कार्यों पर प्रकाश डालिए।
उत्तर— संवेग एक अत्यंत महत्त्वपूर्ण संप्रत्यय है। इसके विभिन्न कार्य निम्नलिखित हैं—

- **संवेगात्मक व्यवहार करना—**संवेग व्यक्ति के व्यवहार व वातावरण के बीच एक कड़ी का कार्य करता है। उदाहरण के लिए यदि कोई व्यक्ति सड़क पार कर रहा है और अचानक वह किसी कार को अपनी ओर आते देखता है तो वह भय के रूप में संवेगात्मक प्रतिक्रिया करता है जो उसके भीतर शारीरिक उत्तेजना पैदा करती है।
- **भविष्य में होने वाले व्यवहार को दिशा प्रदान करना—**संवेगात्मक अनुभवों के द्वारा हम बहुत कुछ सीखते हैं। परिणामस्वरूप हम ऐसी परिस्थितियों को पहले ही टाल या रोक सकते हैं जो हमारे अंदर नकारात्मक संवेग उत्पन्न कर सकते हैं।
- **दूसरों के साथ प्रभावपूर्ण अंत:क्रिया करने में मदद करना—**संवेगों को शाब्दिक या अशाब्दिक तरीके से प्रकट करके हम एक-दूसरे के साथ ज्यादा प्रभावपूर्ण ढंग से अंत:क्रिया कर सकते हैं।

प्रश्न 9. संवेग के विभिन्न सिद्धांतों पर प्रकाश डालिए।
उत्तर— संवेग के संबंध में विभिन्न सिद्धांतों का प्रतिपादन विभिन्न मनोवैज्ञानिकों तथा शरीरशास्त्रियों (physiologists) द्वारा समय-समय पर किया गया ताकि संवेग का स्वरूप भली-भाँति स्पष्ट हो सके। संवेग के कई सिद्धांत हैं। कुछ प्रमुख सिद्धांतों का विवरण निम्न हैं—

(1) **जेम्स-लैंजे संवेग सिद्धांत (James-Lange Theory of Emotion)—**इस सिद्धांत का प्रतिपादन दो वैज्ञानिक विलियम जेम्स तथा कार्ल लांजे द्वारा स्वतंत्र रुप में 1880 में किया गया। आमतौर पर हम यह समझते हैं कि जब हम कोई सांवेगिक उद्दीपक जैसे कोई बाघ को देखते हैं तो डर जाते हैं और इसलिए हम भाग जाते हैं। इसका मतलब यह हुआ कि पहले संवेगात्मक अनुभूति (डर) होती है और उसके बाद संवेगात्मक व्यवहार (भाग जाना) होता है।

लेकिन जेम्स-लैंजे सिद्धांत के अनुसार पहले संवेगात्मक व्यवहार होता है और उसके बाद संवेगात्मक अनुभूति होती है।

जेम्स का यह सिद्धांत परिधीय शारीरिक परिवर्तन संवेग सिद्धांत (Peripheral Theory of Emotion) है। इस सिद्धांत के अनुसार संवेगों की उत्पत्ति उद्दीपक की उपस्थिति में होता है जिसके कारण शारीरिक प्रतिक्रिया होती है, जैसे माँस-पेशियों में तनाव, हृदय गति में वृद्धि, पसीना एवं मुँह का सुखना। यह शारीरिक उत्तेजना किसी भी व्यक्ति में विशिष्ट संवेग की भावना उत्पन्न करता है। जेम्स ने संवेग के उत्पन्न होने में शामिल विशिष्ट मार्ग का भी वर्णन किया है। उन्होंने कहा कि किसी भी वस्तु (उद्दीपक) का प्रभाव ज्ञानेंद्रियों पर पड़ता है, ज्ञानेंद्रियाँ इन सूचनाओं को सेरिब्रल प्रमस्तिष्क कार्टेक्स में भेज देता है। सेरिब्रल कॉर्टेक्स फिर इन सूचनाओं को माँसपेशियों तथा अंतरांग (visceral organs) में भेज देता है जिसके कारण वे प्रतिक्रिया करते हैं। अंत में माँसपेशियों तथा अंतरांगों में उत्पन्न आवेग को फिर से कॉर्टेक्स (cortex) में भेजा जाता है और संवेगात्मक अनुभूति होती है। इस प्रकार जेंस-लैंजे संवेग में कॉर्टेक्स के महत्त्व स्वीकारते हैं।

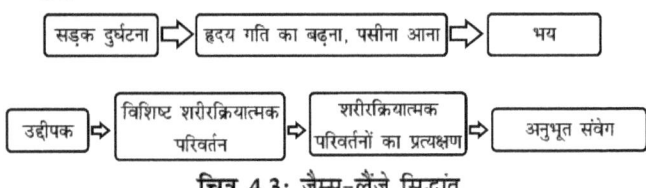

चित्र 4.3: जैम्स-लैंजे सिद्धांत

(2) कैनन-बार्ड सिद्धांत–इस सिद्धांत का प्रतिपादन वाल्टर कैनन (Walter Cannon, 1927) ने किया तथा उनके शिष्य फिलिप बार्ड (Philip Bard, 1934) ने अपने शोधों एवं प्रयोगों के आधार पर इस सिद्धांत का समर्थन किया। इस सिद्धांत को केंद्रिय सिद्धांत (Central Theory), हाइपोथैलेमिक सिद्धांत, थैलोमिक सिद्धांत तथा आपात सिद्धांत के नामों से भी जाना जाता है। इस सिद्धांत में केंद्रिका तंत्र का महत्त्व है। कैनन-बोर्ड सिद्धांत के अनुसार संवेगानुभूती और आंतरिक परिवर्तन हाइपोथैलेमस के द्वारा नियंत्रित होते हैं। संवेगानुभूति तथा आंतरावयव परिवर्तन दोनों ही उत्तेजक से उत्तेजित होकर स्नायु प्रवाह के साथ हाइपोथैलेमस में पहुँचते हैं तथा यहाँ से स्नायु-प्रवाह एक ओर तो कॉर्टेक्स को जाता है जहाँ संवेगानुभूति होती है तथा दूसरी ओर प्रभावकों की ओर आता है जहाँ से शरीर में आंतरिक तथा शारीरिक परिवर्तन होते हैं। इस सिद्धांत के अनुसार संवेगात्मक अनुभूति तथा शारीरिक प्रतिक्रियाएँ एक साथ होती हैं और इन दोनों का प्रारंभ मस्तिष्क के नीचे के केंद्रों से होता है। अतः यह सिद्धांत जेम्स-लैंजे सिद्धांत के बिल्कुल विरोधाभासी है।

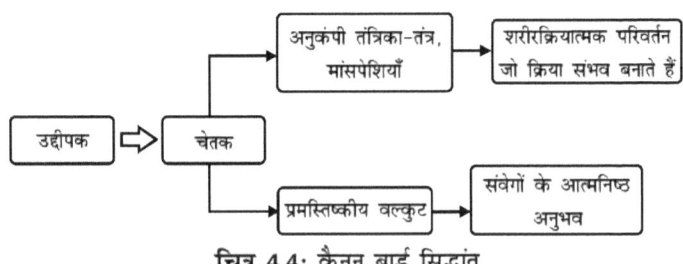

चित्र 4.4: कैनन बार्ड सिद्धांत

(3) शैक्टर-सिंगर सिद्धांत या दो कारक सिद्धांत–स्कैक्टर सिगर सिद्धांत के अनुसार संवेग उत्पन्न करने वाले उद्दीपक का व्यक्ति पहले प्रत्यक्षण करता है। इस प्रत्यक्षण के बाद व्यक्ति में शारीरिक परिवर्तन (bodily changes) होता है। स्कैक्टर का कहना है कि प्रत्येक संवेग में करीब-करीब एक ही तरह का शारीरिक परिवर्तन होता है जो स्वभाविक रुप से अस्पष्ट (vague) होता है क्योंकि इसके आधार पर व्यक्ति यह नहीं बतला सकता है कि उसे कौन-सा संवेग हो रहा है। इसके बाद व्यक्ति अपने पूर्व अनुभूति (past experience) के संदर्भ में उन शारीरिक परिवर्तनों की व्याख्या करता है। ये स्पष्टत: एक संज्ञानात्मक प्रक्रिया है। व्याख्या के परिणामस्वरूप वह समझ पाता है कि उसे किस तरह का संवेग हो रहा है। अत: इस सिद्धांत में संवेग का ज्ञान होना संवेगात्मक कारक (congnitive factors) तथा शारीरिक परिवर्तनों (bodily changes) की व्याख्या पर निर्भर करता है। संक्षेप में तब यह कहा जा सकता है कि इस सिद्धांत के अनुसार संवेग के उत्पन्न होने में निम्नांकित तीन कदम (steps) बतलाए गए हैं–

(क) सबसे पहले व्यक्ति संवेग उत्पन्न करने वाले उद्दीपक का प्रत्यक्षण (perception) करता है।

(ख) इस प्रत्यक्षण का परिणाम यह होता है कि व्यक्ति में कुछ आंतरिक शारीरिक परिवर्तन (bodily changes) होता है जो अस्पष्ट (vague) होता है, क्योंकि इसके आधार पर यह कहना कठिन हो जाता है कि किस तरह का संवेग हो रहा है। इसे दैहिक उत्तेजन कहा जाता है।

(ग) अपनी पूर्व अनुभूति (past experience) के संदर्भ में व्यक्ति उन शारीरिक परिवर्तनों की व्याख्या करता है जो स्पष्टत: एक संज्ञानात्मक मूल्यांकन की प्रक्रिया (cognitive appraisal) है। व्यक्ति में किस तरह का संवेग हो रहा है, वह इसी व्याख्या पर निर्भर करता है। व्याख्या के अनुसार व्यक्ति जिस तरह का अर्थ लगाता है, उसे वैसे ही संवेग की अनुभूति होती है।

इस सिद्धांत को संवेग का द्विकारक सिद्धांत (two-factor theory) भी कहा है क्योंकि इसमें संवेग की व्याख्या दैहिक उत्तेजन (physiological stimuluation) तथा संज्ञानात्मक मूल्यांकन (cognitive appraisal) दो कारकों के आधार पर किया जाता है।

(4) विरोधी प्रक्रिया सिद्धांत–इस सिद्धांत के अनुसार, किसी उद्दीपन के प्रति भावात्मक प्रक्रिया उत्पन्न होने के बाद अपने आप एक विरोधी प्रतिक्रिया भी उत्पन्न होती है। उद्दीपन के बार-बार उत्पन्न होने पर उसके प्रति उत्पन्न पहली प्रतिक्रिया कमजोर पड़ जाती है और विरोधी प्रक्रिया (प्रतिक्रिया) मजबूत हो जाती है (बारोन, 2005)। इस प्रकार भौतिक विज्ञान का नियम है कि हर एक क्रिया की एक प्रतिक्रिया होती है, और यह संवेग पर भी लागू होता है। जब एक QfDr u'kk करना शुरू करता है तो शुरू में वह तीव्र खुशी का अनुभव करता है हालाँकि बार-बार ऐसा करने से अर्थात् नशा लेने से आनंद की अनुभूति में कमी आ सकती है और प्रतिकार से संबंधित प्रतिक्रिया मजबूत हो जाती हैं। इस प्रकार अब व्यक्ति नशा उन नकारात्मक अनुभूति को न महसूस करने के लिए करता है जो कि नशा न करने की वजह से उत्पन्न होती है न कि किसी आनंद की अनुभूति के लिए।

(5) संज्ञानात्मक मूल्यांकन सिद्धांत (Cognitive-Appraisal Theory)—इस सिद्धांत के प्रतिपादक रिचार्ड लेजारस (Richard Lazarus, 1970) हैं। इस सिद्धांत के अनुसार वातावरण के भिन्न-भिन्न वस्तुओं तथा शरीर के भीतर से मिलने वाली सूचनाओं का जब व्यक्ति सही-सही मूल्यांकन करता है, तो उसे संवेग की अनुभूति होती है, इसलिए उसे संज्ञानात्मक सिद्धांत कहा जाता है।

लेजारस के अनुसार मूल्यांकन दो तरह के होते हैं–
   (क) प्राथमिक मूल्यांकन (Primary appraisal)
   (ख) गौण मूल्यांकन (Secondary appraisal)

प्राथमिक मूल्यांकन में व्यक्ति परिस्थिति या घटना की गंभीरता का मूल्यांकन करता है। वह इस बात का मूल्यांकन करता है कि परिस्थिति में जो घटना घट रही है, उससे वह कहाँ तक प्रभावित हो रहा है। प्राथमिक मूल्यांकन की प्रक्रिया के बाद गौण मूल्यांकन की प्रक्रिया प्रारंभ होती है जिसमें व्यक्ति उस घटना या परिस्थिति से निपटने के लिए अपनी क्षमताओं एवं साधनों का मूल्यांकन करता है। व्यक्ति में अनुभव किया गया संवेग प्राथमिक मूल्यांकन एवं गौण मूल्यांकन के बीच संतुलन का परिणाम होता है। जब परिस्थिति की गंभीरता कम होती है (प्राथमिक मूल्यांकन) तथा उससे निपटने के अपने साधन तथा क्षमता कम है, तो संवेग की तीव्रता अधिक होती है।

☐☐

अध्याय
5

व्यक्तिगत भिन्नता और बुद्धि

भूमिका

अंतर या भिन्नता हमारी दुनिया का एक अपरिहार्य हिस्सा है। यदि हम अपने चारों ओर देखते हैं तो हम विभिन्न प्रकार के फूलों, पौधों, पक्षियों और जानवरों को देख सकते हैं। मनुष्य भी कोई अपवाद नहीं है। उनकी त्वचा के रंग और विशेषताओं की तरह, मानव व्यावहारिक स्तर पर भी एक-दूसरे से भिन्न होता है। इस अध्याय में व्यक्तिगत भिन्नताओं (अंतरों) की मूल बातों का परिचय दिया गया है।

मनोवैज्ञानिकों के लिए रुचिकर प्रमुख मनोवैज्ञानिक गुणों में से एक बुद्धि है। लोग एक दूसरे से जटिल विचारों को समझने, पर्यावरण से अनुकूलन करने, अनुभव से सीखने, विविध प्रकार की तर्कणाओं में व्यस्त होने तथा विविध बाधाओं पर विजय प्राप्त करने की योग्यता में एक दूसरे से भिन्न होते हैं। इस अध्याय में बुद्धि के स्वरूप, बुद्धि संप्रत्यय की बदलती परिभाषाओं, बुद्धि के विभिन्न सिद्धांतों तथा इसे मापने के लिए बुद्धि परीक्षण के वर्गीकरण और विभिन्न तरीकों की चर्चा की गई है। इसके अतिरिक्त बुद्धि के अन्य रूप जैसे कि संवेगात्मक बुद्धि और सामाजिक बुद्धि की भी चर्चा की गई है।

प्रश्न 1. "व्यक्तिगत अंतर" की अवधारणा और प्रकृति को समझाइए।

अथवा

व्यक्तिगत अंतर के संदर्भ में प्रकृति बनाम पोषण बहस पर व्याख्या कीजिए।

उत्तर– अंतर या भिन्नता हमारी दुनिया का एक अपरिहार्य हिस्सा है। यदि हम अपने चारों ओर देखते हैं, तो हम विभिन्न प्रकार के फूलों, पौधों, पेड़ों, पक्षियों और जानवरों को देख सकते हैं। मनुष्य भी कोई अपवाद नहीं है। उनकी त्वचा के रंग और विशेषताओं में अंतर की तरह, मानव व्यावहारिक स्तर पर भी एक-दूसरे से भिन्न होता है।

इस प्रकार "व्यक्तिगत भिन्नता" एकल या कई विशेषताओं के संदर्भ में व्यक्ति के बीच भिन्नता को संदर्भित करता है। प्लेटो के अनुसार, "कोई भी दो व्यक्ति एक जैसे नहीं पैदा होते हैं लेकिन प्रत्येक व्यक्ति प्राकृतिक बंदोबस्त में एक-दूसरे से भिन्न होता है जैसे एक व्यक्ति एक व्यवसाय के लिए और दूसरा दूसरे के लिए अनुकूल होता है।" मनोविज्ञान की यह शाखा "हम कैसे सोचते हैं, हम कैसा महसूस करते हैं, हम क्या चाहते हैं, हमारी क्या आवश्यकता है और हम क्या करते हैं" में व्यक्तिगत अंतर का अध्ययन करती है। हम अध्ययन करते हैं कि लोग कैसे भिन्न हैं और हम यह भी अध्ययन करते हैं कि लोग भिन्न क्यों हैं। हम व्यक्तिगत अंतरों का अध्ययन करते हैं"(रेवेल, विल्ट एंड कोंडन, 2011)। अब सवाल यह है कि हमें व्यक्तिगत अंतरों का अध्ययन करने की आवश्यकता क्यूँ है क्योंकि यह व्यक्ति के व्यवहार को अधिक सटीक रूप से बताने और समझाने में हमारी मदद करता है।

प्रकृति बनाम व्यक्तिगत बहस में पोषण–यह विवाद इस बात पर है कि मानव बुद्धि में अंतर आनुवंशिकता (प्रकृति) का परिणाम है या वातावरण (पालन-पोषण) का। क्यों कुछ दूसरों की तुलना में अधिक बुद्धिमान होते हैं? क्यों कुछ लोग दूसरों की तुलना में अधिक हिंसक होते हैं? एक ही परिवार के भाई-बहनों की योग्यता और बुद्धि का स्तर क्यों अलग-अलग होता है? इन प्रश्नों व इनके जैसे और प्रश्नों का उत्तर देने के लिए मनोवैज्ञानिक प्रकृति बनाम पोषण बहस का सहारा लेते हैं।

- **आनुवंशिकता (प्रकृति)–**यह आनुवंशिक कारकों से संबंध रखता है जो कि हमें हमारे माता-पिता से विरासत के रूप में मिलता है जैसे कि लंबाई या त्वचा का रंग।
- **वातावरण/पोषण–**यह उन सभी पर्यावरणीय कारकों को संदर्भित करता है जो हमें प्रभावित कर सकते हैं जैसे कि पालन प्रक्रिया, पारिवारिक सामाजिक आर्थिक स्थिति, सामाजिक समर्थन या सांस्कृतिक कारक।

वंशानुगत बनाम पर्यावरणीय कारकों के सापेक्ष महत्त्व पर बहस सबसे पुरानी और अभी तक अनसुलझी बहसों में से एक है। जो लोग मानते हैं कि हमारे व्यवहार को हमारे वंशानुगत कारकों द्वारा पूरी तरह से नियंत्रित किया जाता है उन्हें सहज ज्ञानवादी के रूप में जाना जाता है। जो लोग इस दृष्टिकोण का समर्थन करते हैं, वे मानते हैं कि मानव व्यवहार में अंतर अलग-अलग 'आनुवंशिक बनावट' के परिणामस्वरूप होता है। इस बहस के दूसरे छोर के समर्थकों को पर्यावरणविद या अनुभववादियों के रूप में जाना जाता है। इस दृष्टिकोण के समर्थकों का मानना है कि लोग अपने अनुभवों या पर्यावरणीय परिस्थितियों के कारण एक-दूसरे से भिन्न होते हैं। इस

दृष्टिकोण के प्रसिद्ध और प्रमुख समर्थकों में से एक जॉन लॉक है। उन्होंने मानव मन को टेबुला रासा-एक रिक्त स्लेट के समान बताया जो धीरे-धीरे हमारे जीवन के अनुभव से भर जाता है। निम्नलिखित आरेख सुझाव देते हैं कि किस प्रकार प्रकृतिवादी और अनुभववादी मनोविज्ञान का अलग-अलग तरीके से अध्ययन करते हैं–

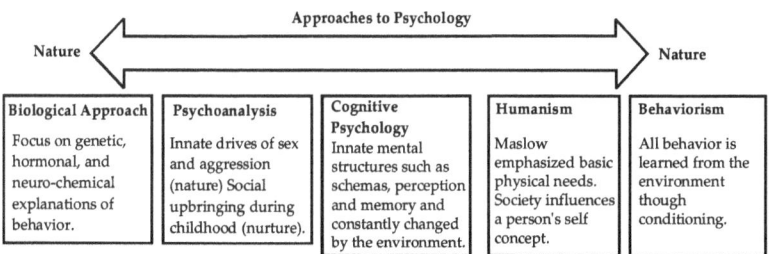

चित्र 5.1: मनोविज्ञान के अध्ययन की विभिन्न पद्धति: सहज ज्ञानवादी बनाम अनुभववादी

हालाँकि, इस बहस पर समकालीन दृष्टिकोण बताता है कि किसी भी चरम पक्ष का बचाव मानव व्यवहार और उनके बीच मतभेदों को समझाने में एक दुर्घटना होगी। हाल ही में, कई अध्ययनों ने सुझाव दिया है कि दोनों, आनुवंशिक और पर्यावरणीय कारक, हमारे व्यवहार को आकार देने में महत्त्वपूर्ण भूमिका निभाते हैं। उदाहरण के लिए, एक भौतिक विशेषता के रूप में ऊँचाई को आनुवंशिक और पर्यावरणीय दोनों कारकों से प्रभावित होना पाया गया है। यदि किसी बच्चे के माता-पिता लम्बे हैं और यदि उसे ये जीन लम्बे कद के लिए विरासत में मिले हैं, तो वह लंबा भी होगा या नहीं यह प्राप्त पोषण पर निर्भर करता है। यदि उसे उचित पोषण नहीं मिलता, तो उसकी ऊँचाई के जीन प्रकट नहीं होते और वह अपने माता-पिता से छोटा रहता है। आपको असामान्य मनोविज्ञान या मनोचिकित्सा पर अपनी पाठ्यपुस्तकों में प्रकृति-पोषण बातचीत के कई उदाहरण मिलेंगे, जहाँ आनुवंशिक प्रवृत्ति और पर्यावरणीय कारकों दोनों की मदद से सभी मानसिक विकारों की जड़ों को समझाया गया है। जी.पी.एच. की पुस्तकों का मुख्य उद्देश्य ज्ञान के साथ-साथ अच्छे नम्बर दिलाना है।

प्रश्न 2. बुद्धि की संकल्पना (प्रत्यय) को विस्तारपूर्वक समझाइए।

उत्तर– बुद्धि एक ऐसा सामान्य शब्द है जिसका प्रयोग हम अपने दिन-प्रतिदिन बोलचाल की भाषा में काफी करते हैं। तेजी से सीखना, समझना, स्मरण, तार्किक चिंतन आदि गुणों के लिए हम दिन-प्रतिदिन की भाषा में बुद्धि शब्द का प्रयोग करते हैं। सभी व्यक्ति समान रूप से योग्य नहीं होते। मानसिक योग्यता ही उनके असमान होने का मुख्य कारण है। बुद्धि अमूर्त है परंतु बालक के विकास में महत्त्वपूर्ण घटक है। विद्यार्थी का सभी प्रकार का विकास बुद्धि से इसलिए संबंधित है क्योंकि अधिगम (सीखना) बुद्धि पर निर्भर है। बुद्धि के स्वरूप के विषय में मनोवैज्ञानिकों में बहुत अधिक मतभेद है।

मनोवैज्ञानिकों ने बुद्धि (intelligence) की परिभाषा को पाँच वर्गों में बाँटा है–

(1) अभियोजन की योग्यता

स्टर्न–"बुद्धि व्यक्ति की नवीन आवश्यकताओं से अपने विचारों को चेतन रूप में अभियोजित करने की सामान्य क्षमता है।"

बर्ट–"बुद्धि अपेक्षाकृत नवीन परिस्थितियों में अभियोजित होने की क्षमता है।"

(2) सीखने की योग्यता

बकिंघम–"बुद्धि सीखने की योग्यता है।"

गाल्टन–"बुद्धि पहचानने तथा सीखने की शक्ति है।"

(3) सूक्ष्म चिंतन की योग्यता

बिने–"ठीक से निर्णय लेना, समझना और तर्क करना ये बुद्धि के आवश्यक कार्य हैं।"

टरमन–"एक व्यक्ति उसी अनुपात में बुद्धिमान है जिसमें कि वह अमूर्त चिंतन करने योग्य है।"

(4) अनुभवों से लाभ उठाने की योग्यता

मैक्डूगल–"बुद्धि जन्मजात प्रवृत्ति को अतीत के अनुभव के प्रकाश में सुधारने की योग्यता है।"

(5) सार्वभौमिक योग्यता

वुडवर्थ–बुद्धि की व्याख्या चार तत्त्वों से की जा सकती है, जो इस प्रकार हैं–

(क) अतीत के अनुभवों का प्रयोग।

(ख) नवीन परिस्थितियों से समायोजन।

(ग) परिस्थितियों को समझना।

(घ) कार्यों को विशाल दृष्टिकोण से देखना।

अतः बुद्धि को इस प्रकार भी परिभाषित कर सकते हैं–अमूर्त विचार करने की योग्यता, अधिगम करने की क्षमता तथा वास्तविकता व तथ्य आधारित उत्तर देने की योग्यता। परंतु इसे अपने वातावरण से समायोजन करने की क्षमता भी कहा गया है तथा अन्य कई परिभाषाएँ दी गई हैं।

अधिकतर परिभाषाएँ बुद्धि की विचार और अवधारणा के साथ कुशलता पर केंद्रित हैं। मुख्यतः ये शैक्षिक निर्देशित हैं तथा शब्दों, संख्याओं, सूत्रों तथा उनके अधिगम के विभिन्न क्षेत्रों में इनके अर्थ निहित हैं। इसी प्रकार से बुद्धि को हम उन मानसिक प्रक्रियाओं में कुशलता पर मूल्यांकित कर सकते हैं जो अमूर्त चिह्नों को संबोधित करती हों। फिर भी बुद्धि को पूर्णतः "शैक्षिक व अमूर्त में कुशलता" से परिभाषित नहीं कर सकते। परिभाषा के विस्तृत मानकों के अनुसार शारीरिक कौशल, साथ-ही-साथ मूर्त/ठोस वस्तुओं और उपकरणों के साथ कुशलता भी सम्मिलित है।

वातावरण, प्रशिक्षण और शिक्षा भी बुद्धि को प्रभावित करते हैं। बुद्धि की एक और अधिक व्यापक परिभाषा के अनुसार एक व्यक्ति बुद्धिमान तभी माना जा सकता है जब वह अपने वातावरण के सभी तत्त्वों के साथ कितनी प्रभाविता के साथ संबंधित होता है; एक व्यक्ति की बुद्धिमत्ता का मूल्यांकन इस प्रकार से लगाया जा सकता है कि वह कैसे लोगों, वस्तुओं तथा विचारों से पेश आता है। अतः सामाजिक-सांवेगिक तत्त्व भी जोड़ दिया गया है। बुद्धि सामाजिक परिस्थितियों का सामना करने की कुशलता है।

अक्सर कोई व्यक्ति जिसका अमूर्त बौद्धिक स्तर अच्छा हो उसका सामाजिक अवबोध भी अच्छा होता है। व्यक्ति, जिसकी यांत्रिक बुद्धि (mechanical intelligence) अच्छी है तो

उसकी अमूर्त बुद्धि स्तर में औसत से ऊपर हो सकती है किंतु कोई व्यक्ति अगर कुछ कार्यों में बुद्धिमान है, तो वह कुछ में नहीं भी हो सकता है। वह गणित में बहुत अच्छा हो सकता है परंतु वित्तीय कार्यों में नहीं हो सकता या किसी मापन उपकरण को उपयोग करने में निपुण न हो। अगर कोई श्रेष्ठ वास्तुकार इतना आत्मकेंद्रित हो कि वह अपने दोस्तों को अपने से दूर कर दे, तो उसका व्यवहार वास्तव में बुद्धिमत्ता नहीं है। एक बालक अच्छा शिक्षार्थी हो सकता है परंतु अगर वह अनुचित व्याकुलता (anxiety) और द्वंद्व (conflicts) से भरा है तो वह हर समय नाखुश और प्रभावहीन रहेगा। चाहे वह जितना भी बुद्धिमान हो, कुछ मामलों में ऐसे लोग समरूप अथवा एकसमान नहीं रह पाते। साथ-ही-साथ यह जानना भी असंभव है कि एक व्यक्ति कैसे कार्य करता है अर्थात् उसके व्यवहार को मानसिक, सामाजिक तथा अन्य तत्त्वों को अलग करना। इस प्रकार बुद्धि एक ही योग्यता नहीं है। यह तो विभिन्न योग्यताओं का गठबंधन है।

संभवत: काल्पनिक, मौलिक तथा सृजनात्मक कार्य में अमूर्त बुद्धि का सर्वोच्च पहलू पाया जाता है तथा निम्न पहलू साधारण गतिविधियों का केवल अनुकरण करना है। संगीतकार जिसने उत्कृष्ट संगीत को संगीतबद्ध किया हो वह उस व्यक्ति से ज्यादा बुद्धिमान है जो उस धुन को ढोल पर थपथपा कर निकाल ले। व्यक्ति जो रासायनिक अभिक्रिया की खोज कर लेता है वह उस व्यक्ति से ज्यादा बुद्धिमान है जो सरल सूत्रों को समझ लेता है। नि:संदेह उच्च श्रेणी और विकसित विज्ञान को समझने के लिए भी उच्च स्तर की बुद्धि चाहिए परंतु वे विद्वान जिन्होंने उनके प्रत्ययों की खोज एवं विकास किया है उनसे ज्यादा बुद्धिमान हैं। अत: यह जानना जरूरी है कि व्यक्ति की बुद्धि की प्रकृति तक सीमा का निर्धारण करने के लिए उसके व्यवहार का मूल्यांकन करना उपयोगी है। कुछ महत्त्वपूर्ण बिंदु निम्नलिखित हैं–

- बुद्धि को हम एक व्यक्ति की योग्यता का क्रियात्मक प्रभाव (functional effectiveness) कह सकते हैं;
- शिक्षार्थियों को निर्दिष्ट की गई इन योग्यताओं और क्षमताओं, अमूर्त (abstract), सामाजिक, यांत्रिकी, संगीतात्मक, क्रीडात्मक, भाषात्मक और अन्य के बारे में शिक्षक की जानकारी होनी चाहिए;
- किसी भी मानव मस्तिष्क की विशेषता उसके कार्य करने की क्षमता और गति से लगाई जा सकती है;
- प्रतिभाशाली व्यक्ति में उच्चस्तरीय बुद्धि होती है किंतु ज्यादा बुद्धिमान व्यक्ति जरूरी नहीं कि प्रतिभाशाली हो;
- विभिन्न मानव योग्यताओं का सह-संबंध उन समान तत्त्वों की मात्रा से है।

प्रश्न 3. बुद्धि के विभिन्न सिद्धांतों की व्याख्या कीजिए।

अथवा

बुद्धि के स्पीयरमैन के सिद्धांत और थर्स्टन के बुद्धि सिद्धांत में अंतर बताइए।

उत्तर– अलग-अलग मनोवैज्ञानिकों ने बुद्धि के लिए भिन्न-भिन्न सिद्धांतों का प्रतिपादन किया, जिनमें से कुछ का वर्णन निम्नलिखित है–

(1) स्पीयरमैन का बुद्धि सिद्धांत—इस सिद्धांत का प्रतिपादन अंग्रेज मनोवैज्ञानिक स्पीयरमैन ने 1927 ई. में किया। इस सिद्धांत के अनुसार बुद्धि के दो कारक निर्धारित किए गए हैं इसलिए इसे द्विकारक सिद्धांत के नाम से जाना जाता है।

यह सिद्धांत कारक विश्लेषण की सांख्यिकीय विधि पर आधारित था। उन्होंने प्रदर्शित किया कि बुद्धि के अंतर्गत एक सामान्य कारक (सा-कारक) तथा कुछ विशिष्ट कारक (वि-कारक) होते हैं। सा-कारक के अंतर्गत वे सभी मानसिक संक्रियाएँ होती हैं जो प्राथमिक हैं और जिनका प्रभाव सभी प्रकार के कार्यों के निष्पादन पर पड़ता है। उन्होंने बताया कि प्रत्येक व्यक्ति में सा-कारक के साथ-साथ कई विशिष्ट योग्यताएँ भी होती हैं। इन विशिष्ट योग्यताओं को उन्होंने वि-कारक कहा। श्रेष्ठ गायक, वास्तुकार, वैज्ञानिक तथा खिलाड़ी आदि सा-कारक में उच्च स्तर के हो सकते हैं परंतु उनमें विशिष्ट क्षेत्रों से संबंधित विशिष्ट योग्यताएँ भी होती हैं जिनके कारण वे अपने-अपने क्षेत्र में श्रेष्ठ हो जाते हैं। स्पीयरमैन के सिद्धांत के बाद लुईस थर्स्टन (Louis Thurstone) ने प्राथमिक मानसिक योग्यताओं का सिद्धांत प्रस्तुत किया। इसमें कहा गया कि बुद्धि के अंतर्गत सात प्राथमिक मानसिक योग्यताएँ होती हैं जो एक दूसरे से अपेक्षाकृत स्वतंत्र होकर कार्य करती हैं। ये योग्यताएँ हैं—

(क) वाचिक बोध (शब्दों, संप्रत्ययों तथा विचारों के अर्थ को समझना),

(ख) संख्यात्मक योग्यताएँ (संख्यात्मक तथा अभिकलनात्मक कार्यों को गति एवं परिशुद्धता से करने का कौशल),

(ग) देशिक संबंध (प्रतिरूपों तथा रचनाओं का मानस-प्रत्यक्षीकरण कर लेना),

(घ) प्रात्यक्षिक गति (विस्तृत प्रत्यक्षीकरण करने की गति),

(ङ) शब्द प्रवाह (शब्दों का प्रवाह तथा नम्यता के साथ उपयोग कर लेना),

(च) स्मृति (सूचनाओं के पुनःस्मरण में परिशुद्धता), तथा

(छ) आगमनात्मक तर्कणा (दिए गए तथ्यों से सामान्य नियमों को व्युत्पन्न करना)।

(2) थर्स्टन का बुद्धि सिद्धांत—थर्स्टन का सिद्धांत स्पीयरमैन के सिद्धांत से काफी अलग है इनके अनुसार बौद्धिक क्रिया के प्रदर्शन में दिखने वाला अंतर विभिन्न स्वतंत्र क्षमताओं की वजह से होता है। ये स्वतंत्र क्षमताएँ निम्नलिखित हैं—

(क) **स्थानिक क्षमता**—अवस्था के किसी दिए हुए स्थान में वस्तुओं के आकार एवं परिचालन की क्षमता।

(ख) **आंकिक क्षमता**—आंकिक समस्या की परिशुद्धता एवं तीव्रता के साथ हल निकालने की क्षमता।

(ग) **शाब्दिक अर्थ क्षमता**—शब्दों, संप्रत्यय या विचारों को सही ढंग से समझने की क्षमता। शब्दावली परीक्षण का प्रयोग शाब्दिक अर्थ क्षमता को मापने के लिए किया जा सकता है।

(घ) **विवेचनात्मक तर्क क्षमता**—तथ्य को देखने व इससे कोई सामान्य नियम बनाने की क्षमता।

(ङ) **स्मृति**—परिशुद्धता व तीव्रता के साथ (चीजों/तथ्यों/घटनाओं को) याद करने की क्षमता।

(च) **शब्द प्रवाह क्षमता**—सोचने या शब्दों को तेजी से प्रयोग करने की क्षमता जैसे कि विपर्यय शब्द अर्थात् किसी शब्द अथवा वाक्य के अक्षर को इस प्रकार बदलना कि नए शब्द या वाक्य बन जाएँ।

(3) **स्टर्नबर्ग का बुद्धि सिद्धांत**—इस सिद्धांत को बुद्धि के त्रिचापीय सिद्धांत के नाम से भी जाना जाता है। इसके अनुसार बुद्धि तीन प्रकार की होती है–घटकीय, आनुभविक तथा सांदर्भिक।

(क) **घटकीय बुद्धि**—घटकीय या विश्लेषणात्मक बुद्धि द्वारा व्यक्ति किसी समस्या का समाधान करने के लिए प्राप्त सूचनाओं का विश्लेषण करता है। इस बुद्धि की अधिक मात्रा रखने वाले लोग विश्लेषणात्मक तथा आलोचनात्मक ढंग से सोचते हैं और विद्यालय में सफलता प्राप्त करते हैं। इस बुद्धि के भी तीन अलग-अलग घटक होते हैं जो अलग-अलग कार्य करते हैं।

पहला घटक ज्ञानार्जन से संबंधित होता है जिसके द्वारा व्यक्ति अधिगम करता है तथा विभिन्न कार्यों को करने की विधि का ज्ञान प्राप्त करता है। दूसरा घटक अधिक या एक उच्च स्तरीय घटक होता है जिसके द्वारा व्यक्ति योजनाएँ बनाता है कि उसको क्या करना है और कैसे करना है। तीसरा घटक निष्पादन से संबंधित होता है। इस बुद्धि द्वारा व्यक्ति किसी कार्य का वास्तव में निष्पादन करता है।

(ख) **सांदर्भिक बुद्धि**—सांदर्भिक या व्यावहारिक बुद्धि वह बुद्धि है जिसके द्वारा व्यक्ति अपने दिन-प्रतिदिन के जीवन में आने वाली पर्यावरणी माँगों से निपटता है। इसे आप व्यावहारिक बुद्धि या व्यावसायिक समझ कह सकते हैं। इस बुद्धि की अधिक मात्रा रखने वाले व्यक्ति अपने वर्तमान पर्यावरण से शीघ्र अनुकूलित हो जाते हैं या फिर वर्तमान पर्यावरण की अपेक्षा अधिक अनुकूल पर्यावरण का चयन कर लेते हैं या फिर अपनी आवश्यकताओं के अनुरूप पर्यावरण में वांछित परिवर्तन कर लेते हैं। इस प्रकार ऐसे व्यक्ति अपने जीवन में सफल होते हैं।

स्टर्नबर्ग का त्रिचापीय सिद्धांत बुद्धि को समझने के लिए सूचना प्रक्रमण उपागम के अंतर्गत आने वाले सिद्धांतों का एक प्रतिनिधि सिद्धांत है।

(ग) **आनुभविक बुद्धि**—आनुभविक या सर्जनात्मक बुद्धि वह बुद्धि है जिसके द्वारा व्यक्ति किसी नई समस्या के समाधान हेतु अपने पूर्व अनुभवों का सर्जनात्मक रूप से उपयोग करता है। यह बुद्धि सर्जनात्मक निष्पादन में प्रदर्शित होती है। इस बुद्धि की उच्च मात्रा रखने वाले लोग विगत अनुभवों को मौलिक रूप में समाकलित करते हैं तथा समस्या के मौलिक समाधान खोजते हुए आविष्कार करते हैं। किसी विशेष स्थिति में वे तुरंत समझ जाते हैं कि कौन-सी सूचना अधिक निर्णायक होगी।

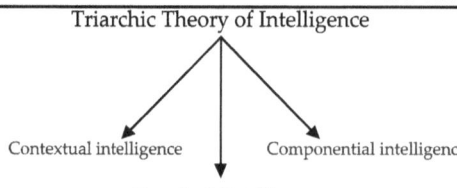

चित्र 5.2: स्टर्नबर्ग का त्रिपदीय सिद्धांत

(4) गार्डनर का बुद्धि सिद्धांत—गार्डनर के सिद्धांत को बहुबुद्धि का सिद्धांत कहा गया है। गार्डनर के अनुसार बुद्धि का स्वरूप एकांकी न होकर बहुकारकीय होता है। 1983 में हॉवर्ड गार्डनर ने प्रारंभ में सात प्रकार की बुद्धि को अपने "बहु-बुद्धि के सिद्धांत" में पहचाना। उनके अनुसार एक अंक (बुद्धि लब्धि परीक्षण का एक प्राप्तांक) पर्याप्त रूप से एक मनुष्य की जटिल (complex) और विविध (diverse) क्षमताओं को नहीं दर्शा सकता है। अत: उन्होंने "बहु-बुद्धि के सिद्धांत" को प्रस्तावित किया। वे अपना तर्क प्रस्तुत करते हैं कि सात बुद्धिमत्ताएँ सुस्पष्टता और पूर्णतया एक-दूसरे से अलग हैं तथा हर व्यक्ति में किसी-न-किसी बुद्धि का स्तर अधिक होता है। 1997 में इस सूची में अब दो और बुद्धिमत्ताएँ जोड़ दी गई हैं। वर्तमान में नौ बुद्धिमत्ताएँ हैं—शाब्दिक भाषा विज्ञान, तार्किक-गणितीय, स्थानिक, संगीतात्मक, शारीरिक गत्यात्मकता, अंतर्वैयक्तिक, अंत:वैयक्तिक, प्रकृतिवादी, अस्तित्ववादी योग्यताएँ।

गार्डनर का "बहु-बुद्धि का सिद्धांत" मानव योग्यताओं का व्यापक एवं विस्तृत दृष्टिकोण देता है अर्थात् एक तरफ भाषा विज्ञान तथा तार्किक गणितीय योग्यता है तथा दूसरी तरफ इसका विस्तार प्रकृतिवाद और अस्तित्ववाद तक है।

तालिका 5.1: बहुबुद्धि क्षेत्र तथा उनकी प्रदर्शित होने वाली विशेषताएँ

बुद्धि क्षेत्र	व्यक्ति निम्न से निपुण होता है	व्यक्ति निम्न को पसंद करता है	निम्न के माध्यम से अधिगम बेहतर होता है	उदाहरण
शाब्दिक भाषा विज्ञान (Verbal Linguistics)	पढ़ना, लिखना, कहानियाँ सुनाना, तिथि याद करना, शब्द सोचने में	लिखना, पढ़ना, बात करना, याद करना, पहेली सुलझाना	सुनने, पढ़ने, शब्दों को देखने, बोलने, लिखने, चर्चा, तर्क व वितर्क करने से	कवि, लेखक, वक्ता, संप्रेषक
तार्किक-गणितीय (Logico-Mathema-tical)	गणित, कारण ढूँढ़ना, तर्क करना, समस्या-समाधान	समस्याओं को सुलझाना, प्रश्न हल करना, संख्या से कार्य करना, प्रयोग करना	आकृतियों और संबंधों पर कार्य करना, वर्गीकरण करना, अमूर्त से संबंधित कार्य करना	गणितज्ञ, तर्कशास्त्री
स्थानिक (Spatial)	मानचित्र पढ़ना, रेखाचित्र, भूल-भुलैया और पहेली बनाना, चित्रण करना, अपनी सोच से चित्रांकन, मानसिक-दर्शन	आकृतियाँ, चित्र बनाना, निर्माण, सृजन करना, दिवा स्वप्न, चित्र निहारना	चित्रों पर कार्य करना तथा रंगों से कार्य, चिंतनपूर्ण चित्रण	नाविक, शल्य चिकित्सक, मूर्तिकार, चित्रकार
शारीरिक गत्यात्मकता (Bodily-Kinesthetic)	खेल-कूद, नृत्य अभिनय, शिल्प, औजार का प्रयोग	इधर-उधर घूमना, छूकर बात करना, शारीरिक भाव-भंगिमा बनाना	छूना, गतिक्रम, ज्ञान को शारीरिक इंद्रियों के प्रयोग से प्राप्त करना	नृर्तक, खिलाड़ी, शल्य-चिकित्सक, शिल्पकार
संगीतात्मक (Musical)	गायन, सुर निर्माण में, धुन याद करने में, ताल में	गाना, गुनगुनाना, वाद्य बजाना, संगीत सुनना	ताल, धुन, गायन और संगीत सुनना	संगीतकार, गीतकार

अंतर्वैयक्तिक (Interpersonal)	लोगों को समझना, नेतृत्व करना, संयोजन करना, संप्रेषण, द्वंद्व हल करना, बेचना	दोस्त बनाना, लोगों से बातें करना, समूहों से जुड़ना	बाँटना, तुलना करना, संबंध निर्माण करना, साक्षात्कार, सहयोग करना	क्रय करने वाले, शिक्षक, चिकित्सक, नेता, धर्म शिक्षक
अंत:वैयक्तिक (Intrapersonal)	अपने आप को समझना, अपनी कमजोरियों और क्षमताओं को पहचानना, लक्ष्य तय करना	अकेले कार्य करना, चिंतन कर आगे बढ़ना, रुचि के अनुसार	अकेले कार्य करना, अपनी गति से कार्य करना, अपनी जगह में सोचना और कार्य करना, चिंतन करना।	अपने आप कुछ सृजन करने वाले
प्रकृतिवादी (Naturalist)	प्रकृति को समझना, वनस्पति और जीवों में भिन्नता ढूँढ़ना और पहचान करना	प्रकृति से जुड़ना, अंतर स्पष्ट करना	प्रकृति में कार्य करना, खोज करना, पेड़ों तथा प्राकृतिक क्रियाओं को जानना।	जंगल, पहाड़ों, समुद्रों में छानबीन करना और खोज करना
अस्तित्ववादी (Existential)	आध्यात्मिक बुद्धि	लोगों को समझना, समाज, स्थिति, परिस्थिति को समझना	सामाजिक परिवेश	समाज-विज्ञानी, आध्यात्मिक व्यक्ति

प्रश्न 4. बुद्धि का मूल्यांकन किस प्रकार किया जाता है? विस्तार से बताइए।

अथवा

बुद्धिलब्धि, मानसिक आयु और कालानुक्रमिक आयु को परिभाषित कीजिए।

अथवा

बुद्धि परीक्षण के विभिन्न प्रकारों की चर्चा कीजिए।

उत्तर– सर्वप्रथम 1905 में अल्फ्रेड बिने तथा थियोडोर साइमन (Theodore Simon) ने औपचारिक रूप से बुद्धि के मापन का सफल प्रयास किया। 1908 में अपनी मापनी का संशोधन करते समय उन्होंने मानसिक आयु (Mental Age, MA) का संप्रत्यय दिया। मानसिक आयु के माप का अर्थ है कि किसी व्यक्ति का बौद्धिक विकास अपनी आयु वर्ग के अन्य व्यक्तियों की तुलना में कितना हुआ है। यदि किसी बच्चे की मानसिक आयु 5 वर्ष है तो इसका अर्थ है कि किसी बुद्धि परीक्षण पर उस बच्चे का निष्पादन 5 वर्ष के बच्चों के औसत निष्पादन के बराबर है। बच्चे की कालानुक्रमिक आयु (Chronological Age, CA) जन्म लेने के बाद बीत चुकी अवधि के बराबर होती है। एक तीव्रबुद्धि बच्चे की मानसिक आयु उसकी कालानुक्रमिक आयु से अधिक होती है जबकि एक मंदबुद्धि बच्चे की मानसिक आयु उसकी कालानुक्रमिक आयु से कम होती है। यदि किसी बच्चे की मानसिक आयु उसकी कालानुक्रमिक आयु से 2 वर्ष कम हो तो बिने तथा साइमन ने इसे बौद्धिक मंदता के रूप में परिभाषित किया।

1912 में एक जर्मन मनोवैज्ञानिक विलियम स्टर्न (William Stern) ने बुद्धि लब्धि (Intelligence Quotient, IQ) का संप्रत्यय विकसित किया। किसी व्यक्ति की मानसिक आयु को उसकी कालानुक्रमिक आयु से भाग देने के बाद उसको 100 से गुणा करने से उसकी बुद्धि लब्धि प्राप्त हो जाती है।

$$\text{बुद्धि लब्धि} = \frac{\text{मानसिक आयु}}{\text{कालानुक्रमिक आयु}} \times 100$$

गुणा करने में 100 की संख्या का उपयोग दशमलव बिंदु समाप्त करने के लिए किया जाता है। यदि किसी व्यक्ति की मानसिक आयु तथा कालानुक्रमिक आयु बराबर हो तो उसकी बुद्धि लब्धि 100 प्राप्त होती है। यदि मानसिक आयु कालानुक्रमिक आयु से अधिक हो तो बुद्धि लब्धि 100 से अधिक प्राप्त होती है। बुद्धि लब्धि 100 से कम उस दशा में प्राप्त होती है जब मानसिक आयु कालानुक्रमिक आयु से कम हो। उदाहरण के लिए, एक 10 वर्ष के बच्चे की मानसिक आयु यदि 12 वर्ष हो तो उसकी बुद्धि लब्धि 120 (12/10 × 100) होगी। परंतु उसी बच्चे की मानसिक आयु यदि 7 वर्ष होती तो उसकी बुद्धि लब्धि 70 (7/10 × 100) होती। प्रत्येक आयु स्तर पर व्यक्तियों की समष्टि की औसत बुद्धि लब्धि 100 होती है।

जनसंख्या में बुद्धि लब्धि प्राप्तांक इस प्रकार वितरित होते हैं कि अधिकांश लोगों के प्राप्तांक वितरण के मध्य क्षेत्र में रहते हैं। बहुत कम लोगों के प्राप्तांक बहुत अधिक या बहुत कम होते हैं। बुद्धि लब्धि प्राप्तांकों का यदि एक आवृत्ति वितरण वक्र बनाया जाए तो यह लगभग एक घंटाकार वक्र के सदृश होता है। इस वक्र को सामान्य वक्र कहा जाता है। ऐसा वक्र अपने केंद्रीय मूल्य या माध्य के दोनों ओर सममित आकार का होता है।

किसी जनसंख्या की बुद्धि लब्धि प्राप्तांक का माध्य 100 होता है। जिन व्यक्तियों की बुद्धि लब्धि प्राप्तांक 90 से 110 के बीच होती है उन्हें सामान्य बुद्धि वाला कहा जाता है। जिनकी बुद्धि लब्धि 70 से भी कम होती है वे मानसिक मंदन से प्रभावित समझे जाते हैं और जिनकी बुद्धि लब्धि 130 से अधिक होती है वे असाधारण रूप से प्रतिभाशाली समझे जाते हैं। किसी व्यक्ति के बुद्धि लब्धि प्राप्तांक की व्याख्या तालिका 5.2 की सहायता से की जा सकती है।

सभी व्यक्तियों की बौद्धिक क्षमता एक समान नहीं होती। कुछ व्यक्ति असाधारण रूप से तीव्रबुद्धि वाले होते हैं तथा कुछ औसत से कम बुद्धि वाले। बुद्धि परीक्षणों का एक व्यावहारिक उपयोग यह है कि इनसे बहुत अधिक तथा बहुत कम बुद्धि वाले व्यक्तियों की पहचान की जा सकती है। यदि आप तालिका 5.2 को देखें तो आप पाएँगे कि जनसंख्या के लगभग 2 प्रतिशत व्यक्तियों की बुद्धि लब्धि 130 से अधिक होती है और उतने ही प्रतिशत व्यक्तियों की बुद्धि लब्धि 70 से कम होती है। पहले वर्ग के लोगों को बौद्धिक रूप से प्रतिभाशाली (intellectually gifted) कहा जाता है जबकि दूसरे वर्ग के लोगों को मानसिक रूप से चुनौतीग्रस्त (mentally challenged) या मानसिक रूप स मंदित (mentally retarded) कहा जाता है। ये दोनों वर्ग अपनी संज्ञानात्मक, संवेगात्मक तथा अभिप्रेरणात्मक विशेषताओं में सामान्य लोगों की अपेक्षा पर्याप्त भिन्न होते हैं।

तालिका 5.2: बुद्धि लब्धि के आधार पर व्यक्तियों का वर्गीकरण

बुद्धि लब्धि वर्ग	वर्णनात्मक वर्गनाम	जनसंख्या प्रतिशत
130 से अधिक	अति श्रेष्ठ	2.2
120-130	श्रेष्ठ	6.7
110-119	उच्च औसत	16.1
90-109	औसत	50.0
80-89	निम्न औसत	16.1
70-79	सीमावर्ती	6.7
70 से कम	मानसिक रूप से चुनौतीग्रस्त/मंदित	2.2

बुद्धि परीक्षण के प्रकार—बुद्धि परीक्षण को निम्नलिखित तीन आधारों पर वर्गीकृत किया गया है—(1) परीक्षण में प्रयोग होने वाले पद के आधार पर, (2) परीक्षण में शामिल होने वाले भागीदारों की संख्या के आधार पर, तथा (3) सांस्कृतिक व अप्रभावित मानदंड के आधार पर। यह चित्र बुद्धि परीक्षण के वर्गीकरण को प्रस्तुत करता है।

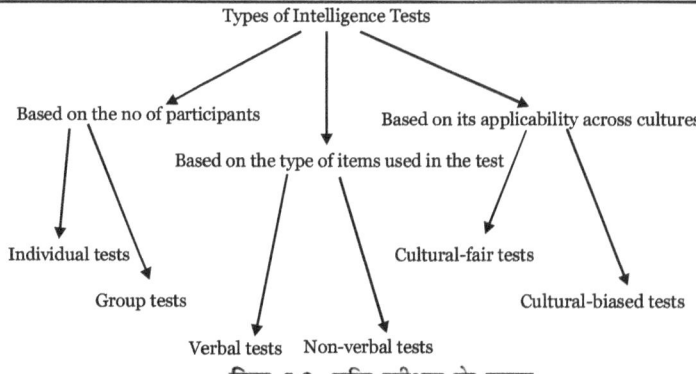

चित्र 5.3: बुद्धि परीक्षण के प्रकार

(1) व्यक्तिगत और समूह बुद्धि परीक्षण

(क) व्यक्तिगत बुद्धि परीक्षण–यह परीक्षण एक बार में एक ही व्यक्ति के ऊपर किया जा सकता है, इन परीक्षणों में परीक्षणकर्ता का संबंध परीक्षित व्यक्ति के साथ मेल-जोल वाला होना चाहिए तथा परीक्षणकर्ता में मेल-जोल बढ़ाने की कुशलता होना अनिवार्य है। यह परीक्षण शाब्दिक, अशाब्दिक या मिश्रित किसी भी प्रकार के हो सकते है। विशिष्ट बालकों एवं चिकित्सीय दृष्टिकोण से भी इस प्रकार के परीक्षण को पूरा किया जाता हैं। कई मानकीकृत व्यक्तिगत परीक्षण हैं जैसे कि द कॉफमैन मापनी, स्टैनफोर्ड-बिने मापनी और वेष्लर बुद्धि मापनी।

स्टैनफोर्ड-बिने बुद्धि-मापनी–वास्तव में मानव बुद्धि के मापन का इतिहास बिने मापनी से प्रारंभ होता है। अल्फ्रेड बिने ने थियोडोर साइमन के साथ मिलकर 1905 में फ्रांस में मानसिक रूप से दुर्बल बच्चों की पहचान के लिए एक व्यक्तिगत बुद्धि परीक्षण का निर्माण किया। इस परीक्षण में 30 शाब्दिक एकांश थे, जो कठिनाई स्तर के आरोही क्रम में थे। बिने एवं साइमन ने 1908 में इसमें संशोधन किए एवं एकांशों की संख्या 58 रखी। इस मापनी से तीन वर्ष से तेरह वर्ष तक के बच्चों की बुद्धि मापी जाती थी। इस परीक्षण में 'मानसिक आयु' के संप्रत्यय का उपयोग किया गया। 1911 में बिने-साइमन मापनी का तीसरा संसोधन हुआ, उसी वर्ष बिने का असामयिक निधन हो गया। इस परीक्षण में कोई मौलिक परिवर्तन नहीं हुआ, बल्कि कुछ अन्य स्तरों को जोड़ा गया और परीक्षण का विस्तार प्रौढ़ स्तर तक किया गया।

इस परीक्षण में सबसे महत्त्वपूर्ण संशोधन टरमन द्वारा स्टैनफोर्ड विश्वविद्यालय में 1916 में किया गया और इस परीक्षण को स्टैनफोर्ड-बिने परीक्षण कहा गया। इसमें बुद्धि लब्धि के संप्रत्यय को जोड़ा गया। इस परीक्षण में आगे चलकर अनेक संशोधन हुए।

तालिका 5.3: स्टैनफोर्ड-बिने और पूर्ववर्ती परीक्षण के विकास का मील का पत्थर

वर्ष	परीक्षण/रचनाकार	टिप्पणी
1905	बिने और साइमन	30 साधारण एकांशों का परीक्षण
1908	बिने और साइमन	मानसिक आयु के संप्रत्यय का उपयोग
1911	बिने और साइमन	प्रौढ़ों तक विस्तार
1916	स्टैनफोर्ड-बिने/टरमन और मेंरिल	बुद्धि लब्धि संप्रत्यय का उपयोग $\left[I.Q. = \frac{\text{Mental age}}{\text{Chronological age}} \times 100\right]$
1937	स्टैनफोर्ड-बिने-2/टरमन और मेंरिल	पहली बार समानांतर प्रारूप (L-M) का उपयोग।
1960	स्टैनफोर्ड-बिने-3/टरमन और मेंरिल	आधुनिक एकांश विश्लेषण विधियों का उपयोग।
1972	स्टैनफोर्ड-बिने-3/थार्नडाइक	स्टैनफोर्ड-बिने-3 का 3100 व्यक्तियों पर पुनर्प्रमाणीकरण किया गया।
1986	स्टैनफोर्ड-बिने-4/थार्नडाइक एवं अन्य	15 उपपरीक्षणों में पुनर्संगठित किया गया। प्रमाणिक आयु प्राप्तांक की गणना की जाती है।
2003	स्टैनफोर्ड-बिने-5/रोयड	बुद्धि के आधुनिक पाँच कारकों का उपयोग किया गया। विचलन बुद्धि लब्धि की गणना की जाती है।

स्टैनफोर्ड-बिने-5–स्टैनफोर्ड-बिने बुद्धि परीक्षण का यह संस्करण बुद्धि के पाँच कारकों पर आधारित है। बुद्धि के पाँच कारक आधुनिक संज्ञानात्मक सिद्धांतों की देन है, जैसे केरोल (1993), बैडले (1986)। पाँच कारक हैं-तरल तर्कणा, ज्ञान, मात्रात्मक तर्कणा, दृष्टि-स्थानिक संसाधन और कार्यकारी स्मृति।

स्टैनफोर्ड-बिने-5 के द्वारा दो वर्ष के बालकों से 85 वर्ष के प्रौढ़ों की बुद्धि का मापन होता है। यह परीक्षण परीक्षार्थी के संज्ञानात्मक प्रकार्यों के विभिन्न पक्षों के लिए प्राप्तांक प्रदान करता है। जैसे–10 उपपरीक्षण प्राप्तांक (मध्यमान 10, मानक विचलन 3), तीन बुद्धि लब्धि प्राप्तांक (संपूर्ण बुद्धि लब्धि, वाचिक बुद्धि लब्धि, अवाचिक बुद्धि लब्धि) और पाँच कारक प्राप्तांक (तरल तर्कणा, ज्ञान, मात्रात्मक तर्कणा, दृष्टि स्थानिक संसाधन, कार्यकारी स्मृति)। बुद्धि लब्धि और कारक प्राप्तांकों के मानकीकरण में मध्यमान 100 तथा मानक विचलन 15 है।

स्टैनफोर्ड-बिने-5 की संरचना

कारक

तरल तर्कणा	अवाचिक	वाचिक
ज्ञान	अवाचिक तरल तर्कणा	वाचिक तरल
कार्यकारी स्मृति	अवाचिक ज्ञान	वाचिक ज्ञान
मात्रात्मक तर्कणा	अवाचिक मात्रात्मक तर्कणा मात्रात्मक तर्कणा	वाचिक
दृष्टि-स्थानिक संसाधन	अवाचिक दृष्टि-स्थानिक संसाधन स्थानिक	वाचिक दृष्टि-संसाधन
	अवाचिक कार्यकारी स्मृति कार्यकारी स्मृति	वाचिक
	अवाचिक बुद्धि लब्धि	वाचिक बुद्धि

कारकों और उससे संबंधित क्रियाएँ

कारक			क्रियाएँ
तरल तर्कणा (FR)	अवाचिक वाचिक	→ →	वस्तु श्रृंखला/मैट्रिक्स प्रारंभिक तर्कणा, वाचिक विसंगति, वाचिक सादृश्यता
ज्ञान (KR)	अवाचिक वाचिक	→ →	प्रक्रियात्मक ज्ञान, चित्र विसंगति शब्द भंडार
मात्रात्मक तर्कणा (QR)	अवाचिक वाचिक	→ →	मात्रात्मक तर्कणा मात्रात्मक तर्कणा
दृष्टि स्थानिक संसाधन (VS)	अवाचिक वाचिक	→ →	आकार बोर्ड, आकार प्रतिरूप स्थिति और दिशा
कार्यकारी स्मृति (WM)	अवाचिक वाचिक	→ →	अनुक्रिया विलंबन, गुटका विस्तार वाक्यों की स्मृति, अंतिम शब्द

स्टैनफोर्ड-बिने-5 की विशिष्ट विशेषताएँ–

(i) बुद्धि, संपूर्ण मापनी बुद्धि लब्धि, वाचिक बुद्धि लब्धि और अवाचिक बुद्धि लब्धि में विभक्त है।

(ii) (a) प्रतिभाशाली निष्पादन के उच्च स्तर को मापने के लिए व्यापक रूप से उच्च-अंत एकांशों को सम्मिलित किया गया है। (b) छोटे बच्चों, कमजोर प्रकार्यों के बड़े बच्चों अथवा मानसिक रूप से मंद प्रौढ़ों के लिए सम्मिलित निम्न-अंत एकांशों में सुधार किया गया है।

(iii) अवाचिक बुद्धि लब्धि से संबद्ध एकांशों और उपपरीक्षणों के लिए अभिव्यक्त भाषा की आवश्यकता नहीं होती।

(iv) इस परीक्षण में धार्मिक एवं परंपरा पर आधारित निष्पक्षता के लिए परीक्षण एकांशों की छंटनी की गई है। बुद्धि परीक्षणों के इतिहास में पहली बार धार्मिक परंपरा को परीक्षण विकास में शामिल किया गया।

वेश्लर मापनियाँ–डॉ. डेविड वेचस्लेर द्वारा 8 मापनी का विनिर्माण किया गया। उन्होंने 3 मापनी विकसित कीं–एक वयस्कों के लिए, एक विद्यालय जाने वाले बच्चों के लिए, एक शिशु विद्यालय के लिए। इन तीन मापनी में कई तरह के उपपरीक्षण शामिल हैं जो शाब्दिक व अशाब्दिक/क्रियात्मक क्षेत्रों से लिए गए हैं एवं ये बुद्धि और संज्ञानात्मक क्षमताओं का मापन कर सकते हैं। इन्होंने अपना पहला परीक्षण (वेश्लर वेलेम्यू बुद्धि मापनी, 1939 में विकसित किया जब वह वेलेश्यू अस्पताल में कार्यरत थे। इन्होंने अपनी मापनी से आईक्यू ज्ञात करने के लिए नई विधि को इजाद किया। जैसा कि हम जानते है कि आईक्यू ज्ञात करने की प्रचलित/सामान्य विधि निम्न है–

आईक्यू = (मानसिक आयु/शारीरिक आयु) × 100

वेश्लर के अनुसार

आईक्यू = प्राप्तांक/प्रत्याशित मध्यमान अंक

वेश्लर के बुद्धि मापनी के तीन संस्करण हैं, जो कि निम्नलिखित हैं–

(i) WPPSI – बुद्धि का वेश्लर शिशु विद्यालय एवं प्राथमिक मापनी–यह मापनी 2 साल 6 महीने से 7 साल 7 महीने तक के बच्चों पर संचालित की जा सकती है। 1967 में यह मापनी विकसित की गई थी जो कि 4 से 6.5 साल तक के बच्चों के लिए बनाया गया था। इसके अंतर्गत 14 उपपरीक्षण आते हैं जो कि तीन तरह की सूची तालिकाओं अर्थात् शाब्दिक, क्रियात्मक और पूर्ण मापनी आईरक्यू का मापन करता है। वर्तमान समय में इसका चौथा संशोधित रूप WPPSI–IV मौजूद है।

(ii) WISC – बच्चों के लिए वेश्लर बुद्धि मापनी–यह मापनी 6 से 16 उम्र तक के बच्चों पर संचालित किया जा सकता है। यह परीक्षण वेश्लर वेलेम्यू बुद्धि मापनी से विकसित किया गया था जो कि 1949 में सबसे पहले प्रस्तुत हुआ था। यह परीक्षण खास बच्चों व सीखने में मुश्किल महसूस करने वाले बच्चों को पहचानने के उद्देश्य से विद्यालयों व इसके शैक्षिक संस्थानों में अक्सर प्रयोग किया जाने लगा। इस परीक्षण का सबसे नया संशोधन (i) WISC - V है जो कि 2014 में प्रकाशित हुआ।

(iii) **WAIS – वेश्लर वयस्क बुद्धि मापनी**–यह मापनी 16 साल के किशोर से वयस्क बच्चों तक की सामान्य बुद्धि को मापने के लिए है। जिसमें कई उपपरीक्षणों को वितरित किया जाता है। प्रत्येक उप परीक्षण बुद्धि का सूचक तथा अनुमानक होता है। परीक्षण का सबसे नया संशोधन WAIS-IV है जो कि 2008 में प्रारंभ हुआ।

वेश्लर बुद्धि मापन का आधुनिक संस्करण जो कि भारत में प्रयोग किया जाता है वह वेश्लर वयस्क बुद्धि मापनी चौथा संस्करण, भारत (WASI-IV INDIA), बुद्धि का वेश्लर एब्रो विएटेड मापनी–दूसरा संस्करण, भारत (WASI-II INDIA), वेश्लर स्मृति मापनी-तीसरा संस्करण, भारत (WASI-III INDIA) है।

WASI-IV INDIA : वयस्क एवं किशोरों की संज्ञानात्मक क्षमता को मापने का यह आधुनिक मापन हैं। इसमें कई उपपरीक्षण और मिश्रित प्राप्तांक होते हैं जो कि विशिष्ट संज्ञानात्मक क्षेत्र के साथ ही साथ सामान्य मानसिक क्षमता की मिश्रित गणना में प्रयोग किए जाने वाले बौद्धिक कार्य को प्रस्तुत करता है (full scale IQ)। यह सीखने में समस्या होने व प्रतिभाशाली को मापने में भी प्रयोग होता है। यह अत्यंत विश्वसनीय व वैध उपकरण है।

(ख) समूह बुद्धि परीक्षण–इन परीक्षणों में व्यक्तियों के किसी बड़े समूह का परीक्षण किया जा सकता है। आज के व्यस्त युग में भी इन परीक्षणों का विशेष महत्त्व हैं। इन परीक्षणों में इसके अतिरिक्त निम्नलिखित गुण पाए जाते हैं–

(i) यह परीक्षण धन एवं समय की बचत करते हैं।

(ii) व्यक्तियों के बड़े समूह का वर्गीकरण एवं मापन आसानी से किया जा सकता है।

(iii) सामूहिक बुद्धि परीक्षणों को कोई भी व्यक्ति सरलतापूर्वक प्रशासित कर सकता है। अतः यह कहना उचित होगा कि इनके प्रशासन हेतु किसी भी प्रकार की कुशलता एवं प्रशिक्षण की आवश्यकता नहीं होती।

(iv) इनका प्रयोग अधिकांशतः व्यक्तियों का वर्गीकरण करके चुनाव करने या निर्देशन देने हेतु किया जाता है।

कई बुद्धि परीक्षण हैं जिन्हें समूह परीक्षण के रूप में माना जा सकता है जैसे कि बहु-आयामी अभिक्षमता बैटरी (एमएबी; जैक्सन, 1984), संज्ञानात्मक क्षमता परीक्षण (लोहमान और हेगन, 2001), संस्कृति मुक्त बुद्धि परीक्षण (1940) और, रेवेन का प्रोग्रेसिव मेट्रिसीस (1938), (1992)। एक उदाहरण के रूप में, यहाँ केवल रेवेन के प्रोग्रेसिव मेट्रिसीस की संक्षेप में चर्चा की गई है। जो निम्न प्रकार है–

रेवेन का प्रोग्रेसिव मेट्रिसीस (आर.पी.एम.)–जॉन सी रेवेन द्वारा 1938 में RPM को विकसित किया गया। यह विवेचनात्मक तर्क का एक अशाब्दिक परीक्षण है जो कि सामान्य बुद्धि पर स्पीयरमैन के जीव कारक को मापने के लिए बनाया गया है। इसमें 60 बहुविकल्पी पद है

जो 5 साल से प्रौढ़ अवस्था के बच्चों पर क्रियान्वित किए जा सकते हैं। इस परीक्षण में दृश्य ज्यामितिक प्रारूप कुछ गायब हिस्सों के साथ होते हैं और परीक्षण के भागीदार को 6 से 8 मौजूद विकल्पों में से इसी गायब हिस्से को चुनना होता है। रेवेन द्वारा परीक्षण के तीन अलग प्रकार की विधियों का निर्माण किया गया। आदर्श क्रमिक परीक्षण, रंगीन क्रमिक परीक्षण और विकसित क्रमिक परीक्षण। एस.पी.एम. 6 से 80 साल तक के सामान्य व्यक्तियों के लिए अनुकूल है। सी. पी.एम. बड़े बच्चों के लिए और वैसे खास समूह जिनका परीक्षण एस.पी.एम. में नहीं हो सकता, के लिए उपयोगी है। ए.पी.एम. किशोरों व प्रौढ़ों के लिए लाभदायक है।

(2) शाब्दिक और अशाब्दिक परीक्षण

(क) शाब्दिक परीक्षण–जिन परीक्षणों में शब्दों का प्रयाग किया जाता है उन्हें शाब्दिक बुद्धि परीक्षण कहते हैं। यह परीक्षण मौखिक या लिखित दोनों प्रकार से किए जा सकते हैं। प्रचलित रूप में पेपर-पेंसिल परीक्षण (Paper-Pencil Tests) के नाम से भी जाने जाते हैं। यह परीक्षण व्यक्ति या सामूहिक दोनों रूप में प्रशासित करने योग्य होते हैं। इन परीक्षणों के लिए आवश्यक तत्त्व निम्नलिखित हैं–

(i) परीक्षणों की भाषा का ज्ञान परीक्षित को होना चाहिए।

(ii) व्यक्ति को प्रशिक्षित होना चाहिए।

(iii) परीक्षणकर्ता एक प्रशिक्षित मनोवैज्ञानिक होना चाहिए।

यह परीक्षण छोटे बालकों या निरक्षर व्यक्तियों पर लागू नहीं किया जा सकता है। शाब्दिक परीक्षणों की इस सीमा से निपटने के लिए कई मनोवैज्ञानिक अशाब्दिक बुद्धि परीक्षणों के साथ आए। इसके अलावा अब कई मानकीकृत शाब्दिक बुद्धि परीक्षणों जैसे कि वेशलर मापनियों और कॉफमैन मापनियों में कुछ अशाब्दिक परीक्षण घटक भी हैं।

(ख) अशाब्दिक परीक्षण–अशाब्दिक बुद्धि परीक्षणों में शब्दों का प्रयोग नहीं किया जाता है। इन परीक्षणों की विषय-सामग्री उपरोक्त परीक्षण से बिल्कुल अलग होती है। मुख्यतः इन परीक्षणों में निम्नलिखित सामग्री पाई जाती हैं–

(i) ज्यामितीय चित्र (Geometrical Figures)

(ii) निर्जीव पदार्थ (Non-living Matgerial)
जैसे–लकडी के गुटके, कटी-टूटी तस्वीर आदि,

(iii) अमूर्त चित्र या डिजाइन (Abstract Figures or Designs)

(iv) भूल-भूलैया (Mazes)

इन परीक्षणों के लाभ निम्नलिखित है–

(a) अशाब्दिक बुद्धि परीक्षण रोचक, सुंदर, मनोरंजक होते हैं।

(b) यह निरक्षर व्यक्तियों पर भी प्रशासित किए जा सकते हैं।

(c) अशाब्दिक बुद्धि परीक्षणों के द्वारा गूँगे-बहरे व्यक्तियों की बुद्धि परीक्षा की जा सकती है।

(d) अशाब्दिक बुद्धि परीक्षणों का प्रयोग छोटे बालकों पर भी किया जा सकता है।

(e) इन परीक्षणों पर बुद्धि के अधिकांश घटकों को खोजा जा सकता है।

यह परीक्षण कीमती, अधिक समय लेने वाले तथा अत्यधिक प्रशासन प्रशिक्षण की अपेक्षा करते हैं। कुछ प्रसिद्ध अशाब्दिक परीक्षण कोह के ब्लॉक डिजाइन परीक्षण, घन संरचना परीक्षण (क्यूब कंस्ट्रक्शन टेस्ट) और पास-अलोंग परीक्षण हैं। रेवेन प्रोग्रेसिव मैट्रिसेस (1938, 1986, 1992, 1995) भी एक प्रसिद्ध अशाब्दिक बुद्धि परीक्षण है।

(3) **संस्कृति-निष्पक्ष और संस्कृति-अभिनत परीक्षण**

(क) **संस्कृति-मुक्त परीक्षण** – प्रत्येक संस्कृति उनके मूल्यों, भाषा अपेक्षाओं, माँगों और पर्यावरणीय अनुभवों के संदर्भ में अद्वितीय है। भारतीय उप-शहरी क्षेत्र में पले-बढ़े बच्चे से अमेरिका में पाला गया बच्चा कई मामलों में बहुत अलग होगा। इसलिए मनोवैज्ञानिक अलग-अलग संस्कृतियों से संबंधित व्यक्ति के मूल्यांकन के लिए ऐसे परीक्षणों की बात करते हैं जो किसी भी सांस्कृतिक पूर्वाग्रह से मुक्त हो। कुछ प्रसिद्ध संस्कृति-मुक्त परीक्षण हैं – द कल्चर फेयर टेस्ट (कैटेलस, 1940), रेवेन के प्रोग्रेसिव मैट्रिसेस (रेवेन, 1938, 1986, 1995), द लेटर इंटरनेशनल परफॉरमेंस स्केल-रिवाइज्ड (रॉड और मिलर, 1997) और ड्रा-ए-मैन टेस्ट (गुडएनफ, 1926) ये सभी और अन्य सांस्कृतिक रूप से निष्पक्ष परीक्षण प्रकृति में अशाब्दिक हैं। संस्कृति-निष्पक्ष बुद्धि परीक्षण का एक उदाहरण ड्रा-ए-मैन टेस्ट (गुडएनफ, 1926) है जो निम्न प्रकार है –

ड्रा-ए-मैन टेस्ट – मनोवैज्ञानिक द्वारा इस परीक्षण का बुद्धि मापने में तय किया जाता है जब उन्हें कम समय में रोगी के बुद्धि के बारे में एक स्थूल सूचना की जरूरत पड़ती है। इसे कुछ मनोवैज्ञानिक ने बिने-साइमन परीक्षण के संपूरक के रूप में भी प्रयोग किया है। इस परीक्षण का निर्माण गुडएनफ जो एक महिला मनोवैज्ञानिक थी, द्वारा 1926 में किया गया था। व्यक्ति को जिसकी बुद्धि की माप होनी है, इसमें एक पुरुष का चित्र बनाने को कहा जाता है। इस परीक्षण द्वारा बच्चों की बुद्धि की माप की जाती है। चूँकि 'पुरुष' का चित्र एक ऐसा चित्र है, जिससे सभी बच्चे परिचित होते हैं, अतः गुडएनफ ने इसे उपयुक्त समझकर अपने परीक्षण में समावेश चिंतन तथा प्रक्षेण की क्षमता पर निश्चित रूप से बल दिया जाता हैं और इसके लिए उसे विशेष अंक भी मिलते हैं। इसके अलावा चित्र में शरीर के अंगों को दर्शन, अंगों का अनुपात, वस्त्र आदि के लिए भी उसे साख (credit) प्रदान किया जाता है।

(ख) **संस्कृति-अभिनत परीक्षण** – कई मनोवैज्ञानिकों ने संस्कृति-निष्पक्ष बुद्धि परीक्षणों का विकास उन्हें अशाब्दिक बनाकर किया है। हालाँकि यह महसूस किया गया कि पूरी तरह से अशाब्दिक बनाने के बाद भी इन परीक्षणों से संस्कृति के प्रभाव को पूरी तरह से समाप्त नहीं किया जा सकता है। इस कारण से इन परीक्षणों के लिए "संस्कृति-मुक्त" के स्थान पर "संस्कृति-निष्पक्ष" शब्द का प्रयोग किया जाता है।

प्रश्न 5. सांवेगिक बुद्धि और सामाजिक बुद्धि की अवधारणा को समझाइए।

उत्तर– सांवेगिक बुद्धि (ई.आई.)–पारंपरिक बुद्धि परीक्षण केवल किसी की मानसिक क्षमता के संज्ञानात्मक पहलू को माप सकता है लेकिन गार्डनर (1983) जैसे कई मनोवैज्ञानिकों ने प्रस्तावित किया कि गैर-संज्ञानात्मक बुद्धि के कई रूप हैं जो हमारे व्यवहार को प्रभावित करते हैं। उन्होंने आगे कहा कि किसी की बुद्धि लब्धि या बुद्धि संज्ञानात्मक क्षमता को पूरी तरह से स्पष्ट नहीं कर सकती है। 1990 की शुरुआत में जॉन मेयर और पीटर सैलोवी ने एक सबसे महत्त्वपूर्ण गैर-संज्ञानात्मक बुद्धि : भावनात्मक बुद्धि (ई.आई.) को प्रस्तुत किया और परिभाषित किया। "हैंडबुक ऑफ इंटेलिजेंस" (2000) में उन्होंने भावनात्मक बुद्धि (ई.आई.) को "भावनाओं को देखने और व्यक्त करने की क्षमता, भावना के साथ विचार, समझ और कारण को आत्मसात करने और स्वयं और दूसरों में भावनाओं को विनियमित करने" के रूप में परिभाषित किया। हालाँकि मेयर और सैलोवी इस शब्द (ई.आई.) को मनोविज्ञान की दुनिया में पेश करने के लिए जिम्मेदार थे परंतु यह गोलमैन (1995) की सर्वाधिक बिक्री वाली पुस्तक "इमोशनल इंटेलिजेंस : व्हाई इट कैन मैटर मोर देन आई. क्यू" जिसने इस शब्द को एक सामान्य शब्द बना दिया।

मेयर और सैलोवी ने ई.आई. के लिए एक एकीकृत मॉडल दृष्टिकोण का प्रस्ताव रखा। उनके अनुसार, ई.आई. में निम्नलिखित चार क्षमताएँ शामिल हैं–

- **भावनाओं को समझना और व्यक्त करना**–यह स्वयं की भावनाओं को व्यक्त करने और दूसरे की शारीरिक स्थिति, भावना और विचारों को पहचानने की क्षमता है।
- **विचारों में भावना को आत्मसात करना**–सोच और समस्या को सुलझाने जैसी संज्ञानात्मक गतिविधियों को सुविधाजनक बनाने के लिए भावनाओं का उपयोग करने की क्षमता।
- **भावनाओं को समझना और उनका विश्लेषण करना**–भावना की भाषा को समझने की क्षमता।
- **भावनाओं का विनियमन**–अधिक-से-अधिक लक्ष्यों को प्राप्त करने के लिए स्वयं की और दूसरे की भावनाओं को विनियमित करने की क्षमता।

जबकि, गोलमैन के मॉडल के अनुसार, ई.आई. में निम्नलिखित पाँच क्षमताएँ शामिल हैं–

- किसी की भावनाओं को जानना,
- भावनाओं का प्रबंधन,
- स्वयं को प्रेरित करना,
- दूसरों में संवेगों को पहचानना, और
- रिश्तों को संभालना।

सामाजिक बुद्धि–दूसरे प्रकार के गैर-संज्ञानात्मक बुद्धि को सामाजिक बुद्धि (एस.आई.) के रूप में जाना जाता है। थार्नडाइक (1920) इस शब्द का प्रयोग करने वाले पहले मनोवैज्ञानिक थे, जो बुद्धिमानी से दूसरे लोगों को समझने और प्रबंधित करने के कौशल का वर्णन करते थे। गोलमैन ने एस.आई. को परिभाषित करते हुए कहा है कि 'बुद्धिमानी मात्र हमारे संबंधों के बारे में नहीं अपितु दूसरों से संबंधों में भी है'। मेयर और सैलोवी के अनुसार, संवेगात्मक बुद्धि सामाजिक बुद्धि का एक हिस्सा है। इस कारण से, बार-ऑन (2006) ने प्रस्तावित किया कि ये दोनों पद

एक-दूसरे से संबंधित हैं और एक ही निर्माण के घटक का प्रतिनिधित्व कर सकते हैं। उन्होंने आगे कहा कि उनके बुद्धि के सिद्धांत में बुद्धि की गार्डनर (1983) की व्यक्तिगत बुद्धि की अवधारणा भी अंत: व्यक्ति: (संवेगात्मक) बुद्धि और अंतर्वैयक्तिक (सामाजिक) बुद्धि का एक संयोजन है।

उपर्युक्त कथनों के आधार पर, उन्होंने बताया कि इन दो शब्दों (एस.आई. और ई.आई.) को एक ही संप्रत्यय के अंतर्गत संयोजित करना अधिक सटीक होगा। उन्होंने इस नए निर्माण को "संवेगात्मक-सामाजिक बुद्धि" या "ई.एस.आई." का नाम दिया। बार-ऑन मॉडल के अनुसार, "संवेगात्मक-सामाजिक बुद्धि अंतर-भावनात्मक और सामाजिक दक्षताओं, कौशल और सुविधा की एक अनुप्रस्थ काट है जो यह निर्धारित करता है कि हम खुद को कितने प्रभावी ढंग से समझते हैं और व्यक्त करते हैं, दूसरों को समझते हैं और उनसे संबंधित हैं, और दैनिक माँगों के साथ सामना करते हैं।"

WE'D LOVE IT IF YOU'D LIKE US!

/gphbooks

We're now on Facebook!
Like our page to stay on top of the useful, greatest headlines & exciting rewards.

Our other awesome Social Handles:

gphbooks
For awesome &
Informative videos
for IGNOU students

9350849407
Order now
through WhatsApp

gphbooks
We are
in pictures

gphbook
Words you get
empowered by

अध्याय
6

व्यक्तित्व का सिद्धांत

भूमिका

पर्सनाल्टी शब्द लैटिन भाषा के शब्द 'परसोना' से लिया गया है। रोम थियेटर में काम करने वाले कलाकार जो मुखौटा लगाकर अभिनय करते थे, उसे 'परसोना' कहा जाता था। जैसे-जैसे किरदार बदलते थे वैसे ही मुखौटे भी बदल जाया करते थे। इस आधार पर पर्सनाल्टी का मतलब है 'परसोना' का लगातार बदलते जाना। हम मनुष्यों का व्यवहार स्थिर नहीं होता। वह सदैव बदलता रहता है। इसीलिए किसी के व्यवहार के बारे में पहले से कुछ नहीं कहा जा सकता। कभी-कभी हम उसी तरह का व्यवहार करते हैं जैसी हम से अपेक्षा की जाती है परंतु कभी-कभी हम उससे थोड़ा हटकर भी व्यवहार करने लग जाते हैं। इतना ही नहीं कभी-कभी हमारा व्यवहार इतना बदल जाता है कि जैसा लोगों ने हमारे बारे में सोचा था उससे हम बिल्कुल अलग लगते हैं। हमारा व्यवहार सदा बदलता रहता है फिर भी उसका एक स्वरूप होता है। व्यक्तित्व की अवधारणा को लेकर कुल मिलाकर व्यापक रूप से भ्रम की स्थिति बनी हुई है। अत: यह कहा जा सकता है कि व्यक्तित्व किसी व्यक्ति की खासियत होती है और उसका व्यवहार-अपेक्षाकृत रूप से एक तरह का होता है।

प्रस्तुत अध्याय में व्यक्तित्व की अवधारणा और अर्थ का वर्णन किया गया है। इसके साथ ही फ्रायड के योगदान, शीलगुण सिद्धांत, व्यवहार और व्यक्तित्व के दृष्टिकोण का व्यक्तित्व पर विशेष जोर देने के साथ व्यक्तित्व के विभिन्न सिद्धांतों का भी वर्णन किया गया है। अध्याय के अंत में व्यक्तित्व को मापने के विभिन्न तरीकों की भी चर्चा की गई है।

प्रश्न 1. व्यक्तित्व की अवधारणा की विवेचना कीजिए।

उत्तर– 'व्यक्तित्व' शब्द प्राय: हमारी दैनंदिन चर्चा अथवा बातचीत में प्रकट होता रहता है। व्यक्तित्व का शाब्दिक अर्थ लैटिन शब्द परसोना (personal) से लिया गया है। परसोना उस मुखौटे को कहते हैं जिसे अपनी मुख-रूपसज्जा को बदलने के लिए रोमन लाटकों में अभिनेता उपयोग में लाते थे। जिस मुखौटे को अभिनेता अपनाता था उसी के अनुरूप दर्शक उससे एक विशिष्ट भूमिका के निष्पादन की प्रत्याशा करते थे। इससे ये तात्पर्य बिल्कुल नहीं था कि किसी भूमिका को जो व्यक्ति अभिव्यक्त कर रहा है वह वास्तव में उन गुणों को रखता है।

एक सामान्य जन के लिए, व्यक्तित्व का तात्पर्य सामान्यतया व्यक्ति के शारीरिक एवं बाह्य रूप से होता है। उदाहरण के लिए, जब कोई व्यक्ति सुंदर दिखाई देता है तो हम ये मान लेते हैं कि वह व्यक्ति सौम्य व्यक्तित्व वाला है। व्यक्तित्व की यह अवधारणा सतही प्रभावांकनों पर आधारित होती है जो सही नहीं होती है।

मनोवैज्ञानिक शब्दों में व्यक्तित्व (personality) से तात्पर्य उन विशिष्ट तरीकों से है जिनके द्वारा व्यक्तियों और स्थितियों के प्रति अनुक्रिया की जाती है। लोग सरलता से इस बात का वर्णन कर सकते हैं कि वे किस तरीके से विभिन्न स्थितियों के प्रति अनुक्रिया करते हैं। कुछ सूचक शब्दों (जैसे–शर्मीला, संवेदनशील, शांत, गंभीर, स्फूर्त आदि) का उपयोग प्राय: व्यक्तित्व का वर्णन करने के लिए किया जाता है। ये शब्द व्यक्तित्व के विभिन्न घटकों को इंगित करते हैं। इस अर्थ में व्यक्तित्व से तात्पर्य उन अनन्य एवं सापेक्ष रूप से स्थिर गुणों से है जो एक समयावधि में विभिन्न स्थितियों में व्यक्ति के व्यवहार को विशिष्टता प्रदान करते हैं।

यदि आप ध्यानपूर्वक देखें तो पाएँगे कि लोग अपने व्यवहार में भिन्नताएँ प्रदर्शित करते हैं। कोई एक व्यक्ति सदैव सावधान अथवा आवेगी, शर्मीला अथवा मित्रवत् नहीं होता है। व्यक्तित्व व्यक्तियों की उन विशेषताओं को कहते हैं जो अधिकांश परिस्थितियों में प्रकट होती हैं। विभिन्न परिस्थितियों तथा समयों पर किसी व्यक्ति के व्यवहार, चिंतन और संवेग में संगति उसके व्यक्तित्व की विशेषता होती है। उदाहरण के लिए, यदि कोई व्यक्ति ईमानदार है तो कोई भी परिस्थिति या किसी भी समय पर वह ईमानदार बना रहेगा। व्यवहार में स्थितिपरक भिन्नताएँ भी घटित होती हैं क्योंकि वे पर्यावरणी परिथतियों के प्रति व्यक्तियों के अनुकूलन में सहायक होती हैं।

संक्षेप में व्यक्तित्व को अधोलिखित विशेषताओं के द्वारा स्पष्ट किया जा सकता है–

- इसके अंतर्गत शारीरिक एवं मनोवैज्ञानिक दोनों ही घटक होते हैं।
- किसी व्यक्ति विशेष में व्यवहार के रूप में इसकी अभिव्यक्ति पर्याप्त रूप से अनन्य होती है।
- इसकी प्रमुख विशेषताएँ साधारणतया समय के साथ परिवर्तित नहीं होती हैं।
- यह इस अर्थ में गत्यात्मक होता है कि इसकी कुछ विशेषताएँ आंतरिक अथवा बाह्य स्थितिपरक माँगों के कारण परिवर्तित हो सकती हैं। इस प्रकार व्यक्तित्व स्थितियों के प्रति अनुकूलनशील होता है।

एक बार जब हम किसी के व्यक्तित्व की विशेषताओं को बताने में समर्थ हो जाते हैं तो हम इस बात की भविष्यवाणी भी कर सकते हैं कि वह व्यक्ति विभिन्न परिस्थितियों में किसी तरह

का व्यवहार करेगा। व्यक्तित्व की समझ हमें यथार्थवादी तथा स्वीकार्य तरीके से लोगों के साथ व्यवहार करने में सहायता करती है। उदाहरण के लिए, यदि आप यह पाते हैं कि कोई बच्चा आदेशों को पसंद नहीं करता है तो उस बच्चे से व्यवहार करने का सबसे अधिक प्रभावी तरीका यह होगा कि उसे आदेश न दिया जाए किंतु उसके समक्ष स्वीकार्य विभिन्न विकल्प प्रस्तुत किए जाएँ जिनमें से बच्चा किसी एक विकल्प का चयन कर सके। इसी प्रकार एक बच्चा जिसमें हीनता की भावना है, उससे बरताव या व्यवहार उस बच्चे से, जिसमें आत्म-विश्वास है, भिन्न तरीके से किया जाना चाहिए।

व्यक्तित्व की कुछ आधुनिक परिभाषाएँ दृष्टव्य हैं–

- **बिग व हंट**–"व्यक्तित्व एक व्यक्ति के संपूर्ण व्यवहार प्रतिमान और इसकी विशेषताओं के योग का उल्लेख करता है।"
- **ऑलपोर्ट**–"व्यक्तित्व व्यक्ति में उन मनोशारीरिक अवस्थाओं का गतिशील संगठन है, जो उसके पर्यावरण के साथ उसका अद्वितीय सामंजस्य निर्धारित करता है।"
- **ड्रेवर**–"व्यक्तित्व शब्द का प्रयोग, व्यक्ति के शारीरिक, मानसिक नैतिक और सामाजिक गुणों के सुसंगठित और गत्यात्मक संगठन के लिए किया जाता है, जिसे वह अन्य व्यक्तियों के साथ अपने सामाजिक जीवन के आदान-प्रदान में व्यक्ति करता है।"
- **डेविल**–"व्यक्तित्व व्यक्ति के संगठित व्यवहार का संपूर्ण चित्र होता है।" बीसौंज एवं बीसौंज की धारणा है –व्यक्तित्व, मनुष्य की आदतों, दृष्टिकोणों तथा विशेषताओं का संगठन है। यह जीवशास्त्र सामाजिक तथा सांस्कृतिक कारकों में संयुक्त उपक्रम द्वारा उत्पन्न होता है।"
- **मन**–"व्यक्तित्व एक व्यक्ति के व्यवहार के तरीकों, रूचियों, दृष्टिकोणों, क्षमताओं, योग्यताओं तथा अभिरूचियों का सबसे विशिष्ट संगठन है।"

प्रश्न 2. व्यक्तित्व के मनोविश्लेषक सिद्धांत का विश्लेषण कीजिए।

अथवा

फ्रायड के व्यक्तित्व के सिद्धांत में अचेतन इतना महत्त्वपूर्ण क्यों है?

उत्तर– व्यक्तित्व के स्वरूप की व्याख्या करने के लिए विभिन्न तरह के उपागमों के तहत कई सिद्धांतों का प्रतिपादन किया गया है। इस तरह के उपागमों को सैद्धांतिक उपागम कहा गया है। व्यक्तित्व का अध्ययन करने का सबसे पहला उपागम मनोविश्लेषणात्मक उपागम है जिसका प्रतिपादन सिगमण्ड फ्रायड द्वारा किया गया। इस उपागम में मानव प्रकृति के निराशावादी (pessimistic) तथा निश्चयवादी (deterministic) छवि पर बल डाला गया है। इसमें व्यक्तितव की व्याख्या करने के लिए अचेतन की इच्छाओं, यौन एवं आक्रमकता के जैविक आधारों, आरंभिक बाल्यावस्था के मानसिक संघर्षों को महत्त्वपूर्ण समझा गया है और इन्हें व्यक्तित्व का प्रमुख निर्धारक माना गया है।

सिग्मंड फ्रायड (1856-1939) मनोचिकित्सक के रूप में ऑस्ट्रेलिया में काफी प्रसिद्ध रहे और उन्होंने मनोविश्लेषक के रूप में काफी लंबे समय तक अध्ययन किया और सबसे पहले

मनोविश्लेषणात्मक सिद्धांत का प्रतिपादन किया। फ्रायड का यह सिद्धांत मानव स्वभाव के बारे में कुछ मूल धारणाएँ बताता है, जो निम्न प्रकार है—

(1) मानव का व्यवहार बाहरी कारकों (External Factors) द्वारा निर्धारित होता है। ऐसे व्यवहार अविवेकपूर्ण और अपरिवर्तनशील और ज्ञात होते हैं।

(2) मानव का स्वभाव शारीरिक गठन और अप्रलक्षता जैसी पूर्व कल्पनाओं पर आधारित होता है।

(3) मानव स्वभाव की आत्मनिष्ठता इसके द्वारा नाम मात्र को प्रभावित होती है।

फ्रायड का मनोविश्लेषणात्मक सिद्धांत तीन वर्गों में विभाजित किया गया है—

व्यक्तित्व की संरचना (Structure of Personality)—फ्रायड ने व्यक्तित्व की संरचना को दो मॉडलों के माध्यम से समझाने का प्रयास किया है। ये दो मॉडल हैं—

(क) **आकारात्मक मॉडल (Topographical Model)**—फ्रायड ने आकारात्मक मॉडल का अर्थ संघर्ष की अवस्था में गत्यात्मकता का उत्पन्न होना बताया है और इसे तीन भागों में विभाजित किया है—

(i) **चेतना (Conscious)**—चेतना से अभिप्राय मन के उस भाव से है जिसका संबंध वर्तमान क्रियाओं से होता है और चेतना व्यक्ति के मन की वे अनुभूतियाँ होती हैं जो चेतन से जुड़ी होती हैं।

(ii) **अर्द्ध-चेतन (Subconscious)**—अर्द्ध-चेतना व्यक्ति की न तो पूरी तरह चेतनावस्था होती है और न ही पूर्णत: अचेतन, जैसे—किसी वस्तु के खोने पर ढूँढ़ने के बाद भी न मिले तो परेशान हो जाते हैं। परंतु थोड़ी देर सोचने के बाद वह वस्तु याद आ जाती है। यह स्थिति अर्द्ध-चेतना कहलाती है।

(iii) **अचेतन (Unconscious)**—में चेतना और अर्द्ध-चेतना दोनों ही अवस्थाओं से अलग अनुभव अचेतन अनुभव कहलाते हैं। व्यक्ति की अचेतन अवस्था का प्रभाव चेतन और अर्द्ध-चेतन अवस्था से भी अधिक होता है। इस अवस्था में अनैतिक विचारों का बाहुल्य रहता है।

(ख) **संरचनात्मक मॉडल (Structure Model)**—संरचनात्मक मॉडल के अंतर्गत मूल प्रवृत्तियों द्वारा पैदा हुए मानसिक द्वंद्वों का समाधान कराने वाले साधन आते हैं। ये साधन तीन प्रकार के बताए गए हैं—

(i) **इड**—यह व्यक्ति की मूल प्रवृत्तिक ऊर्जा का स्रोत होता है। इसका संबंध व्यक्ति की आदिम आवश्यकताओं, कामेच्छाओं और आक्रामक आवेगों की तात्कालिक तुष्टि से होता है। यह सुखेप्सा-सिद्धांत (pleasure principle) पर कार्य करता है जिसका यह अभिग्रह होता है कि लोग सुख की तलाश करते हैं और कष्ट का परिहार करते हैं। फ्रायड के अनुसार मनुष्य की अधिकांश मूलप्रवृत्तिक ऊर्जा कामुक होती है और शेष ऊर्जा आक्रामक होती है। इड को नैतिक मूल्यों, समाज और दूसरे लोगों की कोई परवाह नहीं होती है।

(ii) **अहं**—इसका विकास इड में होता है और यह व्यक्ति की मूलप्रवृत्तिक आवश्यकताओं की संतुष्टि वास्तविकता के धरातल पर करता है। व्यक्तित्व की यह संरचना वास्तविकता-सिद्धांत (reality principle) से संचालित होती है और प्राय: इड को व्यवहार करने के उपयुक्त तरीकों की तरफ निर्दिष्ट करता है। उदाहरण के लिए, एक बालक का इड को आइसक्रीम खाना चाहता है उससे कहता है कि झटक कर खा ले। उसका अहं उससे कहता है कि दुकानदान से पूछे बिना यदि आइसक्रीम लेकर वह खा लेता है तो वह दंड का भागी हो सकता है। वास्तविकता-सिद्धांत पर कार्य करते हुए बालक जानता है कि अनुमति लेने के बाद ही आइसक्रीम खाने की इच्छा को संतुष्ट करना सर्वाधिक उपयुक्त होगा। इस प्रकार इड की माँग अवास्तविक और सुखेप्सा-सिद्धांत से संचालित होती है, अहं धैर्यवान, तर्कसंगत तथा वास्तविकता-सिद्धांत से संचालित होता है।

(iii) **पराहम्**—पराहम् को समझने का और इसकी विशेषता बताने का सबसे अच्छा तरीका यह है कि इसको मानसिक प्रकार्यों की नैतिक शाखा के रूप में जाना जाए। पराहम् इड और अहं को बताता है कि किसी विशिष्ट अवसर पर इच्छा विशेष की संतुष्टि नैतिक है अथवा नहीं। समाजीकरण की प्रक्रिया में पैतृक प्राधिकार के आंतरिकीकरण द्वारा पराहम् इड को नियंत्रित करने में सहायता प्रदान करता है। उदाहरण के लिए, यदि कोई बालक आइसक्रीम देखकर उसे खाना चाहता है, तो वह इसके लिए अपनी माँ से पूछता है। उसका पराहम् संकेत देता है कि उसका यह व्यवहार नैतिक दृष्टि से सही है। इस तरह के व्यवहार के माध्यम से आइसक्रीम को प्राप्त करने पर बालक में कोई अपराध-बोध, भय अथवा दुश्चिंता नहीं होगी।

इस प्रकार व्यक्ति के प्रकार्यों के रूप में फ्रायड का विचार था कि मनुष्य का अचेतन तीन प्रतिस्पर्धी शक्तियों अथवा ऊर्जाओं से निर्मित हुआ है। कुछ लोगों में इड पराहम् से अधिक प्रबल होता है तो कुछ अन्य लोगों में पराहम् इड से अधिक प्रबल होता है। इड, अहं और पराहम् की सापेक्ष शक्ति प्रत्येक शक्ति की स्थिरता का निर्धारण करती है। फ्रायड के अनुसार इड को दो प्रकार की मूलप्रवृत्तिक शक्तियों से ऊर्जा प्राप्त होती है जिन्हें जीवन-प्रवृत्ति (life-instinct) एवं मुमूर्षा या मृत्यु-प्रवृत्ति (death-instinct) के नाम से जाना जाता है। उन्होंने मृत्यु-प्रवृत्ति के स्थान पर जीवन-प्रवृत्ति (अथवा, काम) को केंद्र में रखते हुए अधिक महत्त्व दिया है। मूलप्रवृत्तिक जीवन-शक्ति जो इड को ऊर्जा प्रदान करती है कामशक्ति या लिबिडो (libido) कहलाती है। लिबिडो सुखेप्सा-सिद्धांत के आधार पर कार्य करता है और तात्कालिक संतुष्टि चाहता है।

अहम् रक्षा युक्तियाँ (Ego Defence Mechanisms)—फ्रायड के अनुसार मनुष्य के अधिकांश व्यवहार दुश्चिंता के प्रति उपयुक्त समायोजन अथवा पलायन को प्रतिबिंबित करते हैं। अत: किसी दुश्चिंताजनक स्थिति का अहं किस ढंग से सामना करता है, यही व्यापक रूप से निर्धारित करता है कि लोग किस प्रकार से व्यवहार करेंगे। फ्रायड का विश्वास था कि लोग दुश्चिंता का परिहार मुख्यत: रक्षा युक्तियाँ विकसित करके करते हैं। ये रक्षा युक्तियाँ अहं को मूलप्रवृत्तिक आवश्यकताओं के प्रति जागरूकता से रक्षा करती हैं। इस प्रकार रक्षा युक्तियाँ (defence mechanisms) वास्तविकता को विकृत कर दुश्चिंता को कम करने का एक तरीका है। यद्यपि दुश्चिंता के प्रति की जाने वाली कुछ रक्षा युक्तियाँ सामान्य एवं अनुकूली होती हैं तथापि ऐसे लोग जो इन युक्तियों का उपयोग इस सीमा तक करते हैं कि वास्तविकता वास्तव में विकृत हो जाती है तो वे विभिन्न प्रकार के कुसमायोजक व्यवहार विकसित कर लेते हैं।

फ्रायड ने विभिन्न प्रकार की रक्षा युक्तियों का वर्णन किया है। इसमें सर्वाधिक महत्त्वपूर्ण दमन (repression) है जिसमें दुश्चिंता उत्पन्न करने वाले व्यवहार और विचार पूरी तरह चेतना के स्तर से विलुप्त कर दिए जाते हैं। जब लोग किसी भावना अथवा इच्छा का दमन करते हैं तो वे उस भावना अथवा इच्छा के प्रति बिल्कुल ही जागरूक नहीं होते हैं। इस प्रकार जब कोई व्यक्ति कहता है, "मैं नहीं जानता हूँ कि मैंने यह क्यों किया है", तो उसका यह कथन किसी दमित भावना अथवा इच्छा को अभिव्यक्ति करता है।

अन्य प्रमुख रक्षा युक्तियों में प्रक्षेपण, अस्वीकरण, प्रतिक्रिया निर्माण और युक्तिकरण आते हैं। प्रक्षेपण (projection) में लोग अपने विशेषकों को दूसरों पर आरोपित करते हैं। एक व्यक्ति जिसमें प्रबल आक्रामक प्रवृत्तियाँ हैं वह दूसरे लोगों में अत्यधिक रूप से अपने प्रति होने वाले व्यवहारों को आक्रामक देखता है। अस्वीकरण (denial) में एक व्यक्ति पूरी तरह से वास्तविकता को स्वीकार करना नकार देता है। उदाहरण के लिए एच.आई.वी./एड्स से ग्रस्त रोगी पूरी तरह से अपने रोग को नकार सकता है। प्रतिक्रिया निर्माण (reaction formation) में व्यक्ति अपनी वास्तविक भावनाओं और इच्छाओं के ठीक विपरीत प्रकार का व्यवहार अपना कर अपनी दुश्चिंता से रक्षा करने का प्रयास करता है। उदाहरण के लिए प्रबल कामेच्छा से ग्रस्त कोई व्यक्ति यदि अपनी ऊर्जा को धार्मिक क्रियाकलापों में लगाते हुए ब्रह्मचर्य का पालन करता है तो ऐसा व्यवहार प्रतिक्रिया निर्माण का उदाहरण होगा। युक्तिकरण (rationalisation) में एक व्यक्ति अपनी तर्कहीन भावनाओं और व्यवहारों को तर्कयुक्त और स्वीकार्य बनाने का प्रयास करता है। उदाहरण के लिए यदि कोई विद्यार्थी परीक्षा में निम्नस्तरीय निष्पादन के बाद कुछ नए कलम खरीदता है तो इस युक्तिकरण का उपयोग करता है कि "वह आगे की परीक्षा में नए कलम के साथ उच्च स्तर का निष्पादन प्रदर्शित करेगा"।

जो लोग रक्षा युक्तियों का उपयोग करते हैं वे प्राय: इसके प्रति जागरूक नहीं होते हैं अथवा इससे अनभिज्ञ होते हैं। प्रत्येक रक्षा युक्ति दुश्चिंता द्वारा उत्पन्न असुविधाजनक भावनाओं से अहं के बरताव करने का एक तरीका है। रक्षा युक्तियों की भूमिका के बारे में फ्रायड के विचारों के समक्ष अनेक प्रश्न उत्पन्न किए गए हैं। उदाहरण के लिए फ्रायड का यह दावा कि प्रक्षेपण के उपयोग से दुश्चिंता और दबाव कम होता है अनेक अध्ययनों के परिणामों द्वारा समर्थित नहीं है।

व्यक्तित्व-विकास की अवस्थाएँ–फ्रायड का यह दावा है कि व्यक्तित्व के आंतरिक पक्ष आरंभ में ही स्थापित हो जाते हैं और जीवन-पर्यंत स्थिर बने रहते हैं। इनमें परिवर्तन लाना अत्यंत कठिन होता है। उन्होंने व्यक्तित्व-विकास का एक पंच अवस्था सिद्धांत (five-stage theory) प्रस्तावित किया जिसे मनोलैंगिक विकास के नाम से भी जाना जाता है। विकास की इन पाँच अवस्थाओं में से किसी भी अवस्था पर समस्याओं के आने से विकास बाधित हो जाता है और जिसका मनुष्य के जीवन पर दीर्घकालिक प्रभाव हो सकता है। इन विभिन्न पाँच अवस्थाओं का संक्षिप्त विवरण नीचे दिया जा रहा है–

- **मौखिक अवस्था**–एक नवजात शिशु की मूल प्रवृत्तियाँ मुख पर केंद्रित होती है। यह शिशु का प्राथमिक सुख प्राप्ति का केंद्र होता है। यह मुख ही होता है जिसके माध्यम से ही शिशु भोजन ग्रहण करता है और अपनी भूख को शांत करता है। शिशु मौखिक संतुष्टि भोजन ग्रहण, अँगूठा चूसने, काटने और बलबलाने के माध्यम से प्राप्त करता है। जन्म के बाद आरंभिक कुछ महीनों की अवधि में शिशुओं में अपने चतुर्दिक जगत के बारे में आधारभूत अनुभव और भावनाएँ विकसित हो जाती हैं। अत: फ्रायड के अनुसार एक वयस्क जो इस संसार को कटु स्थान मानता है। संभवत: उसके विकास की मौखिक अवस्था में कठिनाई रही होगी।
- **गुदीय अवस्था**–ऐसा पाया गया है कि दो-तीन वर्ष की आयु में बच्चा समाज की कुछ माँगों के प्रति अनुक्रिया करना सीखता है। इनमें से एक प्रमुख माँग माता-पिता की यह होती है कि बाल मूत्रत्याग एवं मलत्याग जैसे शारीरिक प्रकार्यों को सीखे। अधिकांश बच्चे इस आयु में इन क्रियाओं को करने में आनंद का अनुभव करते हैं। शरीर का गुदीय क्षेत्र कुछ सुखदायक भावनाओं का केंद्र हो जाता है। इस अवस्था में इड और अहं के बीच द्वंद्व का आधार स्थापित हो जाता है। साथ ही शैशवावस्था की सुख की इच्छा एवं वयस्क रूप में नियंत्रित व्यवहार की माँग के बीच भी द्वंद्व का आधार स्थापित हो जाता है।
- **लैंगिक अवस्था**–यह अवस्था जननांगों पर बल देती है। चार-पाँच वर्ष की आयु में बच्चे पुरुषों और महिलाओं के बीच का भेद अनुभव करने लगते हैं। बच्चे कामुकता के प्रति एवं अपने माता-पिता के बीच काम संबंधों के प्रति जागरूक हो जाते हैं। इसी अवस्था में बालक इडिपस मनोग्रंथि (Oedipus Complex) का अनुभव करता है जिसमें अपनी माता के प्रति प्रेम और पिता के प्रति आक्रामकता सन्निहित होती है तथा इसके परिणामस्वरूप पिता द्वारा दंडित या शिश्नलोप किए जाने का भय भी बालक में कार्य करता है (इडिपस एक ग्रीक राजा था जिसने अनजान में अपने पिता की हत्या कर अपनी माता से विवाह कर लिया था)। इस अवस्था की एक प्रमुख विकासात्मक उपलब्धि यह है कि बालक अपनी इस मनोग्रंथि का समाधान कर लेता है। ऐसा वह अपनी माता के प्रति पिता के संबंधों को स्वीकार करके उन्हीं की तरह का व्यवहार करता है। बालिकाओं में यह इडिपस ग्रंथि थोड़े भिन्न रूप में घटित होती है। बालिकाओं में इसे इलेक्ट्रा मनोग्रंथि (Electra Complex) कहते हैं। इलेक्ट्रा एक ग्रीक चरित्र थी

जिसने अपने भाई द्वारा अपनी माता की हत्या करवाई। इस मनोग्रंथि में बालिका अपने पिता को प्रेम करती है और प्रतीकात्मक रूप में उससे विवाह करना चाहती है। जब उसको यह अनुभव होता है कि यह संभव नहीं है तो वह अपनी माता का अनुकरण कर उसके व्यवहारों का अपनाती है। ऐसा वह अपने पिता का स्नेह प्राप्त करने के लिए करती है। उपर्युक्त दोनों मनोग्रंथियों के समाधान में क्रांतिक घटक समान लिंग के माता-पिता के साथ तदात्मीकरण स्थापित करना है। दूसरे शब्दों में, बालक अपनी माता के प्रति लैंगिक भावनाओं का त्याग कर देते हैं तथा अपने पिता को प्रतिद्वंद्वी की बजाय भूमिका-प्रतिरूप मानने लगते हैं; बालिकाएँ अपने पिता के प्रति लैंगिक इच्छाओं का त्याग कर देती हैं और अपनी माता से तादात्मय स्थापित करती हैं।

- **कामप्रसुप्ति अवस्था**—यह अवस्था सात वर्ष की आयु से आरंभ होकर यौवनारंभ तक बनी रहती है। इस अवधि में बालक का विकास शारीरिक दृष्टि से होता रहता है किंतु उसकी कामेच्छाएँ सापेक्ष रूप से निष्क्रिय होती हैं। बालक की अधिकांश ऊर्जा सामाजिक अथवा उपलब्धि-संबंधी क्रियाओं में व्यय होती है।
- **जननांगीय अवस्था**—इस अवस्था में व्यक्ति मनोलैंगिक विकास में परिपक्वता प्राप्त करता है। पूर्व की अवस्थाओं की कामेच्छाएँ, भय और दमित भावनाएँ पुन: अभिव्यक्त होने लगती हैं। लोग इस अवस्था में विपरीत लिंग के सदस्यों से परिपक्व तरीके से सामाजिक और काम संबंधी आचरण करना सीख लेते हैं। यदि इस अवस्था की विकास यात्रा में व्यक्ति को अत्यधिक दबाव अथवा अत्यासक्ति का अनुभव होता है तो इसके कारण विकास की किसी आरंभिक अवस्था पर उसका स्थिरण हो सकता है।

प्रश्न 3. नव फ्रायडवादी मनोवैज्ञानिक अल्फ्रेड एडलर और कार्ल युंग के सिद्धांतों का वर्णन कीजिए।

अथवा

अल्फ्रेड एडलर के व्यक्तित्व के सिद्धांत का वर्णन कीजिए।

उत्तर— फ्रायड का अनुसरण करते हुए बाद में कई सिद्धांतकारों ने अपने विचार प्रतिपादित किए। इनमें से कुछ सिद्धांतकारों ने आरंभ में फ्रायड के साथ मिलकर काम किया किंतु आगे चलकर उन्होंने मनोविश्लेषणात्मक सिद्धांत की अपनी व्याख्या प्रस्तुत की। इन सिद्धांतकारों को नव-विश्लेषणवादी अथवा पश्च-फ्रायडवादी कहा गया जिससे कि इन्हें फ्रायड से भिन्न समझा जा सके। इन सिद्धांतों की विशेषता यह है कि इनमें इड की लैंगिक और आक्रामक प्रवृत्तियों की भूमिकाओं और अहं के संप्रत्यय के विस्तार को कम महत्त्व दिया गया है। इनके स्थान पर सर्जनात्मकता, क्षमता और समस्या-समाधान योग्यता जैसे मानवीय गुणों पर बल दिया गया है। इसमें से कुछ सिद्धांतों का संक्षेप में नीचे वर्णन किया गया है–

(1) युंग का 'विश्लेषणात्मक मनोविज्ञान' का सिद्धांत—युंग (Jung) ने अपनी पुस्तक साइकॉलोजिकल टाइम्स (Psychological Type) में व्यक्तित्व के दो प्रकार बताए हैं—अंतर्मुखी और बहिर्मुखी।

(क) अंतर्मुखी व्यक्तित्व (Introvert Personality)—इस व्यक्तित्व के लक्षण, स्वभाव, आदतें, अभिवृत्तियाँ और अन्य चालक बाह्य रूप से प्रकट नहीं होते हैं। इसीलिए इसको अंतर्मुखी कहा जाता है। इसका विकास बाह्य रूप में न होकर आंतरिक रूप में होता है।

अंतर्मुखी मनुष्य अपने आप में अधिक रुचि रखते हैं, वे अपने को बाह्य रूप में प्रभावपूर्ण ढंग से करने में असफल होते हैं। उनमें आंतरिक विश्लेषण की मात्रा बहुत अधिक होती है। उनकी मानसिक शक्ति का विशेष रूप से विकास होता है। वे दूसरे लोगों और बाह्य वातावरण में एक विशेष प्रकार से ही अपना अनुकूलन कर पाते हैं। वे संकोची होने के कारण अपने विचारों को स्पष्ट रूप से व्यक्त करने में कठिनाई का अनुभव करते हैं। उनके और उनके साथियों के बीच में एक प्रकार की दीवार, एक तरह का पर्दा होता है। वे आवश्यकता से अधिक शर्मीले और झेंपने वाले होते हैं। उनमें अंत:क्रियात्मक प्रक्रिया सदैव गतिशील अवस्था में विद्यमान रहती है। वे कल्पना के संसार में उड़ान लेते हैं और कभी-कभी आदर्शवादी भी बन जाते हैं। इस व्यक्तित्व के मनुष्य दार्शनिक और विचारक भी होते हैं।

(ख) बहिर्मुखी व्यक्तित्व (Extrovert Personality)—इस व्यक्तित्व के मनुष्य अंतर्मुखी व्यक्तित्व वाले मनुष्यों से विपरीत होते हैं। बहिर्मुखी व्यक्तित्व वाले मनुष्यों का झुकाव बाह्य तत्त्वों की ओर होता है। वे अपने विचारों और भावनाओं को स्पष्ट रूप से व्यक्त कर सकते हैं। वे संसार के भौतिक और सामाजिक लक्ष्यों में विशेष रुचि रखते हैं। यद्यपि उनका अपना आंतरिक जीवन होता है, पर वे बाह्य पक्ष की ओर अधिक आकर्षित रहते हैं। वे बाह्य सामंजस्य के प्रति सदैव सचेत रहते हैं और कार्यों एवं कथनों में अधिक विश्वास रखते हैं। इस व्यक्तित्व के मनुष्य अधिकांश रूप में सामाजिक, राजनैतिक या व्यापारिक नेता होते हैं।

जुंग के अनुसार पूर्ण व्यक्तित्व तीन घटकों से बना है—चेतन अहं (ईगो) व्यक्तिगत अचेतन और सामूहिक अचेतन। उनके अनुसार चेतन मन अचेतन मन का ही परिणाम होता है, जहाँ चेतन वास्तव में 'होने' का आभास है जो सोचने, महसूस करने व याद करने में चेतन पहलुओं को सम्मिलित करता है। जुंग ने अचेतन मन की सामग्री को दो प्रकारों में बाँटा है—

(i) **वैयक्तिक अचेतन से संबंधित (Related to Personal Unconsciousness)**—इसमें वे स्मृतियाँ, अनुभव और इच्छाएँ होती हैं, जो दमित होती हैं।

(ii) **सामूहिक अचेतन मन से संबंधित (Related to Collective Unconsciousness)**—इसमें वे तत्त्व होते हैं जो पूर्वजों के वंशानुक्रम द्वारा ग्रहण किए जाते हैं। जुंग ने अचेतन मन की सामग्री को आद्यरुप (Archetypes) के नाम से संबोधित किया है और बताया है कि उसकी प्रकृति सार्वभौमिक होती है, लेकिन यह एक संस्कृति विशेष तक ही सीमित रहती है। उन्होंने बताया कि

काम वासना जीवन की एक सामान्य शक्ति है जो उसके समस्त व्यवहारों को शक्ति प्रदान करती है।

(2) अल्फ्रेड एडलर—जीवन शैली एवं सामाजिक अभिरुचि एडलर (Adler) के सिद्धांत को व्यष्टि या वैयक्तिक मनोविज्ञान (individual psychology) के रूप में जाना जाता है। उनका आधारभूत अभिग्रह यह है कि व्यक्ति का व्यवहार उद्देश्यपूर्ण एवं लक्ष्योन्मुख होता है। हममें से प्रत्येक में चयन करने एवं सर्जन करने की क्षमता होती है।

हमारे व्यक्तिगत लक्ष्य (personal goals) ही हमारी अभिप्रेरणा के स्रोत होते हैं। जो लक्ष्य हमें सुरक्षा प्रदान करते हैं और हमारी अपर्याप्तता की भावना पर विजय प्राप्त करने में हमारी सहायता करते हैं, वे हमारे व्यक्तित्व के विकास में महत्वपूर्ण भूमिका निभाते हैं।

(क) हीनता की भावना और श्रेष्ठता की भावना—एडलर के विचार से प्रत्येक व्यक्ति अपर्याप्तता और अपराध की भावनाओं से ग्रसित होता है। इसे हम हीनता मनोग्रंथि के नाम से जानते हैं जो बाल्यावस्था में उत्पन्न होती है।

हीनता का एहसास होना आंतरिक है और प्राकृतिक भी। यदि किसी मनुष्य को लगता है कि उसके भीतर हीनता की भावना उत्पन्न हो रही है, और वह उससे बाहर निकलना चाहता है और कोई ऐसा काम करना चाहता है जिससे उसे जीवन में बड़ी उपलब्धि अथवा सफलता प्राप्त हो सके। इससे स्पष्ट है कि अधिक से अधिक विकास करना अथवा अधिक से अधिक उपलब्धियाँ प्राप्त करना ही जीवन में हीनता की भावना को जीतना है। अगर कोई व्यक्ति ऐसा नहीं कर पाता, तो उसके अंदर हीनता की ग्रंथि बन जाती है। अगर ऐसे में वह अधिक उपलब्धि और सफलता हासिल कर लें तो उसके अंदर उच्चता की ग्रंथि बन जाती है।

(ख) सहोदर स्पर्द्धा एवं जन्म क्रम—सहोदर स्पर्द्धा का तात्पर्य उस प्रतिस्पर्द्धा से है जो दो बच्चों के बीच आपस में माता-पिता अथवा अभिभावकों का प्यार और निकटता प्राप्त करने के लिए उत्पन्न होती है। एडलर के अनुसार जब घर में किसी नए बच्चे का जन्म होता है तो उसे देखकर पहले बच्चे के भीतर ईर्ष्या अथवा वैमनस्य का भाव पैदा हो जाता है। उसे ऐसा लगने लगता है कि यह नवजात अब माता-पिता की दृष्टि में मेरा महत्त्व कम कर देगा। क्योंकि जब वे इसे प्यार करने लगेंगे तो मुझे अपने हिस्से का पूरा प्यार नहीं मिल पाएगा।

इसी आधार पर एडलर का मानना है कि मनुष्य के व्यक्तित्व पर इस बात का भी प्रभाव पड़ता है कि वे अपने परिवार में पहले पैदा हुआ है अथवा बाद में। अक्सर देखा जाता है कि पहले बच्चा अधिक जिम्मेदार, आज्ञाकारी और प्रतिभा संपन्न होता है। उसके बाद में पैदा होने वाला बच्चा अपना ध्यान समाज के साथ तारतम्य स्थापित करने में ज्यादा लगाता है। उसके केंद्र में उसके अपने उतने नहीं होते जितने कि दूसरे होते हैं। और यदि तीसरा बच्चा आ गया हो तो वह इन सबमें अपने को अधिक असुरक्षित महसूस करता है। उसके अंदर स्वाभिमान की भावना ऊँची होती है परंतु प्रतियोगिता की भावना साधारण रह जाती है।

प्रश्न 4. व्यक्तित्व के व्यवहारवादी उपागम की चर्चा कीजिए।

उत्तर— यह उपागम व्यवहार की आंतरिक गतिकी को महत्त्व नहीं देता है। व्यवहारवादी परिभाष्य, प्रेक्षणीय एवं मापन योग्य प्रदत्तों में ही विश्वास करते हैं या उनको महत्त्व देते हैं। इस प्रकार वे उद्दीपक-अनुक्रिया संयोजनों के अधिगम और उनके प्रबलन पर ही बल देते हैं। उनके अनुसार पर्यावरण के प्रति की गई व्यक्ति की अनुक्रिया के रूप में ही व्यक्तित्व को सर्वोत्तम प्रकार से समझा जा सकता है। अनुक्रिया की विशेषताओं में परिवर्तन के रूप में ही प्राय: वे विकास को समझते हैं अर्थात कोई व्यक्ति नए पर्यावरण तथा उद्दीपकों के प्रति की गई अनुक्रियाओं द्वारा ही नया व्यवहार सीखता है। अधिकांश व्यवहारवादियों के लिए व्यक्तित्व की संरचनात्मक इकाई अनुक्रिया (response) है। प्रत्येक अनुक्रिया एक व्यवहार है जो किसी विशिष्ट आवश्यकता को संतुष्ट करने के लिए प्रकट की जाती है। जैसा कि आप जानते हैं कि हम भोजन इसलिए करते हैं क्योंकि हमें भूख लगी रहती है, किंतु भोजन के संदर्भ में हम बहुत चयनात्मक भी होते हैं। उदाहरण के लिए, बच्चे अनेक प्रकार की सब्जियाँ खाना पसंद नहीं करते हैं (जैसे—पालक, लौकी, करेला इत्यादि) किंतु धीरे-धीरे वे इनको खाना सीख लेते हैं। ऐसा व्यवहार वे क्यों करते हैं? व्यवहारवादी उपागम के अनुसार बच्चे आरंभ में इन सब्जियों को अपने माता-पिता से प्रशंसा (प्रबलन) पाने के लिए बाद में वे अंतत: इन सब्जियों को खाना सीख लेते हैं, केवल इस कारण से ही नहीं कि उनके माता-पिता इस व्यवहार से प्रसन्न हैं बल्कि इस कारण से भी कि उन्हें इन सब्जियों का स्वाद लग गया है और वे इन सब्जियों को अच्छा समझते हैं। अतएव व्यवहार को संगठित करने वाली केंद्रीय प्रवृत्ति जैविक अथवा सामाजिक आवश्यकताओं में कमी है जो व्यवहार को ऊर्जित या उत्प्रेरित करती है। यह स्थिति तब उत्पन्न होती है जब अनुक्रियाएँ (व्यवहार) प्रबलित होती हैं।

प्रश्न 5. व्यक्तित्व के मानवतावादी सिद्धांत में योगदान देने वाले मनोवैज्ञानिकों के विषय में बताइए।

अथवा

मैस्लो का स्व-वास्तविकीकरण का सिद्धांत को स्पष्ट कीजिए।

उत्तर— मानवतावादी सिद्धांत प्रमुखत: फ्रायड के सिद्धांत के प्रत्युत्तर में विकसित किए गए। कार्ल रोजर्स (Carl Rogers) और अब्राहम मैस्लो (Abraham Maslow) ने व्यक्तित्व संबंधी मानवतावादी परिप्रेक्ष्य के विकास में विशेष रुप से योगदान दिया है। इसे रोजर्स ने स्व सिद्धांत के दृष्टिकोण से स्पष्ट किया है।

रोजर्स द्वारा प्रस्तावित सर्वाधिक महत्त्वपूर्ण विचार एक पूर्णत: प्रकार्यशील व्यक्ति (fully functioning person) का है। उनका विचार है कि व्यक्तित्व को विकसित करने के लिए संतुष्टि अभिप्रेरक शक्ति है। प्राय: लोग अपनी सम्भाव्यताओं, क्षमताओं और प्रतिभाओं को उत्कृष्ट ढंग से अभिव्यक्त करने का प्रयत्न करते हैं। व्यक्तियों में सहज प्रवृत्ति होने के कारण उन्हें अपनी वंशानुगत प्रकृति की सिद्धि या प्राप्ति के लिए निर्दिष्ट करती है।

मानव व्यवहार के संबंध में रोजर्स ने दो आधारभूत अभिग्रहों का निर्माण किया है। पहला व्यवहार सार्थक और लक्ष्योन्मुख होता है तथा दूसरा व्यवहार हमेशा अनुकूल एवं आत्मसिद्धि वाला होता है। उनका सिद्धांत रोगियों द्वारा सुनते हुए प्राप्त अनुभवों के आधार पर विकसित हुआ है। उन्होंने इस तथ्य पर प्रकाश डाला है कि उनके सेवार्थियों के अनुभव में आत्म एक महत्त्वपूर्ण तत्व था। उनके सिद्धांत के अनुसार व्यक्ति अपनी वास्तविक आत्म सिद्धि अथवा प्राप्ति की प्रक्रिया में प्रयासरत रहता है। जब वास्तविक आत्म एवं आदर्श आत्म के मध्य समानता होती है तब मनुष्य सामान्य तौर पर प्रसन्न रहता है। एक आदर्श आत्म वह होता है जैसाकि एक व्यक्ति बनना तथा होना चाहता है। अपितु दोनों तरह के आत्म के मध्य विसंगति के कारण हमेशा असंतोष तथा अप्रसन्नता की भावनाएँ उत्पन्न होती हैं।

रोजर्स के एक आधारभूत सिद्धांत के अनुसार लोगों में आत्मसिद्धि के जरिए से आत्म-संप्रत्यय को अधिकतम सीमा तक विकसित करने की प्रवृत्ति होती है। रोजर्स के अनुसार व्यक्तित्व का विकास एक सतत् प्रक्रिया के रूप में जाना जाता है जिसमें अपने आपका मूल्यांकन करने का अधिगम और आत्मसिद्धि की प्रक्रिया में प्रवीणता शामिल होती है। आत्म-संप्रत्यय को विकसित करने में सामाजिक प्रभावों की भूमिका अहम् होती है। आत्म-संप्रत्ययन एवं आत्म-सम्मान तब उच्च होता है जब सामाजिक दशाएँ अनुकूल होती हैं, दूसरी और आत्म-संप्रत्यय एवं आत्म-सम्मान तब निम्न होता है तब सामाजिक दशाएँ प्रतिकूल होती हैं। ऐसे लोग जिनका आत्म-संप्रत्यय और आत्म-सम्मान ऊँचा होता है वे सामान्य तौर पर नए अनुभवों को सरलता से ग्रहण कर लेते हैं जिससे कि अपने विकास और आत्म-सिद्धि की ओर उन्मुख रहें।

मैस्लो का स्व-वास्तविकीकरण का सिद्धांत–मैस्लो ने आत्मसिद्धि (self-actualisation) की उपलब्धि या प्राप्ति के रूप में मनोवैज्ञानिक रूप से स्वस्थ लोगों की एक विस्तृत व्याख्या दी है। आत्मसिद्धि वह अवस्था होती है जिसमें लोग अपनी संपूर्ण संभाव्यताओं को विकसित कर चुके होते हैं। मैस्लो ने मनुष्यों का एक आशावादी और सकारात्मक दृष्टिकोण विकसित किया है जिसके अंतर्गत मानव में प्रेम, हर्ष और सर्जनात्मक कार्यों को करने की संभाव्यता होती है। मनुष्य अपने जीवन को स्वरूप देने में और आत्मसिद्धि को प्राप्त करने में स्वतंत्र माने गए हैं। अभिप्रेरणाओं, जो हमारे जीवन को नियमित करती हैं, के विश्लेषण के द्वारा आत्मसिद्धि को संभव बनाया जा सकता है। हम जानते हैं कि जैविक, सुरक्षा और आत्मीयता की आवश्यकताएँ (उत्तरजीविता आवश्यकताएँ) पशुओं और मनुष्यों दोनों में पाई जाती हैं। अतएव किसी व्यक्ति का मात्र इन आवश्यकताओं की संतुष्टि में संलग्न होना उसे पशुओं के स्तर पर ले आता है। मानव जीवन की वास्तविक यात्रा आत्म-सम्मान और आत्मसिद्धि जैसी आवश्यकताओं के अनुसरण से आरंभ होती है। मानवतावादी उपागम जीवन के सकारात्मक पक्षों के महत्त्व पर बल देता है।

मैस्लो ने स्व-वास्तविकीकरण की अवस्था को प्राप्त करने वाले उन व्यक्तियों जिनमें, अलबर्ट आइन्सटीन, एलीनर रूजवेल्ट, थॉमस जैफरसन तथा अब्राहम लिंकन आदि व्यक्तियों का अध्ययन मनुष्य के व्यक्तित्व तथा उसके विकास की उच्चतम संभावनाओं को समझने के लिए किया।

मैस्लो के अनुसार यदि हम किसी व्यक्ति की केवल बुराइयों पर ध्यान केंद्रित रखेंगे तो उसके व्यक्तित्व की वास्तविक प्रकृति को नहीं जान पाएँगे। मैस्लो ने सुझाव दिया है कि किसी मनुष्य

की प्रकृति को सही अर्थों में समझना है तो हमें आशावादी दृष्टिकोण अपनाना होगा, हमें व्यक्ति की आशावादी प्रकृति पर अपना ध्यान केंद्रित करना होगा। व्यक्तित्व का विकास करने के लिए मनुष्य को पाँच चीजों की जरूरत पड़ती है, जैसा कि चित्र 6.1 में दिखाया गया है। उच्च स्तरीय आवश्यकताओं को पूरा करने से पहले हमें निम्नस्तरीय आवश्यकताओं की पूर्ति करनी चाहिए। तभी हम व्यक्तित्व का उच्चतम बिंदु तक विकास कर सकते हैं।

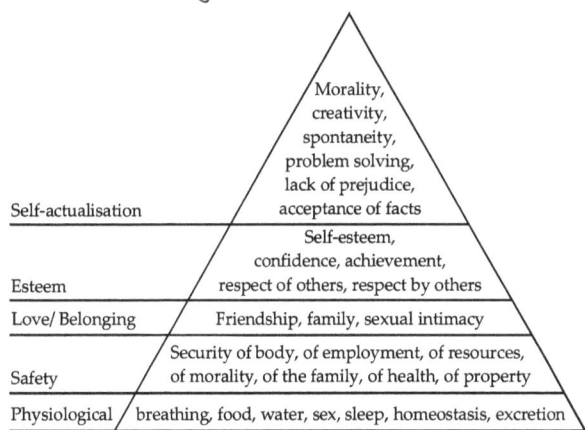

चित्र 6.1: मैस्लो का आवश्यकता का अनुक्रम

मैस्लो ने पाया कि जिन्होंने स्व-वास्तविकीकरण के लिए सतत् प्रयत्न किए, उनके व्यक्तित्व में कुछ खास विशेषताएँ थी। इनमें प्रमुख थीं—चीजों को निस्वार्थ भाव से देखना और अनुभव करना, हर चीज को, हर घटना को स्पष्टता के साथ समूची एकाग्रता के साथ देखना (मैस्लो, 1967)। जीवन के विविध आयामों से गुजरते हुए अपने अंदर पूरी तरह सामंजस्य बनाए रखना एवं अपने अंदरूनी अस्तित्व को पूरी तरह महसूस करना। ये सब लोग पूरी तरह से सहज, अपने ऊपर स्वयं शासन करने वाले स्वतंत्र तथा अपने लक्ष्यों के प्रति समर्पित थे। इनके अत्यधिक समीपी प्रियजनों की संख्या कम थी और किसी संस्कृति विशेष की सीमाओं में पूरी तरह नहीं बंधे थे।

प्रश्न 6. व्यक्तित्व के शीलगुण सिद्धांत की चर्चा कीजिए।

उत्तर— किसी व्यक्ति के गुणों व लक्षणों की पहचान करके उनका गहराई से अध्ययन करने पर यह ज्ञात किया जा सकता है कि उस व्यक्ति का व्यक्तित्व कैसा है। लक्षणों के आधार पर व्यक्तित्व की पहचान, हिप्पोक्रेटस के काल से आरंभ हुई थी। आधुनिक काल में लक्षणों के आधार पर व्यक्तित्व की व्याख्या निम्नलिखित मनोवैज्ञानिकों ने की जिनमें, गार्डन अलपोर्ट, रेमंड केटिल, हैंस इसेनक, रोबर्ट मेक्रे तथा पॉल कोस्टा विशेष रूप से चर्चा में हैं।

(1) अलपोर्ट का शीलगुण सिद्धांत (Allport's Trait Theory)—मनुष्य के व्यक्तित्व के जटिल व्यवहार के वर्णन के लिए गोर्डन आल्पोर्ट (Gordon Allport) ने अनेक विशेषकों की पहचान की है। उसने विशेषकों का वर्गीकरण दो श्रेणियों में किया है—सामान्य विशेषक (Common traits) और व्यक्तिगत प्रवृत्ति (Personal disposition)।

सामान्य विशेषकों का उपयोग, लोगों की तुलना करने के लिए किया जाता है, जबकि व्यक्तिगत प्रवृत्तियाँ अनूठी होती हैं और ये मनुष्य के व्यक्तित्व की जटिलताओं का वर्णन करती हैं। तुलना करने के लिए छः प्रमुख विशेषक उन्मुखताओं (trait orientations) का प्रयोग किया जाता है। ये हैं–सामाजिक, राजनीतिक, आर्थिक, सौंदर्यपरक, धार्मिक और सैद्धांतिक। उदाहरणार्थ सामाजिक विशेषक प्रेम, स्नेह, दूसरों के संबंध में चिंता, दूसरों के संबंध में दिलचस्पी लेने और सहानुभूति प्रकट करने पर जोर देते हैं। राजनीतिक विशेषक का संबंध शक्ति की चेतना के साथ होता है। आर्थिक विशेषक व्यावहारिक विधियों तथा परिस्थिति की लागत और लाभ पर जोर देते हैं, जबकि सौंदर्यपरक विशेषक का संबंध सर्जनात्मक और कलात्मक पक्षों के साथ होता है। धार्मिक विशेषक का संबंध एकता और सत्यनिष्ठा के साथ होता है। इसके विपरीत सैद्धांतिक विशेषक में तर्क और आनुभविक उपागम (empirical approach) का उपयोग होता है। जिस व्यक्ति के पास सैद्धांतिक विशेषक होता है उसे सत्य को खोजने वाला माना जाता है।

आलपोर्ट (Allport) ने वैयक्तिक पूर्ववृत्ति (personal disposition) को निम्नांकित तीन भागों में बाँटा है–

(क) कार्डिनल पूर्ववृत्ति या शीलगुण (Cardinal Predisposition or trait)–कार्डिनल पूर्ववृत्ति या शीलगुण से तात्पर्य वैसे शीलगुण से होता है जो व्यक्ति में इतना अधिक व्यापक (pervasive) होता है कि वह प्रत्येक व्यवहार इसी से प्रभावित होकर करता पाया जाता है। अधिकतर लोगों में कार्डिनल शीलगुण नहीं होते हैं परंतु जिनमें होते हैं, वे उस शीलगुण के लिए विश्वविख्यात होते हैं। जैसे, शांति एवं अहिंसा का शीलगुण महात्मा गाँधी का एक कार्डिनल शीलगुण था। आक्रामकता हिटलर एवं नेपोलियन का एक कार्डिनल शीलगुण था जिससे वे विश्वविख्यात थे।

(ख) केंद्रित पूर्ववृत्ति या शीलगुण (Central predisposition or trait)–केंद्रीत शीलगुण वैसे शीलगुणों को कहा जाता है जो व्यापक (pervasive) तो नहीं होते हैं परंतु महत्त्वपूर्ण जरूर होते हैं जिनपर व्यक्ति अपनी जिंदगी में अधिक प्रकाश डालता है। ऐसे शीलगुण प्रत्येक व्यक्ति में पाया जाता है तथा औसत रुप से इसकी संख्या 5 से 10 होती है। इन शीलगुणों की अभिव्यक्ति व्यक्ति के बारे में कुछ अनुशंसा (recommedation) करते समय प्रायः किया जाता है। इन शीलगुणों की अभिव्यक्ति व्यक्ति प्रायः अपने व्यवहारों में करता है। बहिर्गमन, भावुक, सचेत, सामाजिक, आक्रामकता (aggression) आदि कुछ ऐसे ही शीलगुणों के उदाहरण हैं।

(ग) गौण पूर्ववृत्ति या शीलगुण (Secondary predisposition or trait)–इस श्रेणी में उन शीलगुणों को रखा जाता है जो कम सुस्पष्ट (less conspicuous), कम संगठित कम संगत होते हैं और इसलिए व्यक्तित्व की संरचना के लिए कम महत्त्वपूर्ण होते हैं। जैसे, विशेष हेयर-स्टाइल रखना, खास प्रकार के भोजन करना, खास प्रकार के भोजन करना, विशेष मनोवृत्ति आदि गौण पूर्ववृत्ति के उदाहरण हैं

व्यक्तित्व का सिद्धांत 109

जिनके आधार पर व्यक्तित्व की संरचना (structure) के बारे में कोई ठोस निष्कर्ष पर नहीं पहुँचा जा सकता है।

(2) कैटेल का शीलगुण सिद्धांत (Cattell's Trait Theory)–कैटेल के सिद्धांत का विकास एक नए उपागम पर हुआ है। विशेषकों की पहचान दो वर्गों में की गई है–पृष्ठ विशेषक और मूल विशेषक। पृष्ठ विशेषकों को हम बाहर से देख सकते हैं और इनकी झलक व्यक्तित्व पर मिलती है। इनका निर्धारण मुख्यत: अंतर्निहित मूल विशेषकों द्वारा होता है। मूल विशेषक कारण होता है और पृष्ठ विशेषक उसका प्रभाव होता है। पृष्ठ विशेषक मूल विशेषक का लक्षण होता है। विशेषक सिद्धांत व्यक्तित्व की निरंतरता को मानते हैं। इन सिद्धांतों ने यह प्रदर्शित किया है कि व्यवहारात्मक विज्ञानों में परिमाणात्मक प्रयोग उपयोगी होता है। इनमें बहुत अधिक सहजबोधी (intuitive) अपील होती है।

तालिका 6.1: कैटेल द्वारा निर्धारित व्यक्तित्व के लक्षणों की श्रेणियाँ

लक्षण	निम्न स्तर	उच्च स्तर
A	अंतर्मुखी	बहिर्मुखी
B	कम प्रतिभाशाली	अधिक प्रतिभाली
C	स्थिरता	भावुकता
D	विनम्र	उग्र
F	सादा	उत्साही
G	तिकड़मी	ईमानदार
H	दब्बू	साहसी
I	कठोर	कोमल
L	विश्वसनीय	अविश्वसनीय
M	व्यावहारिक	अव्यावहारिक
N	सीधासादा	शरारती
O	सौम्य	आशंकित
Q_1	अपरिवर्तनवादी	प्रयोगवादी
Q_2	पराश्रित	स्वावलंबी
Q_3	अनुशासन हीन	अनुशासित
Q_4	तनावरहित	तनावयुक्त

रेमण्ड कैटेल का यह मत था कि एक सामान्य संरचना के द्वारा व्यक्ति एक-दूसरे से पृथक् होते हैं। इस संरचना का निर्धारण इंद्रियानुभविक रीति के द्वारा होता है। उन्होंने भाषा में उपलब्ध वर्णनात्मक विशेषणों के विशाल समुच्चय में से प्राथमिक विशेषकों की पहचान करने का प्रयत्न किया है। सामान्य संरचनाओं को जानने हेतु उन्होंने कारक विश्लेषण (Factor analysis) नामक सांख्यिकीय तकनीक का प्रयोग किया है। इसके आधार पर उन्होंने 16 प्राथमिक अथवा मूल

विशेषकों की जानकारी प्राप्त की है। मूल विशेषक (Source traits) स्थिर होते हैं जो कि व्यक्ति का निर्माण करने वाले मूल तत्वों के रूप में जाने जाते हैं। इसके अलावा विभिन्न सतही या पृष्ठ विशेषक (Surface traits) भी होते हैं जो मूल विशेषकों की अंत:क्रिया के परिणामस्वरूप उत्पन्न होते हैं। कैटेल ने मूल विशेषकों को विपरीतार्थी या विलोमी प्रवृत्तियों के रुप में वर्णित किया है। उन्होंने व्यक्तित्व के मूल्यांकन के लिए एक परीक्षण का विकास किया है जिसे सोलह व्यक्तित्व कारक प्रश्नावली (16PF) के रूप में जाना जाता है। इस परीक्षण का मनोवैज्ञानिकों द्वारा व्यापक रुप से प्रयोग किया गया है।

(3) आइजेंक का शीलगुण सिद्धांत–(Eysenck's Theory)–एच.जे. आइजेंक (H.J. Eysenck) ने व्यक्तित्व को दो व्यापक आयामों के रूप में प्रदर्शित किया है। इन आयामों का आधार आनुवंशिक एवं जैविक है। प्रत्येक आयाम में विभिन्न विशिष्ट विशेषकों को शामिल किया गया है। ये आयाम अग्र प्रकार हैं–

- **(क) तंत्रिकातापिया बनाम सांवेगिक स्थिरता (Neurotic v/s Emotional Static)**–इसका अभिप्राय है कि लोगों में किस मात्रा तक अपनी भावनाओं पर नियंत्रण होता है। इस आयाम के एक छोर पर तंत्रिकाताप से ग्रसित लोग होते हैं। इस प्रकार के लोगों में अतिसंवेदनशीलता, दुश्चिंता, बेचैनी और नियंत्रण, चिड़चिड़ापन का अभाव पाया जाता है। दूसरे छोर पर वे लोग होते हैं जो विश्वसनीय, शांत, संयत स्वभाव वाले व स्वयं पर नियंत्रण रखने वाले होते हैं।

- **(ख) बहिर्मुखता बनाम अंतर्मुखता (Extroversion v/s Introversion)**–इसका अभिप्राय यह है कि किस सीमा तक लोगों में सामाजिक-उन्मुखता अथवा सामाजिक-विमुखता पाई जाती है। इस आयाम के एक छोर पर वे लोग होते हैं जिनमें यूथचारिता, आवेग, सक्रियता और रोमांच के प्रति पसंदगी पाई जाती है। दूसरे छोर पर वे लोग होते हैं जो सतर्क, निष्क्रिय, आत्म-केन्द्रित और शांत होते हैं।

    आइजेंक ने इसके पश्चात् किए गए अनुसंधान कार्यों के आधार पर एक तीसरा आयाम–मनस्तापिता बनाम सामाजिकता भी प्रस्तावित किया गया जो उपरोक्त दोनों आयामों से अंतर्क्रिया से करता हुआ माना गया है। एक व्यक्ति जो मनस्तापिता के आयाम पर अधिक अंक प्राप्त करता है तो उसमें अहं-केंद्रित, आक्रामक और समाजविरोधी होने की प्रवृत्ति पाई जाती है। इसके विपरीत जिनके अंदर सामाजिकता होती है उनमें सहनशीलता होती है, सहानुभूति होती है और दूसरों के साथ मिलकर रहने की भावना भी होती है।

(4) मैक्रे तथा कोस्टा का पंच घटकीय सिद्धांत–पॉल कॉस्टा तथा राबर्ट मैक्रे ने सभी संभावित व्यक्तित्व विशेषकों की जाँच कर पाँच कारकों के एक समुच्चय के विषय में जानकारी दी है। इनको वृहत् पाँच कारकों के रूप में जाना जाता है। ये पाँच कारक निम्नलिखित हैं–

- **(क) अनुभवों के लिए खुलापन**–जो लोग इस कारक के अंतर्गत अधिक अंक प्राप्त करते हैं वे उत्सुक, कल्पनाशील, सांस्कृतिक क्रियाकलापों एवं नए विचारों के प्रति उदारता में अभिरूचि लेने वाले होते हैं। दूसरी ओर कम अंक पाने वाले व्यक्तियों में अनन्यता पाई जाती है।

(ख) **बहिर्मुखता**—यह विशेषता ऐसे लोगों में विद्यमान होती है जिनमें आग्रहिता, सामाजिक सक्रियता, बातूनीपन, बहिर्गमन और आमोद-प्रमोद हेतु पसंदगी पाई जाती है। दूसरी ओर ऐसे लोग होते हैं जो संकोची होते हैं।

(ग) **सहमतिशीलता**—यह कारक उन लोगों की विशेषताओं को बताता है जिनमें सहयोग करने, मैत्रीपूर्ण व्यवहार करने, सहायता करने, पोषण करने एवं देखभाल करने जैसे व्यवहार शामिल होते हैं। दूसरी ओर ऐसे लोग होते हैं जो आक्रामक और आत्म-केंद्रित होते हैं।

(घ) **तंत्रिकाताप**—इस कारक के अंतर्गत अधिक अंक प्राप्त करने वाले लोग सांवेगिक रुप से परेशान, भयभीत, दुश्चिंतित, अस्थिर, चिड़चिड़े, तनावग्रस्त और दु:खी होते हैं। इससे विपरीत प्रकार के लोग सुसमायोजित होते हैं।

(ङ) **अंतर्विवेकशीलता**—इसके अंतर्गत अधिक अंक पाने वाले लोगों में उपलब्धि-उन्मुखता, उत्तरदायित्व, निर्भरता, कर्मठता, दूरदर्शिता और आत्म-नियंत्रण पाया जाता है। दूसरी ओर कम अंक पाने वाले लोगों में आवेग पाया जाता है। व्यक्ति के क्षेत्र में यह पंच-कारक मॉडल एक महत्त्वपूर्ण सिद्धांत विकसित करते हैं। अनेक संस्कृतियों में लोगों के व्यक्तित्व को समझने हेतु यह मॉडल अत्यंत उपयोगी सिद्ध हुआ है। अनेक संस्कृतियों व भाषाओं में उपलब्ध व्यक्तित्व विशेषकों के विश्लेषण से यह मॉडल संगत है और अनेक प्रणालियों से किए गए व्यक्तित्व के शोध भी मॉडल का समर्थन करते हैं। अत: व्यक्तित्व के अध्ययन की दृष्टि से यह मॉडल अत्यधिक महत्त्वपूर्ण आनुभविक उपागम माना जाता है।

प्रश्न 7. व्यक्तित्व-मूल्यांकन में प्रयुक्त की जाने वाली प्रमुख विधियों का विवेचन कीजिए।

अथवा

व्यक्तित्व का आंकलन करने में आत्म-प्रतिवेदन माप कैसे प्रक्षेपी तकनीकों से अलग है? समझाइए।

उत्तर— लोगों को जानने, समझने और उनका वर्णन करने का कार्य ऐसा है जिससे दैनंदिन जीवन में प्रत्येक व्यक्ति संबद्ध होता है। जब हम नए लोगों से मिलते हैं तो हम उनको समझने का प्रयास करते हैं और साथ ही उनसे अंत:क्रिया करने के पहले ही हम ये भविष्यकथन भी करते हैं कि वे क्या कर सकते हैं। हम अपने व्यक्तिगत जीवन में अपने पूर्वानुभवों, प्रेक्षणों, वार्तालापों और दूसरे लोगों से प्राप्त सूचनाओं पर विश्वास करते हैं। इस उपागम के आधार पर दूसरों को समझना अनेक कारकों से प्रभावित हो सकता है जो हमारे निर्णयों को अतिरंजित कर वस्तुनिष्ठता को कम कर सकते हैं। इसलिए व्यक्तित्वों का विश्लेषण करने के लिए हमें अपने प्रयासों को अधिक औपचारिक रूप से संगठित करने की आवश्यकता होती है। किसी व्यक्ति के व्यक्तित्व की समझ के लिए सोद्देश्य औपचारिक प्रयास को व्यक्तित्व-मूल्यांकन (personality assessment) कहा जाता है।

मूल्यांकन का तात्पर्य उन प्रक्रियाओं से है जिनका उपयोग कुछ विशेषताओं के आधार पर लोगों के मूल्यांकन या उनके मध्य विभेदन के लिए किया जाता है। मूल्यांकन का लक्ष्य लोगों के व्यवहारों को न्यूनतम त्रुटि और अधिकतम परिशुद्धता के साथ समझना और उनकी भविष्यवाणी करना होता है। मूल्यांकन में किसी स्थिति विशेष में व्यक्ति सामान्यतया कौन-सा व्यवहार करता है और कैसे करता है हम यह समझने का प्रयास करते हैं। हमारी समझ को उन्नत करने के अतिरिक्त, मूल्यांकन निदान, प्रशिक्षण, स्थानन, परामर्श और अन्य उद्देश्यों के लिए भी बहुत उपयोगी है।

मनोवैज्ञानिकों ने विभिन्न तरीकों से व्यक्तित्व का मूल्यांकन करने का प्रयास किया है। सामान्यत: सबसे अधिक उपयोग की जाने वाली तकनीकों के अंतर्गत मनोमितिक परीक्षण (psychometric tests), आत्म-प्रतिवेदन माप (self-report measures), प्रक्षेपी तकनीकें (projective techniques) और व्यवहारपरक विश्लेषण (behavioural analysis) आते हैं। इन तकनीकों के मूल विभिन्न सैद्धांतिक उन्मुखताओं में हैं इसलिए ये तकनीक व्यक्तित्व के विभिन्न पक्षों पर प्रकाश डालती हैं।

इनमें से दो विधियों की चर्चा निम्न प्रकार हैं—

(1) आत्म-प्रतिवेदन माप—ऑलपोर्ट ने सुझाव दिया है कि किसी व्यक्ति के बारे में मूल्यांकन करने की सर्वोत्तम विधि है उससे उसके बारे में पूछना। उनका यह दृष्टिकोण आत्म-प्रतिवेदन मापों के उपयोग का कारण बना। ये माप उचित रूप से संरचित होते हैं और प्राय: ऐसे सिद्धांतों पर आधारित होते हैं जिसमें प्रयोज्यों को किसी प्रकार की निर्धारण मापनी पर शाब्दिक अनुक्रियाएँ देनी होती हैं। इस विधि में प्रयोज्य को विभिन्न कथनों के संदर्भ में अपनी भावनाओं के बारे में वस्तुनिष्ठ रूप से प्रतिवेदना देना अपेक्षित होता है। इन अनुक्रियाओं को उनके मूल रूप (अंकित मूल्य) में स्वीकार कर लिया जाता है। इन अनुक्रियाओं को मात्रात्मक रूप में अंक दिए जाते हैं और परीक्षण के लिए विकसित मानकों के आधार पर उनकी व्याख्या की जाती है। कुछ प्रसिद्ध आत्म-प्रतिवेदन मापों का संक्षिप्त विवरण नीचे दिया गया है—

(क) **मिनेसोटा बहुपक्षीय व्यक्तित्व सूची (एम.एम.पी.आई.)**—यह सूची एक परीक्षण के रूप में व्यक्तित्व-मूल्यांकन में व्यापक रूप से उपयोग की गई है। हाथवे (Hathaway) एवं मैकिन्ले (Mckinley) ने मनोरोग-निदान के लिए इस परीक्षण का एक सहायक उपकरण के रूप में विकास किया था किंतु यह परीक्षण विभिन्न मनोविकारों की पहचान करने के लिए अत्यंत प्रभावी पाया गया है। इसका परिशोधित एम.एस.पी.आई.-2 के रूप में उपलब्ध है। इसमें 567 कथन हैं। प्रयोज्य को अपने लिए प्रत्येक कथन के 'सही' अथवा 'गलत' होने के बारे में निर्णय लेना होता है। यह परीक्षण 10 उपमापनियों में विभाजित है जो स्वकायदुश्चिंता रोग, अवसाद, हिस्टीरिया, मनोविकृत विसामान्य, पुरुषत्व-स्त्रीत्व, व्यामोह, मनोदौर्बल्य, मनोविदलता, उन्माद और सामाजिक अंतर्मुखता के निदान करने का प्रयत्न करता है। भारत में मल्लिक (Mallick) एवं जोशी (Joshi) ने जोधपुर बहुपक्षीय व्यक्तित्व सूची (जे.एम.पी.आई.) एम.एम.पी.आई. की तरह ही विकसित की है।

(ख) **आइजेंक व्यक्तित्व प्रश्नावली (ई.पी.क्यू.)**–आइजेंक द्वारा विकसित इस परीक्षण ने आरंभ में व्यक्तित्व के दो आयामों–अंतर्मुखता-बहिर्मुखता और सांवेगिक स्थिरता-अस्थिरता का मूल्यांकन किया। 32 व्यक्तित्व विशेषक इन आयामों की विशेषता के रूप में बताए गए है। बाद में चलकर आइजेंक ने एक तीसरा आयाम मानस्तापिता इस परीक्षण में जोड़ा। यह मनोविकारों से संबंधित है जो दूसरों के लिए भावनाओं में कमी, लोगों के साथ अंत:क्रिया करने का एक कठोर तरीका और सामाजिक परंपराओं की अवज्ञा करने की प्रवृत्ति का प्रतिनिधित्व करता है। इस आयाम पर उच्च अंक प्राप्त करने वाले व्यक्ति आक्रामक, अहंकेंद्रित और समाजविरोधी होते हैं। इस परीक्षण का भी व्यापक रूप से उपयोग किया गया है।

(ग) **सोलह व्यक्तित्व कारक प्रश्नावली (16 पी.एफ.)**–यह परीक्षण कैटेल के द्वारा विकसित किया गया है। अपने अध्ययनों के आधार पर उन्होंने व्यक्तित्व का वर्णन करने वाले कारकों के एक बृहत् समुच्चय की पहचान की और बाद में मूल व्यक्तित्व संरचना की पहचान के लिए कारक विश्लेषण का उपयोग किया। इस परीक्षण में घोषणात्मक कथन दिए गए हैं और प्रयोज्य इसके विशिष्ट स्थिति के प्रति दिए गए विकल्पों के समुच्चय से किसी एक विकल्प का चयन कर अनुक्रिया देता है। इस परीक्षण का उपयोग उच्च विद्यालय स्तर के विद्यार्थियों एवं वयस्कों के लिए किया जा सकता है। यह परीक्षण व्यावसायिक निर्देशन, व्यावसायिक अंवेषण एवं व्यावसायिक परीक्षण में अत्यंत उपयोगी पाया गया है।

आत्म-प्रतिवेदन मापों में अनेक समस्याएँ या न्यूनताएँ पाई जाती हैं। सामाजिक वांछनीयता (social desirability) उनमें से एक है। उत्तरदाता में सामाजिक दृष्टि से वांछनीय तरीके से ही एकांशों के प्रति अनुक्रिया देने की प्रवृत्ति पाई जाती है। दूसरी समस्या है अनुमनन (acquiescence)।

प्रयोज्य में एक प्रवृत्ति यह भी पाई जाती है कि वह एकांशों अथवा प्रश्नों की विषयवस्तु से निरपेक्ष होकर उससे सहमत हो जाता है। यह प्राय: देखा जा सकता है जब प्रयोज्य, एकांशों के प्रति 'हाँ' की अनुक्रिया देता है। इन प्रवृत्तियों से व्यक्तित्व के मूल्यांकन की विश्वसनीयता कम हो जाती है।

यहाँ इस चरण पर आवश्यक है कि एक सावधानी के प्रति आपका ध्यान आकर्षित किया जाए। यह याद रखें कि मनोवैज्ञानिक परीक्षण और व्यक्तित्व की समझ के लिए उच्चस्तरीय कौशल और प्रशिक्षण की आवश्यकता होती है। जब तक आप किसी विशेषज्ञ के सचेत पर्यवेक्षण में इष्टतम स्तर तक इन कौशलों को अर्जित न कर लें तब तक आपको अपने उन मित्रों जो मनोविज्ञान का अध्ययन नहीं करते हैं, के व्यक्तित्व का परीक्षण और उसकी व्याख्या करने का जोखिम नहीं उठाना चाहिए।

(2) प्रक्षेपी तकनीक–अब तक व्यक्तित्व के मूल्यांकन की जिन तकनीकों का वर्णन किया गया है वे सब प्रत्यक्ष तकनीकें हैं जिनमें व्यक्ति से सीधे उसके बारे में सूचनाएँ प्राप्त करके उसके

व्यक्तित्व के बारे में जानकारी प्राप्त करने का प्रयास किया जाता है और वह व्यक्ति स्पष्ट रूप से जानता है कि उसके व्यक्तित्व का मूल्यांकन किया जा रहा है। इन स्थितियों में लोग प्रायः आत्मचेतन का अनुभव करते हैं और अपनी निजी या अंतरंग भावनाओं, विचारों और अभिप्रेरणाओं को व्यक्त करने में हिचकिचाते हैं। वे जब भी ऐसा करते हैं तो प्रायः सामाजिक दृष्टि से वांछनीय तरीके के अनुरूप व्यवहार करने का प्रयास करते हैं।

मनोविश्लेषणात्मक सिद्धांत के अनुसार मानव व्यवहार का एक बड़ा भाग अचेतन अभिप्रेरणाओं द्वारा नियमित होता है। व्यक्तित्व-मूल्यांकन की प्रत्यक्ष विधियों द्वारा हमारे व्यवहार के अचेतन पक्ष को उद्घाटित नहीं किया जा सकता है। इसलिए ये विधियाँ किसी व्यक्ति के व्यक्तित्व का वास्तविक वर्णन करने में असफल हो जाती हैं। मूल्यांकन की अप्रत्यक्ष विधियों का उपयोग करके इन समस्याओं का समाधान किया जा सकता है। प्रक्षेपी तकनीकें इसी वर्ग की विधियों के अंतर्गत आती हैं।

प्रक्षेपी तकनीकों का विकास अचेतन अभिप्रेरणाओं और भावनाओं का मूल्यांकन करने के लिए किया गया है। ये तकनीकें इस अभिग्रह पर आधारित है कि कम संरचित अथवा असंरचित उद्दीपक अथवा स्थिति व्यक्तियों को उस स्थिति पर अपनी भावनाओं, इच्छाओं और आवश्यकताओं को प्रक्षेपन करने का अवसर प्रदान करता है। विशेषज्ञों द्वारा इन प्रक्षेपणों की व्याख्या की जाती है। विभिन्न प्रकार की प्रक्षेपी तकनीकें विकसित की गई हैं जिनमें व्यक्तित्व के मूल्यांकन के लिए विभिन्न प्रकार की उद्दीपक सामग्रियों और स्थितियों का उपयोग किया जाता है। इनमें से कुछ तकनीकों में उद्दीपकों के साथ प्रयोज्य को अपने साहचर्यों को बताने की आवश्यकता होती है, कुछ में चित्रों को देखकर कहानी लिखनी होती है, कुछ में वाक्यों को पूरा करने की आवश्यकता होती है, कुछ में आरेखों द्वारा अभिव्यक्ति अपेक्षित होती है और कुछ में उद्दीपकों के एक बृहत् समुच्चय में से उद्दीपकों का वरण करने के लिए कहा जाता है।

यद्यपि इन तकनीकों में प्रयुक्त उद्दीपकों और अनुक्रियाओं की प्रकृति में पर्याप्त भिन्नताएँ पाई जाती हैं फिर भी इन सभी में अधोलिखित विशेषताएँ समान रूप से पाई जाती हैं–

(क) उद्दीपक सापेक्ष रूप से अथवा पूर्णतः असंरचित और अनुपयुक्त ढंग से परिभाषित होते हैं।

(ख) जिस व्यक्ति का मूल्यांकन किया जाता है उसे साधारणतया मूल्यांकन के उद्देश्य, अंक प्रदान करने की विधि और व्याख्या के बारे में नहीं बताया जाता है।

(ग) व्यक्ति को यह सूचना दे दी जाती है कि कोई भी अनुक्रिया सही या गलत नहीं होती है।

(घ) प्रत्येक अनुक्रिया व्यक्तित्व के एक महत्त्वपूर्ण पक्ष को प्रकट करने वाली समझी जाती है।

(ङ) अंक प्रदान करना और व्याख्या करना लंबा (अधिक समय लेने वाला) और कभी-कभी आत्मनिष्ठ होता है।

प्रक्षेपी तकनीकें मनोमितिक परीक्षणों से अनेक प्रकार से भिन्न होती है। वस्तुनिष्ठ ढंग से प्रक्षेपी तकनीकों में अंक प्रदान नहीं किए जा सकते हैं। इनमें प्रायः गुणात्मक विश्लेषणों की

आवश्यकता होती है जिसके लिए कठिन प्रशिक्षण अपेक्षित है। कुछ प्रसिद्ध प्रक्षेपी तकनीकें रोर्शा मसिलक्ष्म परीक्षण, कथानक संप्रत्यक्षण परीक्षण (टी.ए.टी.), वाक्य-समापन परीक्षण, रोजेनज्विग का चित्रगत कुंठा अध्ययन (पी.-एफ. अध्ययन) और व्यक्तंकन परीक्षण है।

प्रक्षेपी तकनीकों की सहायता से व्यक्तित्व का विश्लेषण अत्यंत रोचक प्रतीत होता है। यह हमें किसी व्यक्ति की अचेतन अभिप्रेरणाओं, गहन द्वंद्वों और संवेगात्मक मनोग्रंथियों को समझने में सहायता करता है। यद्यपि इन तकनीकों में अनुक्रियाओं की व्याख्या के लिए परिष्कृत कौशलों और विशिष्ट प्रशिक्षण की आवश्यकता होती है। इसके अतिरिक्त अंक प्रदान करने की विश्वसनीयता और व्याख्याओं की वैधता से संबंधित कुछ समस्याएँ भी होती हैं। किंतु व्यावसायिक मनोवैज्ञानिकों ने इन तकनीकों को नितांत उपयोगी पाया है।

अध्याय 7

मानव विकास की प्रकृति और सिद्धांत

भूमिका

विकास गतिशील, क्रमबद्ध तथा पूर्वकथनीय परिवर्तनों का प्रारूप है जो गर्भाधान से प्रारंभ होता है तथा जीवनपर्यंत चलता रहता है। विकास में मुख्यतया संवृद्धि एवं ह्रास, जो वृद्धावस्था में देखा जाता है, दोनों ही तरह के परिवर्तन निहित होते हैं। इस अध्याय में मानव विकास और जीवन-काल विकास के अर्थ तथा इसके पश्चात् विकास और विकास के बुनियादी मुद्दों को प्रभावित करने वाले कारकों पर चर्चा की गई है। इसके अतिरिक्त मानव विकास में महत्त्वपूर्ण अवधि के अर्थ और महत्त्व पर भी चर्चा की गई है।

प्रश्न 1. मानव विकास को परिभाषित करते हुए इसके अध्ययन के प्रमुख क्षेत्रों का वर्णन कीजिए।

उत्तर— जब हम विकास के बारे में सोचते हैं तो निरपवाद रूप से हमें दैहिक परिवर्तनों के बारे में सोचते हैं, क्योंकि घर में भाई-बहनों में, विद्यालयों में मित्रों-सहयोगियों में अथवा घर में माता-पिता एवं दादा-दादी या अपने आस-पास के अन्य लोगों में ये परिवर्तन सामान्यतया देखे जाते हैं। गर्भाधान से लेकर मृत्यु के क्षणों तक हम मात्र दैहिक रूप से ही परिवर्तित नहीं होते हैं बल्कि हम सोचने, भाषा के उपयोग तथा सामाजिक संबंधों को विकसित करने के तरीकों के आधार पर भी परिवर्तित होते रहते हैं। याद रखें कि परिवर्तन एक व्यक्ति के जीवन के किसी एक क्षेत्र तक सीमित नहीं रहते हैं; ये व्यक्ति में एकीकृत रूप से या एक साथ उत्पन्न होते हैं। विकास गतिशील, क्रमबद्ध तथा पूर्वकथनीय परिवर्तनों का प्रारूप है जो गर्भाधान से प्रारंभ होता है तथा जीवनपर्यंत चलता रहता है। विकास में मुख्यतया संवृद्धि एवं ह्रास, जो वृद्धावस्था में देखा जाता है, दोनों ही तरह के परिवर्तन निहित होते हैं।

विकास जैविक, संज्ञानात्मक तथा समाज-सांवेगिक प्रक्रियाओं की परस्पर क्रिया से प्रभावित होता है। माता-पिता से वंशानुगत रूप से प्राप्त जीन के कारण होने वाले विकास; जैसे—लंबाई एवं वजन, मस्तिष्क, हृदय एवं फेफड़े का विकास इत्यादि, ये सभी जैविक प्रक्रियाओं (biological processes) की भूमिका को इंगित करते हैं। विकास में संज्ञानात्मक प्रक्रियाओं (cognitive processes) की भूमिका का संबंध ज्ञान एवं अनुभव प्राप्त करने तथा इनसे संबंधित मानसिक क्रियाओं; जैसे—चिंतन, प्रत्यक्षण, अवधान, समस्या समाधान आदि से है। विकास को प्रभावित करने वाली समाज-संवेगात्मक प्रक्रियाओं (socio-emotional processes) का संबंध एक व्यक्ति की दूसरों के साथ अंत:क्रिया में होने वाले और संवेग तथा व्यक्तित्व में होने वाले परिवर्तनों से है। एक बच्चे का अपनी माँ से लिपट जाना, एक छोटी बच्ची का अपने भाई-बहनों के प्रति स्नेहमय भाव का प्रदर्शन, अथवा एक किशोर का मैच हराने का दु:ख, सभी मानव विकास में समाज-संवेगात्मक प्रक्रियाओं की गहन लिप्तता को प्रकट करते हैं।

जैविक, संज्ञानात्मक तथा समाज-संवेगात्मक प्रक्रियाएँ एक दूसरे से घनिष्ठ रूप से संबंधित हैं। मनुष्य के जन्म से मृत्यु तक की संपूर्ण अवधि में ये प्रक्रियाएँ व्यक्ति के विकास में होने वाले परिवर्तनों को समग्र रूप से प्रभावित करती हैं।

मानव विकास के सामयिक क्षेत्र निम्नलिखित क्षेत्र विकासात्मक या जीवन के मनोवैज्ञानिकों के बीच जाँच का हिस्सा हैं। इस तरह के प्रमुख चार क्षेत्र हैं, जो इस प्रकार है—

- **शारीरिक विकास—**इसमें हमारे शरीर के उन पहलुओं का अध्ययन करना शामिल है जो शारीरिक विकास के लिए जिम्मेदार हैं जैसे—मस्तिष्क, तंत्रिका तंत्र, जीन, हार्मोन्स और पोषण की उपलब्धता आदि।
- **संज्ञानात्मक विकास—**यह क्षेत्र यह समझने में मदद करता है कि विकास और भौतिक परिवर्तनों के साथ बौद्धिक क्षमता कैसे बदलती है।
- **व्यक्तित्व विकास—**यह क्षेत्र जीवन भर व्यक्ति के व्यक्तित्व के विकास या परिवर्तन का अध्ययन करता है। इसके अलावा, इसका उद्देश्य लोगों के बीच व्यक्तिगत मतभेदों को समझना है। उनके व्यक्तित्व की संरचना के संबंध में।

- **सामाजिक विकास–**इस क्षेत्र के तहत, मनोवैज्ञानिक यह समझने का प्रयास करते हैं कि लोग कैसे दूसरे लोगों के साथ बातचीत करते हैं और एक दूसरे के साथ संबंध बनाते हैं। यह उन कारकों पर भी ध्यान केंद्रित करता है जो सामाजिक विकास को प्रभावित करते हैं।

  यहाँ इस बात का ध्यान रखना चाहिए कि ये चार डोमेन या क्षेत्र स्वतंत्र नहीं हैं, बल्कि अतिव्यापित (ओवरलैपिंग) है।

प्रश्न 2. जीवन-काल के विकास से आप क्या समझते हैं?

उत्तर– जीवन काल के विकास को निम्नलिखित रूप में परिभाषित किया जा सकता है–

"परिवर्तन का प्रतिरूप जो गर्भाधान से शुरू होता है और जीवन चक्र के माध्यम से जारी रहता है।"

उम्र के साथ-साथ जीवन के विकास को एक व्यवस्थित, अंतर-व्यक्तिगत परिवर्तन के रूप में भी परिभाषित किया जा सकता है। विकास कामकाज के स्तर को दर्शाता है। जीवन-काल विकासात्मक मनोविज्ञान, मनोविज्ञान का क्षेत्र है जिसमें संपूर्णता और मानव व्यवहार में परिवर्तन दोनों की परीक्षा शामिल है।

बालट्स (1987) के अनुसार, जीवन काल, यानी गर्भाधान से मृत्यु तक। विकास विभिन्न क्षेत्रों में होता है, जैसे कि जैविक (हमारे भौतिक में परिवर्तन), सामाजिक (हमारे सामाजिक रिश्तों में परिवर्तन), भावनात्मक (हमारी भावनात्मक समझ और अनुभवों में परिवर्तन), और संज्ञानात्मक (हमारी विचार प्रक्रियाओं में परिवर्तन)।

कुछ विकासात्मक मनोवैज्ञानिक विकास की धारणा को केवल उन परिवर्तनों तक सीमित करना पसंद करते हैं जो व्यवहार, कौशल या क्षमता (2000 की संरचना) में गुणात्मक पुनर्गठन करते हैं।

एक अन्य दृष्टिकोण (एजुकेशनल फाउंडेशन, 2001) के अनुसार जीवन काल विकास एक प्रक्रिया है जो गर्भाधान से शुरू होती है और मृत्यु तक जारी रहती है। प्रगति एक कोशिका वाले जीव से एक भ्रूण के उद्भव के साथ शुरू होती है। जैसे ही अजन्मा बच्चा दुनिया में प्रवेश करता है, वह वातावरण जिसमें बच्चे का अस्तित्व होता है, बच्चे के विकास को प्रभावित करने लगता है। लेविंसन के अनुसार, जीवन चक्र में चार 25 वर्ष के युग होते हैं। मुख्य विकास अवधि बच्चे और किशोरावस्था, प्रारंभिक वयस्कता, मध्य वयस्कता और देर से वयस्कता हैं। प्रत्येक युग के परिवर्तन में व्यक्ति के जीवन के चरित्र में एक आवश्यक परिवर्तन शामिल होता है और परिवर्तन को पूरा करने में कभी-कभी छह साल तक का समय लग जाता है (स्मिथ, 2009)।

मानव विकास का अध्ययन डार्विन और अन्य विकासवादियों के साथ शुरू हुआ। डार्विन ने सोचा कि अगर उन्होंने मानव विकास का अध्ययन किया तो वे विकास के अपने सिद्धांत (बॉयड एंड बी, 2006) को साबित कर सकते हैं।

रटर एंड रटर (1992) ने मनुष्यों के संबंध में विकास की एक कार्यशील परिभाषा के रूप में निम्नलिखित का उपयोग किया। उन्होंने कहा कि जीवन काल विकास एक व्यवस्थित, संगठित,

अंतर-व्यक्तिगत परिवर्तन है जो स्पष्ट रूप से आम तौर पर अपेक्षित आयु से संबंधित प्रगति के साथ जुड़ा हुआ है और जिसे किसी व्यक्ति के पैटर्न या स्तर के लिए निहितार्थ के रूप में आगे बढ़ाया जाता है।

प्रश्न 3. मानव विकास और विकास को प्रभावित करने वाले कारकों का वर्णन कीजिए।

उत्तर– विकासात्मक मनोवैज्ञानिकों के अनुसार, कई कारक मानव विकास और विकास को प्रभावित कर सकते हैं। कुछ प्रमुख कारक निम्न प्रकार हैं–

- **आनुवांशिकता–**वह जीन जो हम अपने माता-पिता और पूर्वजों से प्राप्त करते हैं, निश्चित रूप से विकास में महत्त्वपूर्ण भूमिका निभाता है। न केवल भौतिक विशेषताएँ बल्कि सामाजिक विशेषताएँ भी इन जीनों के माध्यम से माता-पिता से वंशज तक प्रेषित की जाती हैं। आपकी आँखों का रंग, ऊँचाई, बाल, बुद्धि और योग्यता सब कुछ आपके जीन पर काफी निर्भर करता है। वुडवर्थ के अनुसार, "आनुवांशिकता मानव के विकास की सीमाएँ पहले ही निश्चित कर देता है।"
- **लिंग–**लिंग एक बहुत ही महत्त्वपूर्ण कारक है जो मानव विकास और विकास को प्रभावित करता है। यौन भेद के कारण लड़के लड़कियों का शारीरिक तथा मानसिक विकास समान रूप से नहीं होता है। जन्म के समय लड़कियों की अपेक्षा लड़का आकार में थोड़ा बड़ा ही रहता है। भाषा विकास भी लड़कियों में अधिक तीव्रता से होता है शारीरिक विकास की तरह मानसिक परिपक्वता लड़कियों में कुछ समय पहले आ जाती है। परिपक्वता की क्षमता पर वंशनुक्रम तथा वातावरण का भी प्रभाव पड़ता है। अध्ययनों ने सुझाव दिया है कि किशोर लड़कियों की शारीरिक वृद्धि लड़कों की तुलना में तेज है।
- **सामाजिक आर्थिक–**सामाजिक-आर्थिक कारकों को कई स्तरों पर प्रभावित किया गया है। बेहतर सामाजिक स्तर के बच्चों में बेहतर खुफिया स्तर, बेहतर ऊँचाई और बेहतर मानसिक स्वास्थ्य पाया गया। इसके पीछे सबसे महत्त्वपूर्ण कारण बेहतर पोषण, बेहतर सुविधाएँ, नियमित भोजन, नींद और आयाम हैं।
- **हार्मोन (ग्रंथीरस)–**हमारे शरीर को कई हार्मोनल गतिविधियों द्वारा नियंत्रित किया जाता है। हार्मोन के ऐसे महत्त्वपूर्ण समूह में से एक को अंत:स्रावी ग्रंथियों के रूप में जाना जाता है। ये ग्रंथियाँ हार्मोन को सीधे हमारे रक्तप्रवाह में स्रावित करती हैं और इस प्रकार विकास और विकास की प्रक्रिया को नियंत्रित करती हैं। किसी भी हार्मोन के अंडरसेक्रेक्शन या ओवरसिरेक्शन से असामान्य विकास हो सकता है।
- **पोषण–**बालक के सामान्य विकास के लिए उपयुक्त पालन-पोषण तथा पौष्टिक आहार की आवश्यकता होती है। प्राय: सभी परिवारों में समान रूप से बालकों के भोजन पर ध्यान नहीं दिया जाता है कि उसमें स्वास्थ्य के लिए आवश्यक चीजें हैं या नहीं। शारीरिक विकास के लिए आयोडीन, कार्बोहाइड्रेट, प्रोटीन, कैल्शियम तथा विटामिन आदि बहुत आवश्यक हैं जिनके अभाव में बच्चे अस्वस्थ हो जाते हैं। इन सभी के

अभाव में बालकों का विकास रुक जाता है तथा किसी विशेष प्रकार का विकासात्मक परिवर्तन नहीं हो पाता है। बाल अवस्था में उचित पौष्टिक आहार प्राप्त करने के फलस्वरूप व्यक्तित्व विकास सामान्य रूप से होता है।

- **नस्लवाद**–हर दौड़ की अपनी अनोखी शारीरिक विशेषताएँ होती हैं। इसलिए नस्लवाद, ऊँचाई, वजन और रंग के आधार पर आपकी त्वचा बदलती है।
- **संस्कृति**–हर संस्कृति के अपने विशिष्ट मूल्य, रीति-रिवाज, आचार संहिता, अपेक्षाएँ और उपयुक्त पालन-पोषण के तरीके होते हैं। संस्कृति में ये अंतर विकासात्मक प्रक्रियाओं को काफी प्रभावित करते हैं।

प्रश्न 4. मानव विकास के प्रमुख मुद्दों का उल्लेख कीजिए।

उत्तर– मानव विकास के अध्ययन में कई प्रमुख मुदे सामने आए हैं, जिनमें से कुछ प्रमुख मुद्दे निम्नलिखित है–

- **निरंतरता और निर्लिप्तता**–यह सवाल कि क्या विकास केवल और समान रूप से निरंतर है, या क्या यह आयु-विशिष्ट अवधि द्वारा चिह्नित है। विकासात्मक मनोवैज्ञानिक विकास को एक अपेक्षाकृत प्रक्रिया के रूप में वर्णित करते हैं, जिसमें व्यक्ति को किसी चरणों से नहीं गुजरना पड़ता है। अर्थात्, व्यवहार, कौशल या ज्ञान के क्रमिक संचय की एक प्रक्रिया के रूप में विकास की कल्पना की जाती है। इसके विपरीत, जो दूसरे दृष्टिकोण को धारण करते हैं, वे सुझाव देते हैं कि विकास एक निरंतर प्रक्रिया नहीं है। वे विकास को असतत चरणों की एक श्रृंखला के रूप में वर्णित करते हैं, जिनमें से प्रत्येक चरण की विशेषता है कि अतीत में क्या हुआ था और उस अवधि के विकास कार्यों को पूरा करने में बच्चा कितना सक्षम था आदि की विशेषता पर आधारित होता है। इन सिद्धांतकारों का सुझाव है कि व्यवहार या कौशल अक्सर समय के साथ गुणात्मक रूप से बदलते हैं और यह कि नए संगठन व्यवहार, कौशल या ज्ञान के बजाय एक अचानक या असतत रूप में उभरते हैं।
- **स्थिरता और परिवर्तन**–एक अन्य मुद्दा जो विकास मनोवैज्ञानिकों के लिए महत्त्वपूर्ण है, स्थिरता बनाम परिवर्तन का मुद्दा है। क्या विकास में स्थिरता की विशेषता होती है, उदाहरण के लिए, व्यवहार या विशेषता जैसे शर्मीलापन समय के साथ अपनी अभिव्यक्ति में स्थिर रहता है या बदलता है, उदाहरण क्या किसी व्यक्ति के जीवनकाल में शर्मीलेपन की डिग्री में उतार-चढ़ाव आ सकता है?
- **प्रकृति बनाम पोषण**–क्या बच्चे द्वारा विकसित व्यवहार अंततः वंशानुगत कारकों या पर्यावरणीय कारकों के कारण होता है। यह मुद्दा मनोवैज्ञानिकों के लिए बहुत महत्त्व का है। वंशानुक्रम और पर्यावरण के सापेक्ष योगदान पर बहस दर्शन और मनोवैज्ञानिक दोनों विषयों में सबसे पुराने मुद्दों में से एक है।

  यह बहस उस सापेक्ष डिग्री की चिंता करती है जिसके लिए आनुवंशिकता और सीखना व्यक्ति के व्यवहार को प्रभावित करते हैं। आनुवांशिक लक्षण और पर्यावरणीय

परिस्थितियाँ दोनों ही एक व्यक्ति के विकास में शामिल हैं, हालाँकि प्रभाव की मात्रा दोनों में स्पष्ट नहीं है। वास्तव में यह कहा जा सकता है कि व्यक्ति और उसकी परिस्थितियाँ यह तय करती हैं कि व्यवहार, आनुवंशिकता के कारकों और पर्यावरणीय कारकों से कितना प्रभावित होता है। आज अधिकांश मनोवैज्ञानिक मानते हैं कि यह इन दो बलों के बीच के तालमेल से विकास होता है। विकास के कुछ पहलू विशिष्ट रूप से जैविक हैं, जैसे कि यौवन। हालाँकि, युवावस्था की शुरुआत आहार और पोषण जैसे पर्यावरणीय कारकों से प्रभावित हो सकती है।

प्रश्न 5. मानव विकास के प्रमुख चरणों की व्याख्या कीजिए।

अथवा

मानव विकास के प्रमुख कालों का उल्लेख कीजिए।

उत्तर– यद्यपि विकास एक सतत् प्रक्रिया है, तथापि कुछ सिद्धांतवादियों का विश्वास है कि विकासात्मक कार्यों के प्रमुख स्थानांतरणों के स्थापन और निर्धारण के लिए विविध चरणों को पहचाना जा सकता है। इससे विकासात्मक परिवर्तनों के परिवीक्षण (मॉनिटरिंग) में सहायता मिलती है। यहाँ यह उल्लेखनीय है कि इसमें परस्पर कोई सुस्पष्ट विभाजक रेखा नहीं है। प्रत्येक चरण के कुछ विशिष्ट अभिलक्षण हैं और वे अगले चरण के लिए भूमि तैयार करते हैं।

अधिकांश मनोवैज्ञानियों ने विकास के निम्नलिखित चरणों को पहचाना है–

- **प्रसव-पूर्व अवधि (गर्भधारण से जन्म होने तक)**–इस अवधि में एक-कोशीय जीव गर्भाशय के अंदर मानव शिशु में परिवर्तित होता है।
- **शैशव और डगमगाते हुए चलना (जन्म से 2 वर्ष तक)**–शरीर और मस्तिष्क में होने वाले तीव्र परिवर्तन, अनेक संवेदी (सेंन्जरी), गतिक (मोटर), सामाजिक और संज्ञानात्मक क्षमता के अस्तित्व में आने की प्रक्रिया में सहायता करते हैं।
- **प्रारंभिक बचपन (2-6 वर्ष)**–गतिक (मोटर) कौशलों में सुधार आता है, भाषा विकसित होती है, समवयस्कों (पीयर्स) के साथ संबंध गहन होते हैं और बच्चा खेल के माध्यम से सीखता है।
- **मध्य बचपन (6-11 वर्ष)**–यह स्कूल में जाने के वर्ष हैं जब बच्चा शैक्षणिक कौशल अर्जित करता है, सोच की प्रक्रियाओं में सुधार आता है, मित्र बनते हैं और स्व-प्रत्यय (सैल्फ-कन्सेप्ट) की संरचना होती है।
- **किशोरावस्था (11-20 वर्ष)**–इस अवधि को यौवनारम्भ की अवधि माना जाता है और इसमें बड़ी तेजी से शारीरिक और हार्मोन संबंधी परिवर्तन होते हैं, सूक्ष्म सोच का अविर्भाव होना, यौन परिपक्वता, समवयस्कों के संग गहन संबंध बनाना, स्व की संवेदना और माता-पिता के नियंत्रण से स्वतंत्रता प्राप्त करने संबंधी संकेत मिलते हैं।
- **प्रारंभिक वयस्कता (20-40 वर्ष)**–यह जीवन का वह चरण है जब युवक शिक्षा प्राप्त करने, या जीविका तलाश करने और विवाह के लिए अंतरंग संबंध बनाने और फिर बच्चे पैदा करने के लिए घर से बाहर निकलते हैं।

- **मध्य वयस्कता (40-60 वर्ष)**–इस चरण में व्यक्ति अपनी जीविका (कैरियर) के चरम पर होता/होती है। यह समय बच्चों द्वारा स्वतंत्र जीवन शुरू करने में उनकी सहायता करने और वृद्धावस्था की ओर बढ़ते अपने माता-पिता की देखभाल करने का होता है।
- **उत्तर वयस्कता (60 वर्ष से मृत्यु पर्यंत)**–इस अवधि को, कार्य से सेवानिवृत्त होने, ऊर्जस्विता (स्टैमिना) और शारीरिक स्वास्थ्य में क्षीणता, नाती-पोतों से गहरे लगाव और आसन्न वृद्धावस्था और स्वयं की और जीवन साथी की मृत्यु को झेलने के रूप में चिह्नित किया गया है।

प्रश्न 6. जीवन के परिप्रेक्ष्य के विभिन्न सिद्धांतों का वर्णन कीजिए।

उत्तर– जीवनपर्यंत परिप्रेक्ष्य के अनुसार विकास के अध्ययन में निम्नलिखित मान्यताएँ या पूर्वधारणाएँ निहित हैं–

- विकास जीवन भर चलने वाली प्रक्रिया है, अर्थात विकास गर्भाधान से प्रारंभ होकर वृद्धावस्था तक सभी आयु समूहों में होता है। इसमें प्राप्तियाँ तथा हानियाँ दोनों ही सम्मिलित हैं, जो संपूर्ण जीवन-विस्तार में गत्यात्मक तरीके से (एक पक्ष में परिवर्तन के साथ दूसरे पक्ष में भी परिवर्तन का होना) अंत:क्रिया करती हैं।
- जन्म से मृत्यु तक को संपूर्ण अवधि में मानव विकास की विभिन्न प्रक्रियाएँ, अर्थात जैविक, संज्ञानात्मक तथा समाज-संवेगात्मक, एक व्यक्ति के विकास में एक दूसरे से घनिष्ठ रूप से संबंधित रहते हैं।
- विकास बहु-दिश् है। विकास के एक दिए हुए आयाम के कुछ आयामों या घटकों में वृद्धि हो सकती है, जबकि दूसरे ह्रास का प्रदर्शन कर सकते हैं। उदाहरण के लिए, प्रौढ़ों के अनुभव उन्हें अधिक बुद्धिमान बना सकते हैं तथा उनके निर्णयों को दिशा प्रदान कर सकते हैं। जबकि उम्र बढ़ने के साथ, गति की माँग करने वाले कार्यों, जैसे–दौड़ना, पर एक व्यक्ति का निष्पादन कम हो सकता है।
- विकास अत्यधिक लचीला या संशोधन योग्य होता है, अर्थात व्यक्ति के अंतर्गत होने वाले मानसिक विकास में परिमार्जनशीलता पाई जाती है, यद्यपि इस लचीलेपन में एक व्यक्ति से दूसरे व्यक्ति में भिन्नता पाई जाती है। इसका अर्थ यह है कि संपूर्ण जीवन-क्रम में कौशलों तथा योग्यताओं में सुधार या विकास किया जा सकता है।
- विकास ऐतिहासिक दशाओं से प्रभावित होता है। उदाहरणार्थ, भारत के स्वतंत्रता संग्राम के दौरान रहे 20 वर्षीय व्यक्ति का अनुभव आज के 20 वर्षीय व्यक्ति से बहुत भिन्न होगा। आज के विद्यालय स्तर के विद्यार्थियों का कैरियर या जीविका के प्रति रुझान उन विद्यार्थियों से बहुत भिन्न है जो आज से 50 वर्ष पहले विद्यालय स्तर के थे।
- विकास अनेक शैक्षणिक विद्याओं के लिए एक महत्त्वपूर्ण सरोकार है। विभिन्न विषयों; जैसे–मनोविज्ञान, मानवशास्त्र, समाजशास्त्र तथा तंत्रिका विज्ञान में मानव विकास का अध्ययन किया जाता है, प्रत्येक विषय संपूर्ण जीवन क्रम में होने वाले विकास को समझने का प्रयास कर रहा है।

- एक व्यक्ति परिस्थिति अथवा संदर्भ के आधार पर अनुक्रिया करता है। इस संदर्भ के अंतर्गत वंशानुगत रूप से प्राप्त विशेषताएँ, भौतिक पर्यावरण, सामाजिक, ऐतिहासिक तथा सांस्कृतिक संदर्भ आदि सम्मिलित हैं। उदाहरण के लिए, प्रत्येक व्यक्ति के जीवन में घटित घटनाएँ एक जैसी नहीं होती हैं; जैसे— माता-पिता की मृत्यु, दुर्घटना, भूकंप आदि एक व्यक्ति के जीवन क्रम को जिस प्रकार प्रभावित करती हैं वैसे ही पुरस्कार जीतना, या एक अच्छी नौकरी पा लेना जैसी सकारात्मक घटनाएँ भी विकास को प्रभावित करती हैं। संदर्भों के बदलने के साथ-साथ लोग बदलते रहते हैं।

प्रश्न 7. विकास का पारिस्थितिक तंत्र मॉडल क्या है?

उत्तर— विकास निर्वात में नहीं घटित होता है। यह सदैव एक विशिष्ट सामाजिक-सांस्कृतिक संदर्भ में सन्निहित होता है। एक व्यक्ति के संपूर्ण जीवन काल में परिवर्तन; जैसे— विद्यालय में प्रवेश करना, एक किशोर बनना, नौकरी खोजना, विवाह करना, बच्चों का होना, सेवानिवृत्त होना इत्यादि, सभी जैविक परिवर्तनों तथा व्यक्ति के परिवेश में परिवर्तनों का संयुक्त कार्य है। व्यक्ति के संपूर्ण जीवन क्रम में किसी भी समय परिवेश परिवर्तित हो सकता है।

युरी ब्रानफेनब्रेनर (Urie Bronfenbrenner) का विकास का परिस्थितिपरक दृष्टिकोण व्यक्ति के विकास में परिवेशीय कारकों की भूमिका पर अधिक बल देता है। इसका निरूपण चित्र 7.1 में किया गया है।

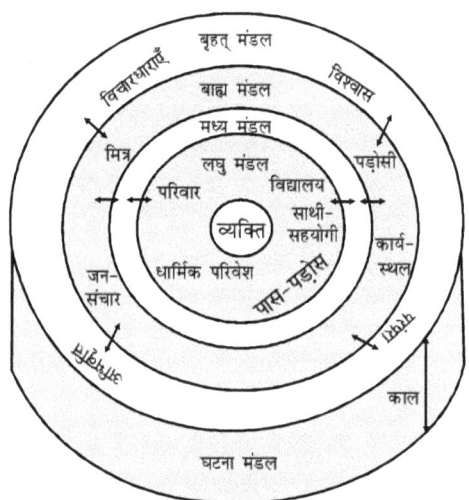

चित्र 7.1: ब्रानफेनब्रेनर का विकास का परिस्थितिपरक दृष्टिकोण

लघु मंडल (microsystem) वह निकटतम परिवेश है जिसमें व्यक्ति रहता है। यही वह परिवेश है जिसमें बच्चा सामाजिक कारकों या एजेंटों; जैसे—परिवार, साथी-सहयोगी, अध्यापक एवं पड़ोस से प्रत्यक्ष रूप से अंतःक्रिया करता है।

इन परिवेशों के मध्य संबंध मध्य मंडल (mesosystem) के अंतर्गत आते हैं। उदाहरण के लिए, एक बच्चे के माता-पिता अध्यापकों से कैसे संबंध स्थापित करते हैं, या माता-पिता किशोर के मित्र को किस रूप में देखते हैं, ये ऐसे अनुभव हैं जो एक व्यक्ति के दूसरों से संबंध को प्रभावित करने वाले हैं।

बाह्य मंडल के अंतर्गत सामाजिक परिवेश की वे घटनाएँ आती हैं जहाँ बच्चा प्रत्यक्ष रूप से प्रतिभागिता नहीं करता है, परंतु वे तात्कालिक परिस्थिति में बच्चे के अनुभव को प्रभावित करती हैं। उदाहरण के लिए, माता या पिता का स्थानांतरण माता-पिता में तनाव उत्पन्न कर सकता है जो बच्चे के साथ उनकी अंत:क्रिया अथवा बच्चे को उपलब्ध सामान्य सुख-सुविधाएँ; जैसे— विद्यालयी पठन-पाठन, पुस्तकालयी सुविधाएँ, चिकित्सीय देख-रेख, मनोरंजन के साधन आदि की गुणवत्ता को प्रभावित कर सकता है।

बृहत् मंडल (macrosystem) के अंतर्गत वह संस्कृति आती है जिसमें व्यक्ति रहता है।

घटना मंडल (chronosystem) में व्यक्ति के जीवन-क्रम की घटनाएँ तथा उस काल की सामाजिक-ऐतिहासिक परिस्थितियाँ; जैसे—माता-पिता का तलाक या आर्थिक आघात एवं बच्चों पर उनका प्रभाव आदि निहित हैं।

संक्षेप में, ब्रानफेनब्रेनर का दृष्टिकोण यह है कि बच्चे का विकास उस जटिल संसार से सार्थक रूप से प्रभावित होता है जो उसे आच्छादित किए गए है — चाहे वह उसके साथियों के साथ बातचीत का गौण प्रसंग हो, अथवा जीवन की वे सामाजिक या आर्थिक परिस्थितियाँ जिसमें उसने जन्म लिया है। शोध यह प्रदर्शित करते हैं कि साधनरहित परिवेश में बच्चों को पुस्तकों, पत्र-पत्रिकाओं, खिलौनों आदि से रहित उत्तेजनाहीन परिवेश मिलता है, उसमें ऐसे अनुभवों का अभाव होता है; जैसे— पुस्तकालय, संग्रहालय, चिड़ियाघर आदि में जाना, इसमें ऐसे माता-पिता होते हैं जो भूमिका प्रतिरूप स्थापित करने में प्रभावहीन होते हैं। माता-पिता से अंत:क्रिया उपयुक्त तरीके से नहीं होती है तथा बच्चे अत्यधिक भीड़ एवं शोरगुल वाले परिवेश में रहते हैं। इन परिस्थितियों के फलस्वरूप बच्चे असुविधाजनक स्थिति में होते हैं एवं उन्हें सीखने में कठिनाइयाँ होती हैं।

प्रश्न 8. एक उपयुक्त उदाहरण के साथ मानव विकास में महत्त्वपूर्ण अवधि की भूमिका पर एक नोट लिखिए।

अथवा

महत्त्वपूर्ण अवधि के महत्त्व का वर्णन कीजिए।

अथवा

क्रिटिकल अवधि परिकल्पना को समझाइए।

उत्तर– महत्त्वपूर्ण अवधि परिकल्पना (क्रिटिकल अवधि परिकल्पना) में कहा गया है कि एक जैविक रूप से निर्धारित समय अवधि होती है, जिसके दौरान बच्चे बाहरी उत्तेजनाओं और अन्य समय की तुलना में पर्यावरण के प्रति अधिक संवेदनशील होते हैं। अधिक विशिष्ट होने के लिए, बच्चों के तांत्रिक कुछ पर्यावरणीय उत्तेजनाओं के प्रति अधिक संवेदनशील होते है और यदि

किसी कारण से बच्चे को महत्त्वपूर्ण अवधि के दौरान उन उपयुक्त उत्तेजनाओं से कुछ प्राप्त नहीं होता है, तो बच्चा उन पर्यावरणीय उत्तेजनाओं को अपने भविष्य में भी संसाधित नहीं कर पाएगा। महत्त्वपूर्ण अवधि की परिकल्पना केवल मानव तक ही सीमित नहीं है, बल्कि यह पशुओं पर भी समान रूप से लागू है। उदाहरण के लिए, नवजात शिशुओं को जीवन के पहले कुछ दिनों में सामान्य मूंछ की सनसनी का अनुभव कर पाते हैं नहीं तो वे चेहरे के क्षेत्र में असामान्य स्पर्श संवेदनशीलता विकसित करेंगे, बिल्लियों को पहले तीन महीनों के दौरान सामान्य दृश्यों की संरचना नहीं मिल पाने से उनकी दृष्टि स्थायी रूप से खराब हो जाती है। और बंदरों को पहले छह महीनों के दौरान लगातार सामाजिक संपर्क की आवश्यकता होती है नहीं तो वे बेहद भावनात्मक रूप से परेशान होंगे। इसी तरह, मनुष्यों में भी यदि बच्चों को सामान्य दृश्य उत्तेजना या भाषा की उत्तेजना या जागने का अवसर नहीं मिलता है, तो बच्चा अन्य मनुष्यों की तरह सामान्य रूप से भाषा को देख या हासिल नहीं कर पाएगा।

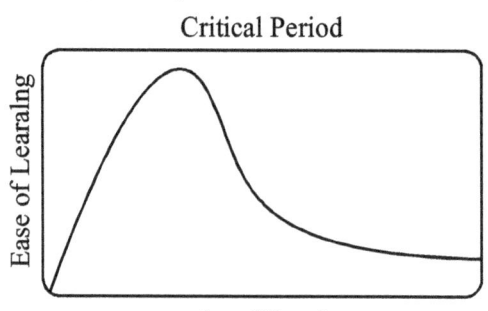

चित्र 7.2: गंभीर अवधि

क्रिटिकल अवधि के समान एक और शब्द "संवेदनशील" अवधि है जो विस्तारित समय अवधि के रूप में जाना जाता है, जिसके दौरान कुछ सीखना अभी भी संभव हो सकता है। हालाँकि, कई मनोवैज्ञानिक दोनों शब्दों को समान मानते हैं।

विकास के चरण

भूमिका

मानव बच्चे के गर्भाधान से लेकर उसकी मृत्यु तक व्यक्ति लगातार बदलते रहते हैं और विकसित होते रहते हैं। यद्यपि कुछ परिवर्तन मानव द्वारा किए गए हैं, जो संयोग की घटनाओं और व्यक्तिगत विकल्पों के परिणामस्वरूप होते हैं, जीवन के अधिकांश हिस्से मानव परिवर्तन से गुजरते हैं और कुछ सामान्य जैविक और मनोवैज्ञानिक कारकों के कारण आंशिक रूप से विरासत में और आंशिक रूप से पर्यावरणीय होते हैं और सभी लोगों द्वारा साझा किए जाते हैं।

जीवन अवधि विकास सामान्य मानव विकास चरणों से संबंधित है, जिनसे मनुष्य गुजरता है– जन्म, शैशवावस्था, किशोरावस्था, वयस्कता, बुढ़ापा और अंत में मृत्यु। जैसे-जैसे मनुष्य एक चरण से दूसरे चरण तक बढ़ते हैं, वे अपने शरीर के अंगों का उपयोग करना सीखते हैं, खुद को व्यक्त करना सीखते हैं और दूसरों के साथ संवाद करते हैं, दूसरों के साथ संबंध बनाते हैं, दूसरों की देखभाल कैसे करें, कैसे प्यार करें और कैसे काम करें सीखते हैं। प्रस्तुत अध्याय में एरिकसन के मनोसामाजिक सिद्धांत पर चर्चा की गई है।

प्रश्न 1. एरिक एरिकसन के मनोसामाजिक सिद्धांत का विश्लेषण कीजिए।

उत्तर– एरिकसन फ्रायड की तरह एक मनोविश्लेषक थे, लेकिन उनके साइको यौन विकास के संबंध में फ्रायड से अलग विचार थे। इसका अर्थ है कि वह फ्रायड के विचारों को मूल रूप से नहीं मानते थे। एरिकसन, फ्रायड की तुलना में बहुत अधिक संस्कृति-उन्मुख थे और उनके सिद्धांत को साइकोसेक्सुअल के बजाय साइकोसोशल कहा जाता है।

- **एपिजेनेटिक सिद्धांत (Epigenetic Principle)**–एपिजेनेटिक सिद्धांत द्वारा विकास कार्य जिसका अर्थ है कि हमारा व्यक्तित्व एक पूर्व निर्धारित क्रम के माध्यम से विकसित होता है अर्थात, केवल एक के बाद एक चरण। अपने सिद्धांत में उन्होंने प्रस्ताव दिया कि व्यक्तित्व का यह खुलासा आठ चरणों में होता है। प्रत्येक चरण के माध्यम से हमारी प्रगति पिछले सभी चरणों में, हमारी सफलता या असफलता की कमी से निर्धारित होती है।
- **मनोसामाजिक गुण या ताकत (सकारात्मक परिणाम)**–प्रत्येक चरण में कुछ विकासात्मक कार्य शामिल हैं जो प्रकृति में मनोसामाजिक हैं और जिनका एक निश्चित इष्टतम समय भी है। यदि एक मंच का प्रबंधन अच्छी तरह से किया जाता है, तो हम अपने साथ कुछ खास गुण या मनोदैहिक शक्ति लेकर चलते हैं, जो हमारे जीवन के बाकी चरणों में हमारी मदद करते हैं।
- **मनोसामाजिक विकृति और दुर्भावना (नकारात्मक परिणाम)**–यदि कोई बच्चा विभिन्न चरणों और विकास के माध्यम से सफल होने में सक्षम है, तो एक सकारात्मक स्वस्थ व्यक्ति की उम्मीद कर सकता है। हालाँकि यदि व्यक्ति सफलता की तुलना में अधिक विफलता का सामना करता है, तो उसका व्यक्तित्व अस्वस्थ होगा। 'विकृति' और 'दुर्भावना' संकट के चरणों में से प्रत्येक के माध्यम से एक अनपेक्षित अनुभव से उत्पन्न होने वाले नकारात्मक परिणामों का प्रतिनिधित्व करते हैं। यदि हम कार्य को अच्छी तरह से प्रबंधित नहीं करते हैं, तो हम विकृतियों और दुर्भावनाओं का विकास कर सकते है, जो हमारे भविष्य के सभी विकास को खतरे में डाल देगा। एक दुर्भावना में सकारात्मक बहुत कम शामिल होता है और सबसे अधिक शामिल होता है नकारात्मक पहलू जैसे कि एक व्यक्ति जो कुरूपता में बिल्कुल भरोसा नहीं करता है उसमें अधिक सकारात्मक और बहुत कम नकारात्मक शामिल होता है।

विकास के आठ चरण–एरिक्सन द्वारा प्रतिपादित व्यक्तित्व सिद्धांत में मनोसामाजिक विकास (psychological development) की आठ अवस्थाओं तथा उनमें होने वाले प्रमुख विकासों (major developments) का वर्णन निम्नांकित है–

- **शैशवावस्था : विश्वास बनाम अविश्वास (Infancy : Trust vs Mistrust)**–यह अवस्था जन्म से लेकर एक साल की उम्र तक की होती है जो फ्रायड के मनोलैंगिक विकास के मुखावस्था की अवधि के समान है। इस अवस्था से उत्तम मातृक देख-रेख (maternal care) से बच्चों के व्यक्तित्व में विश्वास या आस्था नामक धनात्मक अहम् गुण विकसित होता है। परंतु जब किसी कारण से उत्तम तथा पर्याप्त मातृक

देख-रेख बच्चों को नहीं मिलता है, तो इससे उसमें अविश्वास का भाव विकसित होता है जिसके कारण वह दूसरों से आशंकित तो रहता ही है साथ-ही-साथ डरा हुआ भी रहता है। दूसरों को शक या संदेह की दृष्टि से देखता है। एरिक्सन का मत है कि एक स्वस्थ व्यक्तित्व के विकास के लिए सिर्फ विश्वास के भाव की ही जरूरत नहीं होती है बल्कि विश्वास का अविश्वास की तुलना में एक अनुकूल अनुपात (favourable ratio) का होना भी अनिवार्य है। ऐसा इसलिए आवश्यक है क्योंकि वातावरण के साथ प्रभावकारी समायोजन के लिए किसी चीज या व्यक्ति पर विश्वास न करना उतना ही जरूरी माना जाता है जितनी किसी चीज या व्यक्ति पर विश्वास करना सीखना। जब विश्वास बनाम अविश्वास के संघर्ष का समाधान व्यक्ति सफलतापूर्वक कर लेता है तो इससे उसमें एक विशेष मनोसामाजिक शक्ति की उत्पत्ति होती है जिसे 'आशा' की संज्ञा दी जाती है। इस शक्ति के उत्पन्न होने से शिशु अपने सांस्कृतिक वातावरण तथा अपने अस्तित्व को अर्थपूर्ण ढंग से समझने लगता है।

- **प्रारंभिक बाल्यावस्था : स्वतंत्रता बनाम लज्जाशीलता (Early Childhood: Autonomy vs Shame)**—यह अवस्था दो साल की आयु से तीन साल की आयु तक की होती है और यह फ्रायड के मनोलैंगिक विकास की गुदा अवस्था से मिलती-जुलती है। जब बालक में इससे पहले की अवस्था में पर्याप्त मात्रा में विश्वास या आस्था का गुण विकसित होता है, तो इससे इस अवस्था में उसमें स्वतंत्रता एवं आत्म-नियंत्रण (self-control) जैसे शीलगुण का विकास होता है। इस अवस्था में बच्चों में न्यूरोपेशीय परिपक्वता आ जाने से उसमें शाब्दिक अभिव्यक्ति तथा सामाजिक विभेद आदि करने के गुण भी विकसित हो जाते हैं। वह अपने वातावरण को स्वतंत्रता से अन्वेषण करना प्रारंभ कर देता है। परंतु जब माता-पिता इन बच्चों को अत्यंत छोटा समझकर उनके स्वतंत्र रूप से कार्य करने की इच्छा पर अंकुश लगा देते हैं, तो इससे उनमें लज्जाशीलता का भाव उत्पन्न हो जाता है जिससे बच्चों में अन्य मनोवैज्ञानिक मनोवृत्तियाँ, जैसे—अपने पर शक करना, व्यर्थता तथा शक्तिहीनता आदि का विकास हो जाता है। जब बच्चा स्वतंत्रता बनाम लज्जाशीलता के संघर्ष का सफलतापूर्वक समाधान कर लेता है ताकि उसमें लज्जाशीलता की तुलना में स्वतंत्रता का एक अनुकूल अनुपात कायम हो जाए तो इससे उसमें एक नई मनोसामाजिक शक्ति जिसे इच्छा शक्ति (will power) कहा जाता है, विकसित होती है। इच्छा शक्ति से तात्पर्य एक ऐसी शक्ति से होता है जो बच्चों के व्यक्तित्व को स्वतंत्र होकर अपनी रुचि या पसंद के अनुसार कार्य करने तथा आत्म-संयम (self-restraint) बरतने में सक्षम बनाता है।

- **खेल अवस्था : पहल शक्ति बनाम दोषिता (Play Age : Initiative vs Guilt)**—यह अवस्था 4 से 6 साल तक की आयु की होती है जो फ्रायड के मनोलैंगिक विकास के लिंग प्रधानावस्था के तुल्य है। इस अवस्था में शारीरिक एवं मानसिक परिपक्वता पर्याप्त हो जाने से बच्चे बहुत सारे कार्य स्वयं पहल करके करने लगते हैं

तथा अन्य बच्चों के साथ सामाजिक खेल-कूद में भी भाग लेना पसंद करते हैं। परंतु जब माता-पिता द्वारा बच्चों को इस अवस्था में घर से बाहर के सामाजिक कार्यों में पहल दिखाने से रोका जाता है या उन्हें दंडित किया जाता है, उससे बच्चों में दोषिता का भाव उत्पन्न हो जाता है। इस दोषिता के भाव से उनमें निष्क्रियता, लैंगिक नपुंसकता तथा अन्य मनोविकारी क्रिया करने की प्रवृत्तियाँ तीव्र हो जाती हैं। जब पहल शक्ति बनाम दोषिता से उत्पन्न संघर्ष का बच्चा सफलतापूर्वक समाधान कर लेता है तो इससे उसमें जिस मनोवैज्ञानिक शक्ति (psychological strength) की उत्पत्ति होती है, उसे उद्देश्य (purpose) कहा जाता है। उद्देश्य से तात्पर्य एक ऐसी मनोसामाजिक शक्ति से होता है जो बच्चों में कोई लक्ष्य निश्चित करने की क्षमता एवं उसे विश्वास के साथ बिना किसी दंड के भय के ही प्राप्त करने की क्षमता विकसित करने से होता है।

- **स्कूल अवस्था : उद्यमिता बनाम हीनता (School Age : Industry vs Inferiority)**—मनोसामाजिक विकास की इस अवस्था की शुरुआत 6 साल से होती है जो 11-12 साल की आयु तक की होती है। यह फ्रायड के मनोलैंगिक विकास की अव्यक्तावस्था से मिलती-जुलती है। इस अवस्था में बच्चे औपचारिक शिक्षा के माध्यम से संस्कृति के प्रारंभिक कौशलों को सीखते हैं और उनका प्रभाव उनके व्यक्तित्व विकास पर स्पष्ट रूप से पड़ता है। जब बच्चे स्कूल में अपनी संस्कृति के प्रारंभिक कौशलों को सफलतापूर्वक सीख लेते हैं तो उससे उनमें उद्यमिता का भाव विकसित होता है। इस तरह के भाव को स्कूल में शिक्षकों से तथा पास-पड़ोस के सदस्यों से अधिक प्रोत्साहन मिलता है। परंतु अगर किसी कारण से बच्चों को अपने कौशल पर शक हो जाता है या वह इन कौशलों को अर्जित करने में असफल हो जाता है तो इससे उसमें हीनता या असमर्थता (incompetence) का भाव विकसित हो जाता है। हीनता का भाव विकसित हो जाने से बच्चे को अपनी क्षमता में विश्वास नहीं रह जाता है। जब बच्चा उद्यमिता बनाम हीनता के संघर्ष (conflict) का समाधान सही-सही ढंग से कर लेता है तो उसमें एक विशेष मनोसामाजिक शक्ति का विकास होता है जिसे सामर्थ्यता कहा जाता है। सामर्थ्यता से तात्पर्य किसी कार्य को पूरा करने में शारीरिक एवं बौद्धिक क्षमताओं के उचित प्रयोग से होता है।

- **किशोरावस्था : अहं पहचान बनाम भूमिका संभ्रांति (Adolescence : Ego Identification vs Role Confusion)**—यह अवस्था 12 साल से लेकर 19 या 20 साल की आयु तक सामान्यतः होती है। इस अवस्था में किशोर अपने बारे में जो उन्हें अब तक ज्ञान हुआ है, उसे इस तरह से संगठित करने की कोशिश करते हैं जिनसे उनकी आत्म-पहचान बनी रहे। इससे उनमें संतोषजनक अहं पहचान विकसित होती है। कुछ किशोर दुर्भाग्यपूर्ण बाल्यावस्था की अनुभूतियों या वर्तमान प्रतिकूल सामाजिक परिस्थितियों से इस तरह घिर जाते हैं कि उनमें संतोषजनक अहं पहचान विकसित न होकर एक तरह की भूमिका संभ्रांति विकसित हो जाती है जिसके कारण उनमें अन्य

भावों के अलावा उद्देश्यहीनता, व्यक्तिगत विघटन तथा व्यर्थता का भाव विकसित होता है। ऐसे किशोरों में कभी-कभी ऋणात्मक पहचान (negative identity) भी विकसित हो जाती है। यह एक ऐसी पहचान होती है जो उनके माता-पिता तथा साथी-संगी द्वारा बतलाई गई पहचान के विपरीत होती है। जब किशोर अहं पहचान बनाम भूमिका संभ्रांति से उत्पन्न समस्या का सफलतापूर्वक समाधान कर लेता है तो इससे उसमें एक विशेष मनोसामाजिक शक्ति विकसित होती है जिसे एरिक्सन ने कर्त्तव्यनिष्ठा (conscientiousness) कहा है। 'कर्त्तव्यनिष्ठा' से तात्पर्य किशोरों में समाज की विचारधाराओं, शिष्टाचार एवं मानकों के अनुकूल व्यवहार करने की क्षमता से होता है। कर्त्तव्यनिष्ठता को एरिक्सन ने इस अवस्था के व्यक्तित्व विकास का एक सार तत्त्व माना है।

- **तरुण वयस्कावस्था : घनिष्ठ बनाम विलगन (Young Adulthood : Intimacy vs Isolation)**—यह अवस्था सामान्यत: 20 साल की आयु से प्रारंभ होकर 30 साल की आयु तक की होती है। एरिक्सन के अनुसार इस अवस्था में व्यक्ति सच्चे अर्थ में दूसरों के साथ सामाजिक एवं लैंगिक घनिष्ठता कायम करने के लिए तत्पर रहता है। इस अवस्था में व्यक्ति अपने परिवार के सदस्यों एवं दोस्तों के साथ घनिष्ठ संबंध विकसित करता है तथा अपने पति/पत्नी के साथ घनिष्ठ लैंगिक संबंध विकसित करता है। परंतु कभी-कभी कुछ कारकों से व्यक्ति इस अवस्था में परिवार के सदस्यों एवं दोस्तों के साथ भी घनिष्ठ वैवाहिक संबंध भी विकसित नहीं कर पाता है और अपने आप में ही पूर्णतया खोया रहता है। इसे विलगन की संज्ञा दी जाती है। जब विलगन की मात्रा अत्यधिक हो जाती है तो व्यक्ति में गैर-सामाजिक व्यवहार (anti-social behaviour) या मनोविकारी व्यवहार (psychopathic behaviour) की प्रबलता बढ़ जाती है। जब व्यक्ति घनिष्ठता बनाम विलगन से उत्पन्न संघर्ष का समाधान सफलतापूर्वक कर लेता है तो इससे उसमें विशेष मनोसामाजिक शक्ति का विकास होता है जिसे स्नेह की संज्ञा दी जाती है। स्नेह से यहाँ तात्पर्य किसी संबंध को कायम रखने में पारस्परिक समर्पण की क्षमता से है।
- **मध्य वयस्कावस्था : जननात्मकता बनाम स्थिरता (Middle Adulthood : Generativity vs Stagnation)**—मनोसामाजिक विकास की यह अवस्था लगभग 30 वर्ष की आयु से 65 वर्ष की आयु तक होती है। इस अवस्था में व्यक्ति में जननात्मकता का भाव उत्पन्न होता है। जननात्मकता से तात्पर्य व्यक्ति द्वारा अपनी अगली पीढ़ी के लोगों के कल्याण तथा साथ-ही-साथ उस समाज के लिए जिसमें वे लोग रहेंगे, को उन्नत बनाने की चिंता से होता है। जब व्यक्ति में जननात्मकता की चिंता उत्पन्न नहीं होती है, तो इससे स्थिरता उत्पन्न होने का खतरा बढ़ जाता है जो एक तरह की आत्म-तल्लीनता (self-absorption) की अवस्था होती है जिसमें व्यक्ति की अपनी वैयक्तिक आवश्यकताएँ एवं सुख-सुविधा ही सबसे ऊपर है। जब जननात्मकता बनाम स्थिरता से उत्पन्न संक्रांति का सफलतापूर्वक व्यक्ति समाधान कर

लेता है तो इससे उसमें एक विशेष तरह की मनोसामाजिक शक्ति की उत्पत्ति होती है जिसे एरिक्सन ने देखभाल की संज्ञा दी है। देखभाल का गुण उदासीनता के गुण के विपरीत है जिसमें व्यक्ति को दूसरों के कल्याण की चिंता अधिक होती है।

- **परिपक्वता : अहं संपूर्णता बनाम निराशा (Maturity : Ego Integrity vs Despair)** – मनोसामाजिक विकास की यह अंतिम अवस्था है जो सामान्यत: 65 वर्ष की आयु से प्रारंभ होकर मृत्यु तक की अवधि तक होती है। इस अवधि को सही अर्थ में बुढ़ापा कहा जाता है। इस अवस्था में व्यक्ति अपनी सभी पिछली मनोसामाजिक अवस्थाओं की घटनाओं का समन्वय एवं मूल्यांकन करता है। इससे उसमें अहं संपूर्णता का भाव उत्पन्न होता है। इस अवस्था में व्यक्ति को मृत्यु से डर नहीं लगता है क्योंकि ऐसे व्यक्ति अपने बाल-बच्चों एवं अन्य सर्जनात्मक उपलब्धियों के माध्यम से अपने अस्तित्व को जारी समझते हैं। इस अवस्था में व्यक्ति में परिपक्वता अपने वास्तविक अर्थ में पैदा होता है तथा बुद्धिमत्ता का व्यावहारिक ज्ञान व्यक्ति में उत्पन्न होता है। इस अवस्था में कोई-कोई व्यक्ति अपनी बीती मनोसामाजिक अवस्थाओं में उत्पन्न असफलताओं से चिंतित भी रहता है और ऐसे लोग अपनी जिंदगी को अपूरित इच्छाओं, आवश्यकताओं एवं भटके हुए निर्देशों का एक बंडल (bundle) या ढेर मानते हैं। इससे उनमें निराशा उत्पन्न होती है और अपने को असहाय एवं निर्बल समझने लगते हैं। यदि इस तरह की भावना तीव्र हुई तो उसमें मानसिक विषाद (mental depression) भी उत्पन्न हो जाता है।

एरिक्सन के अनुसार व्यक्तित्व विकास की प्रक्रिया आठ विभिन्न अवस्थाओं से गुजरकर संपन्न होती है। कुछ मनोवैज्ञानिकों का मत है कि व्यक्तित्व विकास की व्याख्या करने के लिए एरिक्सन ने जितने तथ्यों को सम्मिलित किया है, उनका कोई प्रयोगात्मक समर्थन नहीं है। उनके सारे तथ्य तथा संप्रत्यय उनके व्यक्तिगत प्रेक्षणों पर आधारित हैं जो काफी आत्मनिष्ठ (subjective) हैं।

तालिका 8.1: एरिकसन द्वारा प्रतिपादित मनोसामाजिक विकास का चरणवार सारांश

चरण (आयु)	मनोसामाजिक संकट	महत्त्वपूर्ण रिश्ते	मनोसामाजिक तौर-तरीकों	मनोसामाजिक गुण	विकृति और अशिष्टता
I (0-1)-शिशु	ट्रस्ट बनाम अविश्वास	माँ	पाना, बदले में, वापस देना	विश्वास आशा	ग्रहणशीलविरूपण - वापसी
II (2-3)-टॉडलर्स	स्वायत्तता बनाम शर्म और संदेह करना	माता-पिता	पकड़े रहना, जाने देना	र्जी, दृढ़ निश्चय	आवेग - विवशता
III (3-6)-पूर्वस्कूली	पहल बनाम अपराधबोध	परिवार	किसी के पीछे जाना, खेलना	उद्देश्य, साहस	निर्दयता - निषेध
IV (7-12)-बचमन	उद्योग बनाम हीनता	पड़ोस-पड़ोस और स्कूल	पूरा करना, चीजों को जोड़ना	क्षमता	संकीर्ण सदाचार जड़ता
V (12-18)-किशोरों	पहचान बनाम भूमिका भ्रम	मित्र मंडली, रोल मॉडल्स	स्व होना, अपने आप को साझा करना	सत्य के प्रति निष्ठा-निष्ठा	कट्टरकता -परित्याग
VI (20 से 34 वर्ष)- युवा वयस्क	अंतरंगता बनाम अलगाव	भागीदारों, दोस्त	स्वयं को दूसरे में ढूँढना	मोहब्बत	अनुनय -विशिष्टता
VII (35 से 65 वर्ष)- मध्य वयस्कता	उत्पत्ति बनाम ठहराव	घरेलू, काम करने वालों	देखभाल	बनाने के लिए, देखभाल करने के लिए	अधिकता -अस्वीकार
VIII (65 वर्ष बाद)- वरिष्ठ	अहंकार अखंडता बनाम निराशा	मानव जाति या "मेरे प्रकार"	होना, गुजरना असितव्य महसूस न होना	बुद्धिमत्ता	अनुमान - निराशा

ATTENTION IGNOU STUDENTS

Email at info@gullybaba.com
to claim your FREE book

"How to pass IGNOU exams on time with Good Marks"

संज्ञानात्मक और नैतिक विकास

भूमिका

संज्ञान दुनिया के बारे में हमारे ज्ञान को संदर्भित करता है। जबकि, संज्ञानात्मक प्रक्रिया में वे मानसिक प्रक्रियाएँ हैं जिनके माध्यम से हम अपने आसपास की दुनिया के बारे में जानकारी हासिल करते हैं। इस प्रकार संज्ञानात्मक विकास सूचना प्रसंस्करण, वैज्ञानिक संसाधनों, अवधारणात्मक कौशल, भाषा सीखने आदि के संदर्भ में एक बच्चे के विकास को संदर्भित करता है। प्रस्तुत अध्याय में संज्ञानात्मक विकास के दो प्रमुख सिद्धांतों अर्थात् पियागेट का संज्ञानात्मक विकास का सिद्धांत और संज्ञानात्मक विकास का व्यगोत्स्की सिद्धांत पर चर्चा की गई है। इसके साथ ही इस अध्याय में नैतिक विकास के कोहलबर्ग के सिद्धांत की सहायता से नैतिक विकास पर भी प्रकाश डाला गया है।

प्रश्न 1. विकासात्मक प्रक्रियाओं के संज्ञानात्मक विकास पर प्रकाश डालिए।

अथवा

जीन पियाजे तथा व्योगोत्स्की के संज्ञानात्मक विकास के सिद्धांतों का वर्णन कीजिए।

अथवा

पियाजे तथा व्योगोत्सकी के संज्ञानात्मक विकास के सिद्धांतों में अंतर स्पष्ट कीजिए। दोनों सिद्धांतों के शैक्षणिक निहितार्थ बताइए।

अथवा

व्योगोत्सकी द्वारा प्रतिपादित अधिगम के सामाजिक-सांस्कृतिक परिप्रेक्ष्य का वर्णन कीजिए और इसके शैक्षिक निहितार्थ की भी चर्चा कीजिए।

अथवा

व्योगोत्सकी की निकटवर्ती विकास क्षेत्र की अवधारणा को स्पष्ट कीजिए, इसके शैक्षिक निहितार्थ क्या हैं?

उत्तर– संज्ञानात्मक प्रक्रियाओं के अंतर्गत बच्चे का चिंतन, बुद्धि तथा भाषा में परिवर्तन आता है। इन तीनों परिवर्तनों में संवेदन, प्रत्यक्षीकरण, समस्या-समाधान, चिंतन प्रक्रिया, तर्कशक्ति जैसी महत्त्वपूर्ण प्रक्रियाएँ शामिल होती हैं। संज्ञानात्मक विकास प्रक्रियाएँ ही विकासमान बालक को कविताएँ याद करने, गणित की समस्या को हल करने के तरीके के बारे में सोचने व निर्णय लेने, कोई अच्छी व सृजनात्मक रणनीति बनाने व क्रमागत अर्थपूर्ण वाक्य बनाने जैसे कार्यों हेतु योग्य बनाती हैं। इस प्रकार संज्ञानात्मक विकास से तात्पर्य बालकों में संवेदी सूचनाओं को ग्रहण करके, उस पर चिंतन करने तथा क्रमिक रूप से उसे इस योग्य बना देने से होता है जिसका प्रयोग विभिन्न परिस्थितियों में करके वे तरह-तरह की समस्याओं का समाधान आसानी से कर सकते हैं।

जीन पियाजे का संज्ञानात्मक सिद्धांत (Jean Piaget's Cognitive Theory)–पियाजे के संज्ञानात्मक विकास के सिद्धांत से जो सबसे महत्त्वपूर्ण बात का पता चलता है वह है कि पियाजे के अनुसार बालकों में वास्तविकता के स्वरूप के बारे में चिंतन करने तथा उसे खोज करने की शक्ति न तो सिर्फ बालकों के परिपक्वता स्तर (maturational level) पर और न सिर्फ उसके अनुभवों पर निर्भर करता है, बल्कि इन दोनों की अंत:क्रिया (interaction) द्वारा निर्धारित होती है। स्पष्टत: संज्ञानात्मक विकास की व्याख्या में पियाजे ने जो विचारधारा व्यक्त की है, वह एक अंत:क्रियावादी विचारधारा (interactions' viewpoints) का उदाहरण है।

पियाजे ने संज्ञानात्मक विकास की प्रक्रिया को समझाने के लिए चार प्रक्रियाओं का प्रयोग किया–

(1) स्कीमा (Schema)–स्कीमा सुनने में स्कीम्स से काफी मिलता-जुलता लगता है, परंतु सच्चाई यह है कि इसका अर्थ उससे भिन्न है। पियाजे (Piaget) का स्कीमा से तात्पर्य एक ऐसी मानसिक संरचना से होता है जिसका सामान्यीकरण (generalisation) किया जा सके।

जैसे बालक स्कूल जाने के लिए जब अपना किताब-कॉपी वर्ग रूटीन के अनुसार लेता है, स्कूल-ड्रेस पहनता है, जूता पहनता है तो व्यवहारों के इन सभी संगठित पैटर्न को स्कीम्स (schemes) कहा जाता है।

स्कीमा इस तरह मानसिक संक्रिया (mental operation) तथा संज्ञानात्मक संरचना (cognitive structure) से काफी संबंधित संप्रत्यय है।

(2) **आत्मसात्करण (Assimilation)**—आत्मसात्करण एक ऐसी प्रक्रिया है जिसमें बालक समस्या के समाधान के लिए या वास्तविकता से समंजन करने के लिए पूर्व सीखी गई योजनाओं या मानसिक प्रक्रियाओं (mental operations) का सहारा लेता है। जैसे—यदि शिशु किसी वस्तु को उठाकर अपने मुँह में रख लेता है, तो यह एक आत्मसात्करण (assimilation) का उदाहरण होगा क्योंकि वह वस्तु को एक परिचित क्रिया अर्थात् खाने की क्रिया के साथ आत्मसात् कर रहा है।

(3) **समायोजन (Accommodation)**—कभी-कभी ऐसा होता है कि वास्तविकता से समंजन करने में पहले की परिचित योजना या मानसिक प्रक्रिया से काम नहीं चलता है। ऐसी स्थिति में बालक अपनी योजना, संप्रत्यय (concept) या व्यवहार में परिवर्तन लाता है ताकि वह नए वातावरण के साथ अनुकूलन या समंजन (adjustment) कर सके। जैसे यदि कोई बालक यह जानता है कि 'कुत्ता' क्या होता है परंतु एक 'बिल्ली' को देखकर जब वह अपने मानसिक संप्रत्यय (mental concept) में परिवर्तन कर बिल्ली की अलग कुछ विशेषताओं पर गौर करता है, तो यह समायोजन का उदाहरण होगा।

(4) **साम्यधारण (Equilibration)**—साम्यधारण का संप्रत्यय अनुकूलन (adeptation) के संप्रत्यय से मिलता-जुलता है। साम्यधारण एक ऐसी प्रक्रिया है जिसके द्वारा बालक आत्मसात्करण (assimilation) तथा समायोजन (adaptation) की प्रक्रियाओं के बीच एक संतुलन (balance) कायम करता है। इस तरह से साम्यधारण एक तरह के आत्म-नियंत्रक (self-regulatory) प्रक्रिया है। पियाजे का कहना था कि जब बालक के सामने ऐसी परिस्थिति या समस्या आती है, जिसका उसे कभी अनुभव नहीं हुआ था तो इससे उसमें एक तरह का संज्ञानात्मक असंतुलन (cognitive disequilibrium) उत्पन्न होता है जिसे दूर करने के लिए या जिसमें संतुलन (balance) लाने के लिए वह आत्मसात्करण या समायोजन या दोनों ही प्रक्रियाएँ करना प्रारंभ कर देता है।

पियाजे की संज्ञानात्मक विकास की अवस्थाएँ (Piaget's Stages of Cognitive Development)—जीन पियाजे (Jean Piaget) ने बालकों के चिंतन या संज्ञानात्मक विकास (cognitive development) की व्याख्या करने के लिए एक चार अवस्था (four stage) सिद्धांत का प्रतिपादन किया है। इस सिद्धांत में पियाजे ने संज्ञानात्मक विकास की व्याख्या चार प्रमुख अवस्थाओं (stages) में बाँटकर की है। ये अवस्थाएँ निम्नलिखित हैं–

(1) **संवेदी-पेशीय अवस्था (Sensory-motor stage)**—यह अवस्था जन्म से दो साल तक की होती है। इस अवस्था में शिशुओं में अन्य क्रियाओं के अलावा शारीरिक रूप से चीजों को इधर-उधर करना, वस्तुओं की पहचान करने की कोशिश करना, किसी चीज को पकड़ना और प्राय: उसे मुँह में डालकर उसका अध्ययन करना आदि प्रमुख हैं। पियाजे ने यह बतलाया है कि इस अवस्था में शिशुओं का बौद्धिक विकास या संज्ञानात्मक विकास निम्नांकित छह उप-अवस्थाओं से होकर गुजरता है–

(क) पहली अवस्था को प्रतिवर्त क्रियाओं की अवस्था कहा जाता है, जो जन्म से 30 दिनों तक की होती है। इस अवस्था में बालक मात्र प्रतिवर्त क्रियाएँ करता है।

(ख) दूसरी अवस्था प्रमुख वृत्तीय प्रतिक्रियाओं की अवस्था है जो 1 महीने से 4 महीने की अवधि की होती है। इस अवस्था में शिशुओं की प्रतिवर्त क्रियाएँ उनकी अनुभूतियों द्वारा कुछ हद तक परिवर्तित होती हैं, दोहराई जाती हैं और एक-दूसरे के साथ अधिक समन्वित हो जाती हैं।

(ग) तीसरी अवस्था गौण वृत्तीय प्रतिक्रियाओं की अवस्था होती है जो 4 से 8 महीने तक की अवधि की होती है। इस अवस्था में शिशु वस्तुओं को उलटने-पलटने तथा छूने पर अपना अधिक ध्यान देता है न कि अपने शरीर की प्रतिवर्त क्रियाओं पर।

(घ) गौण स्कीमैटा के समन्वय की अवस्था चौथी प्रमुख अवस्था है जो 8 महीने से 12 महीने की अवधि की होती है। इस अवधि में बालक उद्देश्य तथा उस पर पहुँचने के साधन में अंतर करना प्रारंभ कर देता है।

(ङ) तृतीय वृत्तीय प्रतिक्रियाओं की अवस्था 12 महीने से 18 महीने की अवधि की होती है। इस अवस्था में बालक वस्तुओं के गुणों को प्रयत्न एवं त्रुटि विधि से सीखने की कोशिश करता है।

(च) मानसिक संयोग द्वारा नए साधनों की खोज की अवस्था अंतिम अवस्था है जो 18 महीने से 24 महीने तक की अवधि की होती है। यह वह अवस्था होती है जिसमें बालक वस्तुओं के बारे में चिंतन प्रारंभ कर देता है।

(2) प्राक्संक्रियात्मक अवस्था (Pre-operational stage)–संज्ञानात्मक विकास की यह अवस्था 2 साल से 7 साल की होती है। दूसरे शब्दों में यह वह अवस्था होती है जो प्रारंभिक बाल्यावस्था की होती है। इस अवस्था को पियाजे ने दो भागों में बाँटा है–

(क) प्राक्संप्रत्ययात्मक अवधि–यह अवधि 2 साल से 4 साल की होती है। इस अवस्था में बालक सूचकता विकसित कर लेते हैं। सूचकता से तात्पर्य इस बात से होता है कि बालक यह समझने लगते हैं कि वस्तु, शब्द, प्रतिमा तथा चिंतन किसी चीज के लिए किया जाता है। उन्होंने दो तरह की सूचकता पर बल दिया है–संकेत तथा चिह्न।

पियाजे ने संकेत तथा चिह्न को प्राक्संक्रियात्मक चिंतन का महत्त्वपूर्ण साधन माना है। इस अवस्था में बालकों को इन सूचकता का अर्थ समझना होता है तथा साथ-ही-साथ उसे अपने चिंतन एवं कार्य में उसका प्रयोग करना सीखना होता है। इसे पियाजे ने लाक्षणिक कार्य की संज्ञा दी है।

(ख) अंतर्दर्शीय अवधि–यह अवधि 4 साल से 7 साल की होती है। इस अवधि में बालकों का चिंतन एवं तर्कणा पहले से अधिक परिपक्व हो जाते हैं जिसके परिणामस्वरूप वह साधारण मानसिक प्रक्रियाएँ जो जोड़, घटाव, गुणा तथा भाग आदि में सम्मिलित होती हैं, कर पाता है, परंतु इन मानसिक प्रक्रियाओं के पीछे छिपे नियमों को वह नहीं समझ पाता है।

(3) ठोस संक्रिया की अवस्था (Stage of concrete operation)–यह अवस्था 7 साल से प्रारंभ होकर 12 साल तक चलती है। इस अवस्था की विशेषता यह है कि बालक ठोस वस्तुओं के आधार पर आसानी से मानसिक संक्रियाएँ करके किसी समस्या का समाधान कर लेते हैं, परंतु उन वस्तुओं को न देकर यदि उसके बारे में शाब्दिक कथन तैयार कर समस्या उपस्थित की जाती है, तो वे ऐसी समस्याओं पर मानसिक संक्रियाएँ कर कोई निष्कर्ष पर पहुँचने में असमर्थ रहते हैं।

इस अवस्था में बालकों में तीन महत्त्वपूर्ण संप्रत्यय विकसित हो जाते हैं–संरक्षण, संबंध तथा वर्गीकरण।

इस अवस्था में बालक तरल, लंबाई, भार तथा तत्त्व के संरक्षण से संबंधित समस्याओं का समाधान करते पाए जाते हैं। वे क्रमिक संबंधों से संबंधित समस्याओं का समाधान करते पाए जाते हैं।

(4) औपचारिक संक्रिया की अवस्था (Stage of formal operation)–यह अवस्था 11 साल से प्रारंभ होकर वयस्कावस्था तक चलती है। इस अवस्था में किशोरों के चिंतन में अधिक लचीलापन आ जाता है। अब वे किसी समस्या का समाधान काल्पनिक रूप से सोचकर एवं चिंतन करके करने में सक्षम हो जाते हैं। इस अवस्था में समस्या के समाधान के लिए समस्या के एकांशों को ठोस रूप से उसके सामने उपस्थित होना अनिवार्य नहीं है। इस तरह किशोरों के चिंतन में वस्तुनिष्ठता तथा वास्तविकता की भूमिका अधिक बढ़ जाती है। दूसरे शब्दों में, बालकों में विकेंद्रण पूर्णतः विकसित हो जाता है।

पियाजे का मत है कि औपचारिक संक्रिया की अवस्था अन्य अवस्थाओं की तुलना में अधिक परिवर्त्य होती है तथा यह किशोरों के शिक्षा के स्तर से सीधे प्रभावित होता है। जिन बालकों का शिक्षा स्तर काफी नीचा होता है, उनमें औपचारिक संक्रियात्मक चिंतन भी काफी कम होता है, परंतु जिस बालक का शिक्षा स्तर काफी ऊँचा होता है, उनमें औपचारिक संक्रियात्मक चिंतन अधिक मात्रा में होता है।

इस प्रकार यह कहा जा सकता है कि पियाजे का सिद्धांत संज्ञानात्मक विकास का क्रमबद्ध और व्यावहारिक प्रारूप प्रस्तुत करता है। यह संज्ञानात्मक विकास में महत्त्वपूर्ण भूमिका निभाता है।

पियाजे के सिद्धांत की कमियाँ (Shortcomings of Piaget's Theory)

- आलोचकों का मत है कि पियाजे द्वारा बालकों के व्यवहारों के प्रेक्षण (observation) की जो विधि अपनाई गई थी, वह अधिक आत्मनिष्ठ (subjective) है। इनकी विधि में कभी-कभी बालकों को ऐसी अनुक्रियाएँ करनी पड़ती हैं, जिसे वे अपने में संज्ञानात्मक संपन्नता (cognitive competence) होने के बावजूद उनका उत्तर नहीं दे पाते हैं।
- कुछ आलोचकों ने बालकों द्वारा दिए गए उत्तरों की व्याख्या जो पियाजे (Piaget) ने की है, उसकी आलोचना की है। पियाजे के अनुसार जब बालक दी गई समस्या का समाधान नहीं कर पाता है, तो इसका सीधा मतलब यह लगा लिया जाता है कि उस बालक में संज्ञानात्मक संपन्नता (cognitive competence) की कमी है। आलोचकों

ने पियाजे की इस व्याख्या की आलोचना की है। गेलमैन (Gelman, 1978) ने अपने अध्ययन के आधार पर यह बताया कि जब बालकों से पियाजे द्वारा पूछे गए संरक्षण (conservation) से संबंधित समस्या को सुधार कर एवं साधारण भाषा में पूछा गया तो वे उसका सही-सही समाधान करने में सफल हो गए। इससे पता चलता है कि पियाजे (Piaget) द्वारा की गई व्याख्या अधिक निर्भर योग्य नहीं थी।

- हालाँकि पियाजे ने संज्ञानात्मक विकास (cognitive development) के लिए बालकों की जैविक परिपक्वता (biological maturation) तथा अनुभव (experience) दोनों को ही महत्त्वपूर्ण माना है, लेकिन वे यह नहीं बता पाए कि किसी अमुक संज्ञानात्मक संरचना (cognitive structure) के विकास में अनुभव या परिपक्वता की किस मात्रा में जरूरत पड़ती है।
- पियाजे ने विज्ञान और गणित को अधिक महत्त्वपूर्ण माना है।
- बालक अपनी व्याख्या में विरोधाभास को जानने में असमर्थ होते हैं।
- पूर्व संक्रियात्मक बालक या यहाँ तक कि मूर्त संक्रियात्मक बालक अध्ययन के लिए तैयार नहीं होता क्योंकि उसकी विचार संरचनाएँ पूर्णत: परिपक्व नहीं होतीं।

व्योगोत्स्की का संज्ञानात्मक विकास का सिद्धांत (Vygotsky's Theory of Cognitive Development)–व्योगोत्स्की ने संज्ञानात्मक विकास के लिए एक सामाजिक-सांस्कृतिक परिप्रेक्ष्य प्रदान किया। पियाजे ने बच्चे के संज्ञानात्मक विकास को अवस्थाओं में प्रस्तुत किया है, जबकि व्योगोत्स्की ने उन विकासात्मक अवस्थाओं पर जोर दिया, जिनमें बच्चा समस्याओं एवं द्वंद्व से गुजरता है। ये समस्याएँ विकास की निम्नलिखित अवस्थाओं में आती हैं–

- जब बच्चा चलना शुरू करता है।
- जब बच्चा बोलना शुरू करता है।
- जब बच्चा स्कूल जाना शुरू करता है।
- जब बच्चा अवधारणात्मक चिंतन शुरू करता है।
- जब बच्चा किशोरावस्था में स्वचेतना प्राप्त करता है।

व्योगोत्स्की ने सामाजिक अंतर्क्रियाओं पर अधिक जोर दिया। उनकी धारणा है कि ज्ञान व्यक्तिगत न होकर दो लोगों के बीच सह-संरचित होता है। स्मरण, समस्या समाधान, नियोजन एवं अनौपचारिक चिंतन की उत्पत्ति सामाजिक रूप से ही होती है।

व्योगोत्स्की के सिद्धांत में प्रारंभिक संज्ञानात्मक प्रकार्य अधिक ज्ञानवान, वयस्कों एवं साथियों से अंतर्क्रियाओं द्वारा उच्च मानसिक प्रकार्यों में बदल जाते हैं। आंतरिकता से अभिप्राय है सामाजिक अंतर्क्रियाओं द्वारा किसी शारीरिक क्रिया अथवा मानसिकता की पहली बार प्रस्तुति। सामाजिक अंतर्क्रियाओं के आंतरिक तत्त्वों से बच्चे के सामने व्यवहार एवं चिंतन के नियमन के रास्ते खुलते हैं।

व्योगोत्स्की के अनुसार बच्चे के वातावरण के सांस्कृतिक तत्त्व बच्चे के चिंतन में विकासात्मक परिवर्तन करते हैं। तकनीकी उपकरण वस्तुओं को बदलने अथवा वातावरण पर

नियंत्रण प्राप्त करने के लिए प्रयुक्त होते हैं परंतु मनोवैज्ञानिक उपकरण व्यवहार अथवा सोच को सही रूपाकार देने में प्रयुक्त होते हैं। समाज अपनी संस्कृति द्वारा बच्चे के मस्तिष्क को आकार देता है। संज्ञानात्मक विकास को समझने के लिए संस्कृति तथा बच्चे के अनुभव दोनों का इतिहास जानना जरूरी है।

व्योगोत्स्की के संज्ञानात्मक विकास के सिद्धांत के संबंध में महत्त्वपूर्ण तीन अवधारणाओं का वर्णन किया जाता है–

- बालक की ज्ञानवादी कुशलताएँ केवल उस समय समझी जा सकती हैं जबकि वे विकासात्मक रूप में विश्लेषण की जाती हैं और उनकी व्याख्या की जाती है।
- ज्ञानवादी कुशलताएँ शब्दों, भाषा एवं संवाद के प्रकार से मध्यस्थ होती हैं, जो कि मानसिक क्रियाओं को सुविधाजनक बनाने में तथा उन्हें परिवर्तित करने में मनोवैज्ञानिक यंत्रों की भाँति कार्य करती हैं।
- ज्ञानात्मक कुशलताओं की उत्पत्ति होती है सामाजिक संबंधों में और सामाजिक-सांस्कृतिक पृष्ठभूमि में वह अंतर्निहित होती है।

व्योगोत्स्की के अनुसार, बालक के ज्ञानात्मक कृत्य समझे जा सकते हैं, उनकी उत्पत्ति का परीक्षण तथा उनकी पहले से बाद की परिवर्तनशीलता का निरीक्षण करके, ज्ञानात्मक कृत्य को समझने के लिए यह आवश्यक है कि उन यंत्रों का परीक्षण करें जो इसकी मध्यस्थता करते हैं और इसे रूप देते हैं। भाषा इनमें सबसे महत्त्वपूर्ण यंत्र है। प्रारंभिक बाल्यपन में भाषा का प्रयोग एक यंत्र की भाँति होता है जो बालक को उसकी क्रियाओं की योजना बनाने और समस्याएँ हल करने में सहायता करती हैं। व्योगोत्स्की के दृष्टिकोण में बालक का विकास सामाजिक एवं सांस्कृतिक क्रियाओं से विलग नहीं किया जा सकता। उन्होंने इस बात पर बल दिया कि स्मृति का विकास, अवधान एवं तर्क में सन्निहित है। व्यक्तियों में तथा वातावरणों में ज्ञान का वितरण होता है, इसमें शामिल हैं–वस्तुएँ, शिल्पकृतियाँ, यंत्र, पुस्तकें तथा वह समुदाय जिनमें व्यक्ति रहते हैं। एक व्यक्ति का ज्ञान सबसे अच्छे प्रकार से उस समय प्रगति की ओर अग्रसर होता है जब उसकी अन्य व्यक्तियों के साथ सहयोगी क्रियाएँ होती हैं।

व्योगोत्स्की का यह भी कहना है कि बालक भाषा का प्रयोग न केवल सामाजिक संप्रेषण में करते हैं वरन् योजना बनाने में, पथ प्रदर्शन में तथा अपने व्यवहार का आंकलन करने में आत्म-नियमन के रूप में भी करते हैं। भाषा का प्रयोग आत्म-नियमन के लिए आंतरिक भाषा या निजी भाषा कहा जाता है। व्योगोत्स्की के विचार में भाषा और विचार प्रारंभ में एक-दूसरे से स्वतंत्र रूप से विकसित होते हैं और फिर एक-दूसरे से मिल जाते हैं।

पियाजे के संज्ञानात्मक विकास के सिद्धांत के शिक्षात्मक निहितार्थ (Educational Implications of Piaget's Theory of Cognitive Development)

- पियाजे ने शिक्षा के क्षेत्र में अनुकरण एवं खेल की क्रिया के महत्त्व को स्पष्ट किया है। अत: शिक्षकों को अनुकरण एवं खेल विधि से शिक्षण कार्य करना चाहिए।
- पियाजे के सिद्धांत के अनुसार सीखने में प्रगति न करने वाले छात्रों को दंड नहीं देना चाहिए।

- पियाजे के सिद्धांत के अनुसार चालक और अभिप्रेरणा (Drives and Motivation) अधिगम एवं विकास के लिए आवश्यक हैं। अत: शिक्षण अधिगम प्रक्रिया में इन दोनों का उचित प्रयोग करना चाहिए।
- पियाजे ने इस बात पर बल दिया है कि बच्चों की स्वक्रिया (Self Learning) द्वारा सीखने के अवसर प्रदान करने चाहिए।
- यह सिद्धांत स्पष्ट करता है कि 11 या 12 वर्ष की आयु पूरी करते-करते बच्चों में समस्या समाधान की क्षमता विकसित होने लगती है अत: इस आयु वर्ग से बड़े बच्चों को समस्या समाधान विधि का प्रयोग करते हुए पढ़ाया जाना चाहिए।
- पियाजे ने बुद्धि का मापन उसके व्यावहारिक उपयोग की क्षमता के रूप में किया है। अत: बुद्धि परीक्षणों के निर्माण में व्यावहारिक रूप में प्रयोग से जुड़ी क्रियाओं का उपयोग करना चाहिए।
- पियाजे ने बच्चों के संज्ञानात्मक विकास को विविध श्रेणियों में विभाजित किया है। किसी भी आयु के बच्चों के लिए पाठ्यक्रम का निर्धारण उनके संज्ञानात्मक विकास एवं प्रत्यय निर्माण के आधार पर ही करना चाहिए।
- पियाजे के इस सिद्धांत के अनुसार सीखना बालकों के स्वयं और उसके पर्यावरण से अंत:क्रिया के परिणामस्वरूप होता है। अत: शिक्षकों एवं अभिभावकों को बालकों के लिए उचित एवं प्रेरणादायक पर्यावरण का निर्माण करना चाहिए।
- इस सिद्धांत के अनुसार अध्यापक एवं अभिभावक बच्चों की तर्क एवं विचारण शक्ति की प्रकृति को उनकी भिन्न-भिन्न अवस्थाओं में समझ एवं पहचान सकते हैं।
- पियाजे के सिद्धांत के अनुसार बच्चों को पढ़ाने-सिखाने के लिए ऐसे अनुभव एवं अधिगम सामग्री प्रस्तुत करनी चाहिए जिन्हें वे आत्मसात् (Assimilate) कर सकें।

व्योगोत्सकी के संज्ञानात्मक विकास के सिद्धांत के शिक्षात्मक निहितार्थ (Educational Implications of Vygotsky's Theory of Cognitive Development) –पियाजे के सिद्धांत के जैसे ही व्योगोत्सकी के सिद्धांत के भी शैक्षिक निहितार्थ हैं। उसके सिद्धांतों ने कुछ तथ्यों को उजागर किया है जिससे शिक्षा संरचित होनी चाहिए।

- **सभ्यता**–व्योगोत्सकी ने सभ्यता के महत्त्व के बारे में अपने तर्क प्रस्तुत किए। यह शिक्षा के लिए निहितार्थ रखती है। यह तर्क प्रस्तुत किया गया कि बच्चों की उपलब्धि का परीक्षण उनके अंकों से ही नहीं, अपितु उनके सामाजिक संदर्भ से भी किया जाना चाहिए। व्योगोत्सकी ने तर्क प्रस्तुत किया कि बच्चों के माहौल का उनके संज्ञानात्मक विकास पर प्रभाव पड़ता है। अत: सभी बच्चों को बिना परिवेश संदर्भ के एक ही प्रश्नावली पर परीक्षण करने से बच्चों की योग्यता का त्रुटिपूर्ण परिणाम निकलेगा।
- **भाषा**–व्योगोत्सकी ने भाषा को भी महत्त्व दिया है। यह सुझाव दिया गया कि शिक्षा द्वारा भाषा के प्रयोग तथा विकास के अवसर प्रदान किए जाने चाहिए। बच्चों द्वारा विचारों को सुनने तथा अपने साथियों और अध्यापकों से उसकी चर्चा करने के लिए उन्हें प्रोत्साहित किया जाना चाहिए। भाषाओं की चर्चा तथा उनके प्रयोग से बच्चों के वर्तमान

विचार को और विकसित विचार में परिवर्तित किया जा सकता है। व्योगोत्सकी ने विचारों और भाषाओं में गहरा संबंध बताया है।

- **निकटवर्ती विकास का क्षेत्र (ZPD)**–निकटवर्ती विकास का क्षेत्र का अर्थ है बच्चे के द्वारा स्वतंत्र रूप से किए जा सकने वाले तथा सहायता के साथ करने वाले कार्य के बीच का अंतर। व्योगोत्सकी ने तर्क दिया कि बच्चे अध्यापकों के उदाहरणों का अनुसरण करते हैं और धीरे-धीरे किसी कार्य को बिना मदद के करने की क्षमता को विकसित करते हैं।

  सुझाई गई अध्यापकों की भूमिका व्योगोत्सकी के कार्य का शायद सबसे महत्त्वपूर्ण निहितार्थ है। अध्यापन बच्चों के स्तरों के विकास तथा क्षमता विकास पर आधारित होना चाहिए। अध्यापक को यह जानकारी होनी चाहिए कि बच्चा अपने अन्वेषण द्वारा सीखता है। अध्यापन संरचित करते समय उसे एक व्यक्तिगत बच्चे की क्षमता स्तर की जानकारी होनी चाहिए। बच्चों को ऐसे कार्य देने चाहिए जो उनको विकास के क्षमता स्तर तक पहुँचने में मदद कर सकें। यदि कार्य बहुत आसान हुआ तो वे अपने विचारों या विकास को प्रोत्साहित नहीं करेंगे, और यदि ये कार्य उनके निकटवर्ती विकास के क्षेत्र (ZPD) से परे हुआ तो बच्चे असफल हो जाएँगे और इसका उनके भविष्य-अधिगम पर नकारात्मक प्रभाव पड़ेगा। अतः यह जरूरी है कि अध्यापक को बच्चे के निकटवर्ती विकास के क्षेत्र की जानकारी होनी चाहिए और ऐसे कार्य देने चाहिए जो बच्चे के अधिगम को प्रोत्साहित करने के लिए पर्याप्त कठिन हों।

- **विशेषज्ञ अन्य (The Expert Other)**–व्योगोत्सकी ने 'विशेषज्ञ अन्य' की अवधारणा प्रस्तुत की। उसने यह तर्क दिया कि शिक्षा में वयस्कों का हस्तक्षेप महत्त्वपूर्ण है। अध्यापक रणनीतियों का विकास तथा समस्याओं को हल करने के लिए बच्चों का मार्गदर्शन तथा उनके साथ कार्य कर सकता है। अतः उसका हस्तक्षेप जो कि जानता हो कि उत्तर सकारात्मक है, वह बच्चों को मिलने वाले सहयोग या मार्गदर्शन की जरूरतों को आंक सकता है। बच्चों को किसी कार्य के लिए कम सहायता तथा किसी कार्य के लिए अधिक सहायता की आवश्यकता पड़ सकती है तथा बच्चे अधिक अनुभवी व्यक्ति से लाभ प्राप्त कर सकते हैं। अध्यापक को ऐसे अवसर प्रदान करने चाहिए कि एक बच्चा दूसरे बच्चे के हस्तक्षेप से अपने कौशल और समझ को बढ़ा सके।

- **सहकर्मी शिक्षक (Peer Tutoring)**–व्योगोत्सकी ने सहयोग अधिगम या सहकर्मी परामर्श के प्रयोग को बढ़ावा दिया है। अधिक अनुभवी छात्रों द्वारा कम अनुभवी छात्रों की सहायता तथा मार्गदर्शन करना उनके विद्यालय परिवेश में पाया जाता है।

- **सेंट्रल कॉन्सेप्ट्स**

  अन्य अधिक जानकार (More Knowledgeable Others) (MKO)–व्योगोत्स्की ने बुद्धि को "शिक्षा से सीखने की क्षमता" के रूप में परिभाषित किया। उनके अनुसार, ये वे लोग हैं, जो अधिक जानकार हैं और किसी विशेष डोमेन में बेहतर विशेषज्ञता

रखते हैं। ये MKO बच्चे के कौशल को सुधारने में मदद कर सकता है। MKO को सभी उदाहरणों में एक व्यक्ति होने की आवश्यकता नहीं है। कभी-कभी, MKO कंप्यूटर भी हो सकते हैं।

- **मचान (Scaffolding)**—मचान शिक्षा का मुख्य भाग होता है। इसके अनेक स्तर होते हैं। बच्चे अध्यापकों से अपने लिए सहयोग तथा ढाँचे की उम्मीद रखते हैं जिसमें वे अपने पूर्व अनुभवों के साथ कुछ सीख सकें।

प्रश्न 2. नैतिक विकास से आप क्या समझते हैं? इसकी विशेषताएँ बताते हुए पियाजे की नैतिक तार्किकता का वर्णन कीजिए।

उत्तर— विभिन्न मनोवैज्ञानिकों ने नैतिक विकास को भिन्न-भिन्न तरीके से प्रस्तुत किया है। मनोविश्लेषक **सिगमण्ड फ्रायड** (1856-1989) के अनुसार, "नैतिकता अपराध-बोध और शर्म से बचने से उत्पन्न होती है और इसका विकास सुपर-ईगो का उत्पाद है।"

मार्टिन हॉफमैन और **जोनाथन हैट** जैसे कुछ विकासात्मक और सामाजिक मनोवैज्ञानिक संवेगों को नैतिकता का आधार मानते हैं। हॉफमैन का मानना है कि इन नैतिक संवेगों की उत्पत्ति हजारों वर्ष पहले हुई है, इसे 'पूर्वजों का वातावरण' या 'क्रमिक विकास के अनुकूलन का वातावरण' कहते हैं। 21वीं सदी में नैतिकता के विकास की जो अवधारणा व्याप्त है वह सालों पहले, जैविक व विकास के आधार पर, चार्ल्स डार्विन ने दी थी।

सुप्रसिद्ध **बी.एफ. स्किनर** ने नैतिकता के उदय और विकास के बारे में बिल्कुल अलग विचार दिए हैं कि बालक जब जन्म लेता है तो उसका मस्तिष्क कोरे स्लेट की तरह होता है, उसमें कोई जन्मजात नैतिक संवेग नहीं होते। सभी प्रकार के अधिगम और नैतिकता का उदय उसके अनुभवों और अनुभवों के परिणाम से होता है। नैतिकता का कोई जैविक आधार नहीं होता और न ही यह संवेग, अंत:करण और निर्णय से प्रेरित होता है। नैतिकता केवल वह व्यवहार है जो पुरस्कार से उन्नत होता है और दंड से नियंत्रित होता है।

महत्त्वपूर्ण बात यह है कि 1960 से नैतिक मनोविज्ञान के क्षेत्र में 'विकासात्मक मनोवैज्ञानिकों' का ही दबदबा है। जीन पियाजे ने नैतिक निर्णय पर शोध कार्य किया, लॉरेन्स कोहलबर्ग ने नैतिक चिंतन और निर्णय के लिए त्रिस्तरीय छह अवस्था वाले संज्ञानात्मक-संरचनात्मक मॉडल का निर्माण किया। व्यवहारवादियों के दृष्टिकोण की तरह, संज्ञानात्मक-संरचनात्मक के अनुसार भी नैतिक अधिगम में वातावरण की महत्त्वपूर्ण भूमिका होती है।

जीन पियाजे (Jean Piaget) के अनुसार बच्चे के नैतिक विकास की निम्नलिखित दो अवस्थाएँ होती हैं—

- **हैटरोनोमस नैतिकता (Heteronomous Morality)**—यह अवस्था सात साल की आयु से नीचे की होती है। छह साल तक के बच्चे यह विश्वास करते हैं कि नैतिकता के नियम निश्चित एवं अपरिवर्तनीय होते हैं। वे यह भी मानते हैं कि यदि कोई बालक नियमों को भंग करता है तो वह माता-पिता, अध्यापक या भगवान द्वारा अवश्य ही प्रताड़ित होगा। इस अवस्था के दौरान बच्चे किसी कार्य के परिणामों के

आधार पर उसे अच्छा या बुरा मानते हैं न कि उसके इरादों (intentions) के आधार पर।

- **ऑटोनोमस नैतिकता (Autonomous Morality)**–इस दूसरी अवस्था में पियाजे ने कहा है कि इस आयु अर्थात् छह-सात वर्ष के बाद बच्चों में संज्ञान विकास अधिक हो चुका होता है तथा बच्चे स्व-केंद्रित न रहकर दूसरों के संबंध में सोचना शुरू कर देते हैं। नैतिक विकास की इस दूसरी अवस्था में नियमों को अपरिवर्तनीय नहीं मानते। दूसरों की सहमति से सामाजिक नियमों से एक सीमा तक परिवर्तन लाया जा सकता है। इस लचीले दृष्टिकोण के आधार पर इस अवस्था के बच्चे किसी कार्य की अच्छाई-बुराई उस कार्य को करने वाले की नीयत के आधार पर आँकते हैं।

Gullybaba Publishing House Pvt. Ltd.

ISO 9001 & ISO 14001 Certified Co.

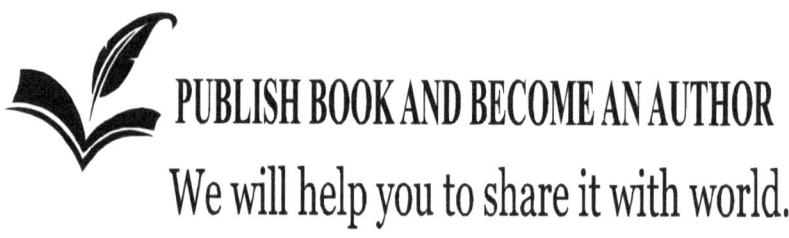

PUBLISH BOOK AND BECOME AN AUTHOR
We will help you to share it with world.

Gullybaba.com

अध्याय 10

मनोविज्ञान के अनुप्रयोग

भूमिका

मनोविज्ञान की कई शाखाएँ हैं, इनमें से एक शाखा वह है जो अपराध की जाँच में कानून लागू करने वाली एजेंसियों की मदद करती है, फोरेंसिक मनोविज्ञान के रूप में जानी जाती है। यह मनोविज्ञान के कई लागू क्षेत्रों में से एक है। प्रस्तुत अध्याय में स्वास्थ्य, शिक्षा, संगठन, कानून, पर्यावरण और सैन्य जैसे विभिन्न क्षेत्रों में मनोविज्ञान के अनुप्रयोगों की चर्चा की गई है।

प्रश्न 1. मनोविज्ञान के विभिन्न अनुप्रयोगों की व्याख्या कीजिए।

अथवा

अभियांत्रिकी (इंजीनियरिंग) मनोविज्ञान और संगठनात्मक मनोविज्ञान के क्षेत्र में मनोवैज्ञानिकों की भूमिका बताइए।

अथवा

बताइए कि अपराधी से निपटने में मनोवैज्ञानिक, कानून लागू करने वाली एजेंसियों की मदद कैसे कर सकते हैं?

अथवा

पर्यावरणीय मनोविज्ञान से आप क्या समझते हैं?

अथवा

सैन्य मनोवैज्ञानिकों और विमानन मनोवैज्ञानिकों की भूमिका स्पष्ट कीजिए।

उत्तर– मनोविज्ञान के विभिन्न अनुप्रयोग निम्न हैं–

- **नैदानिक मनोविज्ञान (Clinical Psychology)**–नैदानिक मनोविज्ञान भी मनोविज्ञान की महत्त्वपूर्ण अनुप्रयोगात्मक शाखा (applied branch) है जो असामान्य मनोविज्ञान से निकट का संबंध रखता है। इस शाखा का मुख्य सरोकार नैदानिक केंद्रों (clinical centres) से रहता है जहाँ व्यवहार एवं व्यक्तित्व संबंधी विकृतियों के निदान एवं उपचार (treatment) जैसी सेवाएँ (services) प्रदान की जाती हैं। इन केंद्रों में कार्यरत मनोवैज्ञानिक मानसिक रोगियों की समस्याओं का निदान, कारणों का पता लगाने तथा उपयुक्त चिकित्सकीय सहायता प्रदान करने का कार्य करते हैं।
- **परामर्श मनोविज्ञान (Counselling Psychology)**–एक परामर्श-मनोवैज्ञानिक उन लोगों को सहायता पहुँचाता है जो साधारण किस्म का सांवेगिक और निजी समस्याओं से पीड़ित होते हैं। वह व्यक्ति को उसके अपने संसाधनों के समाधान हेतु प्रभावी उपयोग करने में असमर्थ बनाता है। वह वैवाहिक जीवन, बालापराध, विद्यालय में कुसमायोजन, नौकरी में विवाद जैसे सम्बन्धित क्षेत्रों में व्यवहार में परिवर्तन लाता है। परामर्श मनोवैज्ञानिक माडेलिंग, संवेदीकरण तथा तार्किक चिन्तन आदि की सहायता से संबंधित व्यवहार को व्यवहार को व्यवस्थित रूप से सही दिशा में ले जाने का प्रयास करता है।
- **स्वास्थ्य मनोविज्ञान**–स्वास्थ्य मनोविज्ञान रोगों के विकास, बचाव एवं निदान में मनोवैज्ञानिक कारकों (उदाहरण के लिए, दबाव, दुश्चिंता) की भूमिका पर केंद्रित होता है। स्वास्थ्य मनोवैज्ञानिकों की रुचि के क्षेत्र दबाव तथा समायोजी व्यवहार, मनोवैज्ञानिक कारकों एवं स्वास्थ्य के बीच संबंध, डॉक्टर-रोगी संबंध तथा स्वास्थ्य वृद्धि के कारकों को बढ़ावा देने वाले उपाय हैं।
- **अभियांत्रिकी मनोविज्ञान**–मनोविज्ञान के इस क्षेत्र में व्यवसाय, उद्योग और सेना के लिए मशीनरी, कंप्यूटर, हवाई जहाज, ऑटोमोबाइल और इसी तरह के डिजाइन पर अनुसंधान लागू किया जाता है। इस क्षेत्र में काम करने वाले मनोवैज्ञानिक इस तरह

से निर्देश पुस्तिका लिखने के लिए भी जिम्मेदार हैं, जिन्हें कोई भी समझ सकता है ताकि वे जटिल मशीनरी और घरेलू उपकरणों को संचालित कर सकें। लागू मनोविज्ञान की एक शाखा के रूप में, इस क्षेत्र में इंजीनियरिंग के क्षेत्र में महत्त्वपूर्ण योगदान दिया है। औद्योगिक मनोवैज्ञानिकों ने सही प्रकार की मशीनों को डिजाइन करने में मदद की है, जिससे श्रमिकों के लिए अनावश्यक संचालन को समाप्त करने, तनाव को कम करने व भ्रम और निरीक्षण के लिए संभावनाओं को खत्म करने के लिए अपना सर्वश्रेष्ठ प्रदर्शन करना संभव हुआ है।

- **औद्योगिक/संगठनात्मक मनोविज्ञान**–औद्योगिक/संगठनात्मक मनोविज्ञान कार्यस्थल व्यवहार का अध्ययन करता है तथा कार्मिकों एवं उन्हें नियुक्त करने वाले संगठनों पर ध्यान देता है। औद्योगिक/संगठनात्मक मनोवैज्ञानिक कर्मचारियों के प्रशिक्षण, कार्यदशा में सुधार तथा कर्मचारियों की नियुक्ति के मानक से संबंधित होता है। उदाहरण के लिए, संगठनात्मक मनोवैज्ञानिक इस बात का सुझाव दे सकता है कि कंपनी एक नई प्रबंध संरचना तैयार करे जो कर्मचारियों तथा प्रबंधक के मध्य के संवाद में वृद्धि कर सके। औद्योगिक एवं संगठनात्मक मनोवैज्ञानिक की पृष्ठभूमि में संज्ञानात्मक तथा सामाजिक मनोविज्ञान में प्राप्त प्रशिक्षण होता है।
- **उपभोक्ता मनोविज्ञान**–मनोविज्ञान का यह तंत्र अपने उपभोक्ताओं के मनोविज्ञान को समझकर संगठनों की सहायता करने पर ध्यान केंद्रित करता है और इस प्रकार उनकी बिक्री में वृद्धि को उपभोक्ता मनोविज्ञान के रूप में जाना जाता है। प्रत्येक उद्योग अपने उत्पादों को बेचने की अपनी क्षमता पर निर्भर करता है, न केवल अपने अस्तित्व के लिए बल्कि इसके विकास और विस्तार के लिए भी। इसलिए, इन उत्पादों को खरीदने वाले लोगों की जरूरतों, पसंद, नापसंद और आदतों को जानना महत्त्वपूर्ण है। एक घड़ी कंपनी में, घड़ियों की एक नई रेंज के लिए उत्पाद प्रभारी, जो माना जाता था कि अति सुंदर थे, कंपनी के भीतर अपने ही दोस्तों और साथियों से अनौपचारिक प्रतिक्रिया ली किंतु उन्होंने उपभोक्ताओं के साथ औपचारिक रूप प्रतिक्रिया नहीं ली। वे उत्पादन के साथ आगे बढ़े। लेकिन, उनके पास कई महीनों तक उनकी घड़ी नहीं बिकी क्योंकि उपभोक्ताओं ने इसे अस्वीकार कर दिया था, मुख्य कारण उन सुंदर डायल पर पढ़ने में कठिनाई हो रही थी। कहीं न कहीं, अत्याधुनिक बनाने के खोज में, शायद, वे मूल बातें भूल गए थे। यह उपभोक्ता मनोविज्ञान के महत्त्व पर प्रकाश डालता है और न केवल उपभोक्ता सर्वेक्षणों के माध्यम से उपभोक्ता की जरूरतों और वरीयताओं को समझने का प्रयास करती है, बल्कि विज्ञापन के क्षेत्र में भी योगदान देती है। यह क्षेत्र प्रभावी विज्ञापन उद्योगों को अपने उत्पादों को खरीदने के लिए उपभोक्ताओं को प्रभावित करने में मदद करता है। मनोवैज्ञानिक विज्ञापन डिजाइन करने में मदद करते रहे हैं जो उपभोक्ताओं का ध्यान आकर्षित करते हैं और प्रभावी ढंग से संदेश देते हैं ताकि वे उत्पादों को खरीदने के लिए प्रेरित हों।
- **शिक्षा और विद्यालय मनोविज्ञान (Educational and School Psychology)**– एक प्रायोगिक क्षेत्र के रूप में मनोविज्ञान की यह शाखा कक्षा व्यवस्था में शिक्षण और

अधिगम की समस्याओं का समाधान करने में सहायता करता है। यह शिक्षक और शिक्षार्थी दोनों को अधिगम की स्थितियों में अधिक प्रभावी ढंग से व्यवहार करने में सहायता करती है। शिक्षा मनोवैज्ञानिक का अधिकांश कार्य, पाठ्यक्रम की योजना बनाना, शिक्षक प्रशिक्षण और अनुदेशों की रूपरेखा तैयार करने पर केंद्रित होता है। अधिगम और अभिप्रेरण के मनोविज्ञान अधिगम संबंधी आवश्यक सैद्धांतिक खाका, और अनुभवजन्य आँकड़े, अधिगम के सिद्धान्त, पुनर्बलन, शिक्षण स्थानान्तरण, धारण और विस्मरण में सहायता प्रदान करता है। शिक्षा मनोवैज्ञानिक विद्यालय परिषदों को छात्रों की आवश्यकताओं, रुचियों और योग्यताओं को ध्यान में रखते हुए पाठ्यक्रम की योजना और सुझाव प्रदान करता है। स्कूल मनोवैज्ञानिक का कार्य स्कूल में अधिक तात्कालिक समस्याओं का समाधान करना है। स्कूल मनोवैज्ञानिकों का संबंध विशेषकर अधिगम की कठिनाइयों का निदान करने और उनका उपचार करने तथा व्यावसायिक तथा अन्य प्रकार के परामर्श देने से है।

- **खेल मनोविज्ञान**–खेल मनोवैज्ञानिक, खेल, एथलेटिक प्रदर्शन, व्यायाम और शारीरिक गतिविधि पर मनोविज्ञान के प्रभाव का अध्ययन हैं। यह खेल के विभिन्न पहलुओं से संबंधित है जो पेशेवर एथलीटों और प्रशिक्षकों के बीच प्रेरणा, प्रदर्शन और टीम भावना के स्तर को बढ़ा सकते हैं। यह व्यक्तियों के सकारात्मक स्वास्थ्य के संदर्भ में खेल और व्यायाम में भागीदारी की प्रासंगिकता को भी दर्शाता है।
- **फोरेंसिक मनोविज्ञान**–यह एक ऐसा क्षेत्र है जो मनोविज्ञान और कानून का मिश्रण या संयोजन है। इसमें व्यक्तियों का मनोवैज्ञानिक मूल्यांकन शामिल है (आमतौर पर एक गैरकानूनी कार्य या अपराध के लिए संदिग्ध)। एक फोरेंसिक मनोवैज्ञानिक विभिन्न परिस्थितियों में शामिल होकर सेवा प्रदान करते हैं, जैसें भविष्य के आपराधिक/आतंकी खतरों के आकलन के समूह में, जेल या अदालत में विशेषज्ञ गवाह के रूप में। वे व्यवहार विश्लेषण, विकास, मूल्यांकन एवं उपचार में पेशेवर रूप से माहिर होते हैं। हालाँकि इन्हें कानून और आपराधिक मनोविज्ञान का प्रशिक्षण प्राप्त होता है, लेकिन इन्हें नैदानिक मनोविज्ञान में भी प्रशिक्षित होना पड़ता हैं। इन्हें नैदानिक मूल्यांकन, साक्षात्कार, रिपोर्ट लेखन और मजबूत मौखिक संचार जैसे कौशलों का मर्मज्ञ होने की आवश्यकता होती हैं।
- **अपराध मनोविज्ञान (Criminal Psychology)**–मनोविज्ञान का यह क्षेत्र अपराधी एवं बाल अपराध से संबंधित व्यवहारों एवं समस्याओं का अध्ययन करता है, जैसे–अपराधी व्यक्तित्व, समाज विरोधी व्यक्तित्व का मूल्यांकन करना, आपराधिक घटनाओं पर नियंत्रण के मनोवैज्ञानिक उपायों का सुझाव देना, अपराधियों के व्यवहारों को सुधारने (reform) हेतु उनके पुनर्वास एवं प्रशिक्षण की व्यवस्था करना आदि इसके आलोच्य विषय है। मनोविज्ञान की इस शाखा का कानूनी प्रक्रिया (legal processes) के साथ भी गहरा संबंध है। न्यायालयों में अपराधी झूठ बोलता है या सच, इसके निर्धारण में अपराध एवं कानून मनोवैज्ञानिक न्यायाधीशों की सहायता करते हैं तथा अपराधियों

की प्रेरणाओं, मनोदशा एवं इच्छाओं का अध्ययन कर आवश्यक सुझाव देते हैं जो न्यायिक अनुसंधान एवं प्रक्रिया के लिए विशेष रूप से उपयोगी होते हैं।

- **पर्यावरणीय मनोविज्ञान**–पर्यावरणीय मनोविज्ञान तापमान, आर्द्रता, प्रदूषण तथा प्राकृतिक आपदा जैसे भौतिक कारकों का मानव व्यवहार के साथ अंत:क्रियाओं का अध्ययन करता है। कार्य करने के स्थान पर भौतिक चीजों की व्यवस्था के स्वरूप का स्वास्थ्य, सांवेगिक अवस्था तथा अंतर्वैयक्तिक संबंधों पर पड़ने वाले प्रभावों का अन्वेषण करता है। इस क्षेत्र में नवीन विषय के रूप में किस सीमा तक, उत्सर्ग प्रबंधन, जनसंख्या विस्फोट, ऊर्जा संरक्षण, सामुदायिक संसाधनों का सक्षम उपयोग आदि जुड़े हैं जो मानव व्यवहार के प्रकार्य होते हैं।
- **विमानन (Aviation) मनोविज्ञान**–मानव कारक मनोविज्ञान के क्षेत्र से संबंधित, यह मनोविज्ञान के हालिया और सबसे कम ज्ञान अनुप्रयुक्त क्षेत्रों में से एक है। अध्ययनों ने सुझाव दिया है कि वाणिज्यिक एयरलाइन पायलटों की दुनिया में सबसे अधिक तनावपूर्ण नौकरियों में से है। संयुक्त राज्य अमेरिका में, इसे चार सबसे तनावपूर्ण नौकरी के रूप में से एक की मान्यता दी गई है। 'विमानन मनोविज्ञान' विमान के डिजाइन, विशेष रूप से कॉकपिट डिस्प्ले और नियंत्रण, उड़ान से जुड़ी अवधारणात्मक और संज्ञानात्मक प्रक्रियाओं का अध्ययन, पायलटों और जमीनी कर्मियों के चयन और प्रशिक्षण पर काम और विकास और परीक्षण पर शोध को शामिल करता है। विमानों के संचालन, रखरखाव और ट्रैकिंग के लिए प्रक्रियाएँ भी करता है (केयर्सले, 1981)। इस प्रकार, एक विमानन मनोवैज्ञानिक की भूमिका पायलटों की भर्ती में प्राधिकार की मदद करना और इंजीनियरों को पायलट-अनुकूल कॉकपिट प्रदर्शन डिजाइन करने में मदद करना है।

प्रश्न 2. मनोवैज्ञानिक और मनोचिकित्सक में क्या अंतर है? स्पष्ट कीजिए।

उत्तर– एक मनोवैज्ञानिक मेडिकल डिग्री न लेकर, मनोविज्ञान में डाक्टरेट डिग्री लेता है। एक विशिष्ट क्षेत्र में शैक्षणिक प्रशिक्षण एवं विशिष्टता लेने के पश्चात् मनोवैज्ञानिक एक व्यवसायिक अथवा कैरियर के परिवेश में कार्य करता है। दूसरी ओर एक मनोचिकित्सक के पास मनोचिकित्सा में मेडिकल डिग्री होती है और जो मनोवैज्ञानिक रूप से विकृत रोगियों का निदान करके दवा देकर उपचार करते हैं। मनोचिकित्सीय सामाजिक कार्यकर्ता का क्षेत्र इससे बहुत संबंधित है जिसके पास इस क्षेत्र में स्नातकोत्तर डिग्री होती है और इनका मुख्य उद्देश्य उन पर्यावरणीय परिस्थितियों में कार्य करना होता है जिनका प्रभाव मनोवैज्ञानिक विकृतियों पर पड़ती है। उन सेटिंग के प्रकारों को दर्शाता है जहाँ मनोवैज्ञानिक कार्य करते हैं।

मनोवैज्ञानिक ने व्यवहार के विभिन्न प्रतिरूपों की जाँच एवं अध्ययन किया कि किस प्रकार बाह्य एवं आन्तरिक कारक मस्तिष्क एवं व्यवहार को प्रभावित करते हैं। विभिन्न मनोवैज्ञानिक की अलग-अलग रुचियाँ होती हैं। कुछ सामाजिक मनोविज्ञान में रुचि रखते है, जबकि कुछ की रुचि संज्ञानात्मक मनोविज्ञान में हो सकती है जबकि कुछ की रुचि सामुदायिक एवं विकासात्मक मनोविज्ञान दोनों में होती है।

प्रश्न पत्र

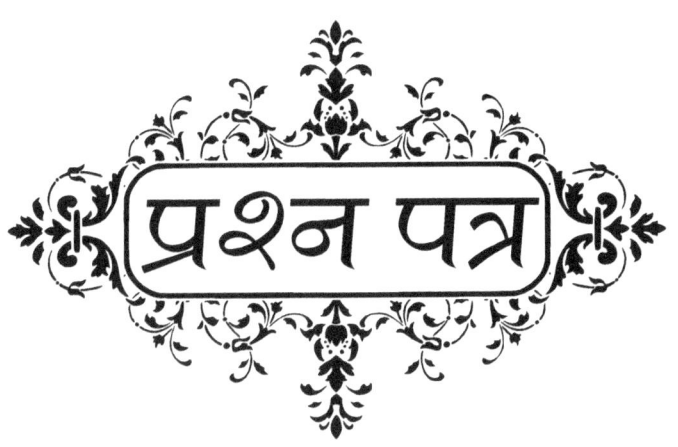

सामान्य मनोविज्ञान: बी.पी.सी.जी.-171
सैम्पल पेपर-I

(i) प्रश्न-पत्र तीन भागों में विभाजित है।
(ii) प्रश्नों के उत्तर प्रत्येक भाग के निर्देशानुसार दीजिए।

खंड I

निम्नलिखित प्रश्नों में से किन्हीं दो के उत्तर लगभग 500 शब्दों (प्रत्येक) में दीजिए।

प्रश्न 1. व्यक्तित्व के मनोविश्लेषक सिद्धांत का विश्लेषण कीजिए।
उत्तर– देखें अध्याय-6, प्र.सं.-2

प्रश्न 2. मनोविज्ञान की वैज्ञानिक प्रकृति को स्पष्ट कीजिए।
उत्तर– देखें अध्याय-1, प्र.सं.-2

प्रश्न 3. नैतिक विकास से आप क्या समझते हैं? इसकी विशेषताएँ बताते हुए पियाजे की नैतिक तार्किकता का वर्णन कीजिए।
उत्तर– देखें अध्याय-9, प्र.सं.-2

प्रश्न 4. बुद्धि के विभिन्न सिद्धांतों की व्याख्या कीजिए।
उत्तर– देखें अध्याय-5, प्र.सं.-3

खंड II

निम्नलिखित प्रश्नों में से किन्हीं चार के उत्तर लगभग 250 शब्दों (प्रत्येक) में दीजिए।

प्रश्न 5. हमारे व्यवहार में विभिन्न अंत:स्रावी ग्रंथियों की भूमिका को समझाइए।
उत्तर– देखें अध्याय-2, प्र.सं.-3

प्रश्न 6. एरिक एरिकसन के मनोसामाजिक सिद्धांत का विश्लेषण कीजिए।
उत्तर– देखें अध्याय-8, प्र.सं.-1

प्रश्न 7. संवेग के विभिन्न सिद्धांतों पर प्रकाश डालिए।
उत्तर— देखें अध्याय-4, प्र.सं.-9

प्रश्न 8. प्रत्यक्षण को परिभाषित करते हुए प्रत्यक्षण के विभिन्न चरणों और इन चरणों को प्रभावित करने वाले कारकों को समझाइए।
उत्तर— देखें अध्याय-3, प्र.सं.-2

प्रश्न 9. विकास का पारिस्थितिक तंत्र मॉडल क्या है?
उत्तर— देखें अध्याय-7, प्र.सं.-7

खंड III

निम्नलिखित प्रश्नों में से किन्हीं दो के उत्तर लगभग 100 शब्दों (प्रत्येक) में दीजिए।

प्रश्न 10. व्यक्तित्व के व्यवहारवादी उपागम की चर्चा कीजिए।
उत्तर— देखें अध्याय-6, प्र.सं.-4

प्रश्न 11. अधिगम क्या है? वर्णन कीजिए।
उत्तर— देखें अध्याय-3, प्र.सं.-4

प्रश्न 12. क्रिटिकल अवधि परिकल्पना को समझाइए।
उत्तर— देखें अध्याय-7 प्र.सं.-8

"शिक्षा से ज्यादा मूल्यवान कोई चीज नहीं है, इसे केवल परिश्रम द्वारा ही पाया जा सकता है।"

सामान्य मनोविज्ञान: बी.पी.सी.जी.-171
सैम्पल पेपर-II

(i) प्रश्न-पत्र तीन भागों में विभाजित है।
(ii) प्रश्नों के उत्तर प्रत्येक भाग के निर्देशानुसार दीजिए।

खंड I

निम्नलिखित प्रश्नों में से किन्हीं दो के उत्तर लगभग 500 शब्दों (प्रत्येक) में दीजिए।

प्रश्न 1. तंत्रिका कोशिका क्या है? तंत्रिका कोशिका का एक आरेख बनाए और इसके भागों की व्याख्या कीजिए।
उत्तर– देखें अध्याय-2, प्र.सं.-1

प्रश्न 2. संगठन के गेस्टाल्ट सिद्धांत की व्याख्या कीजिए।
उत्तर– देखें अध्याय-3, प्र.सं.-3

प्रश्न 3. व्यक्तित्व के मानवतावादी सिद्धांत में योगदान देने वाले मनोवैज्ञानिकों के विषय में बताइए।
उत्तर– देखें अध्याय-6, प्र.सं.-5

प्रश्न 4. मनोविज्ञान के विभिन्न अनुप्रयोगों की व्याख्या कीजिए।
उत्तर– देखें अध्याय-10, प्र.सं.-1

खंड II

निम्नलिखित प्रश्नों में से किन्हीं चार के उत्तर लगभग 250 शब्दों (प्रत्येक) में दीजिए।

प्रश्न 5. मनोविज्ञान की उत्पत्ति और विकास की व्याख्या कीजिए।
उत्तर– देखें अध्याय-1, प्र.सं.-1

प्रश्न 6. अभिप्रेरणा के विभिन्न प्रकारों का वर्णन कीजिए।

उत्तर– देखें अध्याय-4, प्र.सं.–3

प्रश्न 7. मानव विकास को परिभाषित करते हुए इसके अध्ययन के प्रमुख क्षेत्रों का वर्णन कीजिए।

उत्तर– देखें अध्याय-7, प्र.सं.–1

प्रश्न 8. "व्यक्तिगत अंतर" की अवधारणा और प्रकृति को समझाइए।

उत्तर– देखें अध्याय-5, प्र.सं.–1

प्रश्न 9. विकासात्मक प्रक्रियाओं के संज्ञानात्मक विकास पर प्रकाश डालिए।

उत्तर– देखें अध्याय-9, प्र.सं.–1

खंड III

निम्नलिखित प्रश्नों में से किन्हीं दो के उत्तर लगभग 100 शब्दों (प्रत्येक) में दीजिए।

प्रश्न 10. मानव विकास के प्रमुख मुद्दों का उल्लेख कीजिए।

उत्तर– देखें अध्याय-7 प्र.सं.–4

प्रश्न 11. मनोवैज्ञानिक और मनोचिकित्सक में क्या अंतर है?

उत्तर– देखें अध्याय-10 प्र.सं.–2

प्रश्न 12. सांवेगिक बुद्धि और सामाजिक बुद्धि की अवधारणा को समझाइए।

उत्तर– देखें अध्याय-5 प्र.सं.–5

"शिक्षा
एक ऐसा धन है,
जिसे चुराया
नहीं जा सकता।"

सामान्य मनोविज्ञान: बी.पी.सी.जी.-171
गेस पेपर-I

(i) प्रश्न-पत्र तीन भागों में विभाजित है।
(ii) प्रश्नों के उत्तर प्रत्येक भाग के निर्देशानुसार दीजिए।

खंड I

निम्नलिखित प्रश्नों में से किन्हीं दो के उत्तर लगभग 500 शब्दों (प्रत्येक) में दीजिए।

प्रश्न 1. तंत्रिका तंत्र से आप क्या समझते हैं? इसका वर्गीकरण कीजिए।

प्रश्न 2. संवेग (भावना) का क्या अर्थ है? संवेग की विभिन्न परिभाषा देते हुए इसकी प्रकृति की चर्चा कीजिए।

प्रश्न 3. चिंतन की प्रक्रिया में मानसिक प्रतिमा, संप्रत्यय और प्रस्थापना की भूमिका पर संक्षेप में चर्चा कीजिए।

प्रश्न 4. मनोविज्ञान के अध्ययन करने के विभिन्न तरीके क्या हैं? चर्चा कीजिए।

खंड II

निम्नलिखित प्रश्नों में से किन्हीं चार के उत्तर लगभग 250 शब्दों (प्रत्येक) में दीजिए।

प्रश्न 5. व्यक्तित्व के शीलगुण सिद्धांत की चर्चा कीजिए।

प्रश्न 6. बुद्धि का मूल्यांकन किस प्रकार किया जाता है? विस्तार से बताइए।

प्रश्न 7. अवधान को परिभाषित करते हुए, इसके विभिन्न प्रकारों का वर्णन कीजिए।

प्रश्न 8. आवश्यकता, प्रणोदन (अंतर्नोद) तथा प्रोत्साहन में अंतर स्पष्ट कीजिए।

प्रश्न 9. मानव विकास और विकास को प्रभावित करने वाले कारकों का वर्णन कीजिए।

खंड III

निम्नलिखित प्रश्नों में से किन्हीं दो के उत्तर लगभग 100 शब्दों (प्रत्येक) में दीजिए।

प्रश्न 10. अभिप्रेरणा से आप क्या समझते हैं?

प्रश्न 11. युंग का 'विश्लेषणात्मक मनोविज्ञान' का सिद्धांत पर टिप्पणी लिखिए।

प्रश्न 12. संवेग के कार्यों पर प्रकाश डालिए।

सामान्य मनोविज्ञान: बी.पी.सी.जी.-171
गेस पेपर-II

(i) प्रश्न-पत्र तीन भागों में विभाजित है।
(ii) प्रश्नों के उत्तर प्रत्येक भाग के निर्देशानुसार दीजिए।

खंड I

निम्नलिखित प्रश्नों में से किन्हीं दो के उत्तर लगभग 500 शब्दों (प्रत्येक) में दीजिए।

प्रश्न 1. नव फ्रायडवादी मनोवैज्ञानिक अल्फ्रेड एडलर और कार्ल युंग के सिद्धांतों का वर्णन कीजिए।

प्रश्न 2. स्मृति के विभिन्न मॉडलों की चर्चा कीजिए।

प्रश्न 3. जीवन के परिप्रेक्ष्य के विभिन्न सिद्धांतों का वर्णन कीजिए।

प्रश्न 4. व्यक्तित्व-मूल्यांकन में प्रयुक्त की जाने वाली प्रमुख विधियों का विवेचन कीजिए।

खंड II

निम्नलिखित प्रश्नों में से किन्हीं चार के उत्तर लगभग 250 शब्दों (प्रत्येक) में दीजिए।

प्रश्न 5. अभिप्रेरणा के विभिन्न सिद्धांतों की व्याख्या कीजिए।

प्रश्न 6. व्यक्तित्व की अवधारणा की विवेचना कीजिए।

प्रश्न 7. बुद्धि की संकल्पना (प्रत्यय) को विस्तारपूर्वक समझाइए।

प्रश्न 8. मानव व्यवहार में अंतर्निहित समाज-सांस्कृतिक प्रक्रियाओं की भूमिका को स्पष्ट कीजिए।

प्रश्न 9. अधिगम के सिद्धांतों का वर्णन कीजिए।

खंड III

निम्नलिखित प्रश्नों में से किन्हीं दो के उत्तर लगभग 100 शब्दों (प्रत्येक) में दीजिए।

प्रश्न 10. स्मृति से आप क्या समझते हैं?

प्रश्न 11. जीवन-काल के विकास से आप क्या समझते हैं?

प्रश्न 12. मनोविज्ञान के कार्यक्षेत्र का उल्लेख कीजिए।

सामान्य मनोविज्ञान: बी.पी.सी.जी.-171
दिसम्बर, 2021

नोट: (i) निम्नलिखित में से किन्हीं पाँच प्रश्नों के उत्तर दीजिए। प्रत्येक भाग से कम से कम दो प्रश्नों के उत्तर दीजिए। (ii) सभी प्रश्नों के अंक समान हैं। (iii) प्रत्येक प्रश्न का उत्तर लगभग 400 शब्दों में दीजिए।

भाग–I

प्रश्न 1. मनोविज्ञान की विधियाँ एवं अनुप्रयोगों की चर्चा कीजिए। मानव व्यवहार की आधारभूत समाज-सांस्कृतिक प्रक्रिया का वर्णन कीजिए।
उत्तर– देखें अध्याय–1, प्र.सं.–4, 5

प्रश्न 2. अवधान के विभिन्न रूपों और प्रत्यक्षण के चरणों की व्याख्या कीजिए। संगठन के नियमों की चर्चा कीजिए।
उत्तर– देखें अध्याय–3, प्र.सं.–1, 2, 3

प्रश्न 3. अभिप्रेरणा के प्रकार और सिद्धांतों का विस्तारपूर्वक वर्णन कीजिए।
उत्तर– देखें अध्याय–4, प्र.सं.–3, 4

प्रश्न 4. व्यक्तित्व के सिद्धांत एवं व्यक्तित्व के मूल्यांकन की चर्चा कीजिए।
उत्तर– देखें अध्याय–6, प्र.सं.–2, 3, 4, 5, 6, 7

भाग–II

प्रश्न 5. विकास के चरण से संबंधित सिद्धांतों का विस्तृत वर्णन कीजिए।
उत्तर– देखें अध्याय–8, प्र.सं.–1

प्रश्न 6. निम्नलिखित मनोविज्ञान के क्षेत्रों के अनुप्रयोगों पर चर्चा कीजिए–
(i) शिक्षा और खेल
(ii) आपराधिक और फोरेंसिक
उत्तर– देखें अध्याय–10, प्र.सं.–1

प्रश्न 7. मानव विकास के सामयिक क्षेत्र की व्याख्या कीजिए। मानव विकास के परिप्रेक्ष्य एवं अवधि की व्याख्या कीजिए।
उत्तर– देखें अध्याय–7, प्र.सं.–1, 6, 5

प्रश्न 8. मानव शरीर में तंत्रिका तंत्र और अंतःस्रावी ग्रंथियों की भूमिका का वर्णन कीजिए।
उत्तर– देखें अध्याय–2, प्र.सं.–2, 3

सामान्य मनोविज्ञानः बी.पी.सी.जी.-171

जून, 2022

नोटः निम्नलिखित में से किन्हीं पाँच प्रश्नों के उत्तर दीजिए। प्रत्येक भाग से कम से कम दो प्रश्नों के उत्तर दीजिए। सभी प्रश्नों के अंक समान हैं। प्रत्येक प्रश्न का उत्तर लगभग 400 शब्दों में दीजिए।

भाग-I

प्रश्न 1. चित्र की सहायता से तंत्रिका कोशिकाओं की संरचना की व्याख्या कीजिए। केंद्रीय तंत्रिका तंत्र का वर्णन कीजिए।

उत्तर– देखें अध्याय–2, प्र.सं.–1, 2

प्रश्न 2. अधिगम के सिद्धांतों की व्याख्या कीजिए।

उत्तर– देखें अध्याय–3, प्र.सं.–5

प्रश्न 3. संवेगों के घटक, प्रकार एवं कार्यों की चर्चा कीजिए।

उत्तर– देखें अध्याय–4, प्र.सं.–7, 6, 8

प्रश्न 4. संवेगों के सिद्धांतों का वर्णन कीजिए।

उत्तर– देखें अध्याय–4, प्र.सं.–9

भाग-II

प्रश्न 5. मानव विकास को प्रभावित करने वाले कारक एवं मुद्दों पर चर्चा कीजिए।

उत्तर– देखें अध्याय–7, प्र.सं.–3, 4

प्रश्न 6. नैतिक और संज्ञानात्मक विकास के सिद्धांतों को स्पष्ट कीजिए।

उत्तर– जीन पियागेट द्वारा प्रस्तावित नैतिक विकास के विचार का विस्तार करते हुए, लॉरेंस कोहलबर्ग ने नैतिक विकास का एक पूरा सिद्धांत विकसित करने के लिए जीवन भर काम किया। कहानी बताने की तकनीक का उपयोग करते हुए, उन्होंने बच्चों पर कई अध्ययन किए। उनके अध्ययन की कहानियाँ आमतौर पर कुछ प्रकार की नैतिक दुविधाओं के इर्द-गिर्द घूमती हैं। हर कहानी के अंत में, वह अपने प्रतिभागियों (बच्चों) से कुछ सवाल पूछते थे और तर्क को रेखांकित करने के लिए उनके उत्तरों का विश्लेषण करते थे। अपने अध्ययन के आधार पर, उन्होंने प्रस्ताव दिया कि नैतिक विकास में छह चरण शामिल हैं और इन छह चरणों को आगे तीन स्तरों में बाँटा जा सकता है। ये तीन स्तर इस प्रकार हैं–

स्तर 1–पूर्व-पारंपरिक नैतिकता (Pre Conventional Morality)

इसमें नैतिक विकास के पहले दो स्तर शामिल हैं। यहाँ नैतिकता का आकलन वयस्कों के मानकों और एक कार्रवाई के परिणाम के आधार पर किया जाता है।

चरण I (आज्ञाकारिता और सजा अभिविन्यास)—बच्चों के लिए वो अनैतिक है जिसे प्राधिकरण द्वारा दंडित किया जाता है।

चरण II (व्यक्तिवाद और विनिमय)—यह चरण स्व-चालित है और बच्चों को पहली बार समझ में आता है कि अलग-अलग व्यक्ति के पास अलग-अलग दृष्टिकोण हो सकते हैं।

स्तर 2–पारंपरिक नैतिकता (Conventional Morality)

इस स्तर में चरण तीन और चार शामिल हैं। इस स्तर के दौरान, बच्चे नैतिकता का न्याय करने के लिए समाज के मूल्य को आंतरिक बनाना शुरू करते हैं।

चरण III (अच्छा पारस्परिक संबंध)—नैतिक मूल्यों को पहचानने के संदर्भ में अभिनेता का इरादा अधिक महत्त्वपूर्ण होता है। यदि बच्चे का इरादा दूसरों की सहमति या समाज की स्वीकृति हासिल करने का है तो अभिनेता को नैतिक रूप से सही माना जाएगा।

चरण IV (सामाजिक व्यवस्था बनाए रखना)—इस चरण में नैतिकता का निर्णय एक कर्तव्य, कानून और सामाजिक व्यवस्था पर आधारित हो जाता है।

स्तर 3–पोस्ट कन्वेंशनल मोरैलिटी (Post Conventional Morality)

अंतिम स्तर में नैतिक विकास के चरण पाँच और छह शामिल हैं। कोहलबर्ग के अनुसार, इस स्तर पर बहुत कम लोग पहुँच पाते हैं। यहाँ, सामाजिक शासन और व्यवस्था पर व्यक्तिगत परिप्रेक्ष्य को अधिक महत्व दिया जाता है। व्यक्तिगत न्याय नैतिकता, बुनियादी मानवाधिकारों और न्याय पर आधारित होता है।

चरण V (सामाजिक अनुबंध और व्यक्तिगत अधिकार)—इस चरण में, व्यक्ति या बच्चा समझता है कि विभिन्न लोग और समुदाय अलग-अलग विचार और कानून रख सकते हैं। समाज के कानून कठोर नियम नहीं हैं और इन्हें समाज के समय और आवश्यकता में बदलाव के साथ बदलना चाहिए।

स्टेज VI (यूनिवर्सल प्रिंसिपल्स)—व्यक्ति नैतिकता का कुछ सार्वभौमिक सिद्धांतों के आधार पर अभिनेता के व्यक्तिगत न्याय का निरीक्षण करता है जो कि समाज के नियमों और विनियमों से परे होता है।

फिर देखें अध्याय–9, प्र.सं.–1

प्रश्न 7. निम्नलिखित मनोविज्ञान के क्षेत्रों के अनुप्रयोगों पर चर्चा कीजिए–
(i) सैन्य, विमानन और वातावरण
(ii) कार्य और संगठन

उत्तर– सैन्य मनोविज्ञान—2011, में आतंकवाद पर वैश्विक युद्ध की शुरुआत और दुनिया भर में आतंकवादी गतिविधियों में वृद्धि के बाद से, सैन्य कर्मियों द्वारा किए गए शारीरिक, भावनात्मक और मनोवैज्ञानिक चोटों के स्तर में कई गुना वृद्धि हुई है। ऐसी स्थिति में सैन्य मनोवैज्ञानिकों की भूमिका अधिक चुनौतीपूर्ण हो गई है। एक सैन्य सेटिंग में मनोवैज्ञानिक सिद्धांतों के अनुप्रयोग के रूप में सैन्य मनोविज्ञान को परिभाषित किया जा सकता है। इन मनोवैज्ञानिकों

के प्राथमिक लक्ष्यों में से एक सैनिकों और उनके परिवार के सदस्यों की बेहतरी में सुधार करना है। सैन्य मनोवैज्ञानिकों की भूमिका में मनोरोग मूल्यांकन करना भी शामिल है, मानसिक और भावनात्मक विकारों का आकलन और इलाज, और परामर्श सेवाएँ प्रदान करना भी है। सैन्य मनोवैज्ञानिकों द्वारा संचालित प्रमुख गतिविधियों में अनुसंधान करना, मानसिक स्वास्थ्य सेवा प्रदान करना, शिक्षण, मूल्यांकन और सैन्य अधिकारियों का चयन करना और सैन्य संगठन के साथ समन्वय करना और सरकारी अधिकारियों को सलाह देना शामिल है।

फिर देखें अध्याय–10, प्र.सं.–1

प्रश्न 8. बुद्धि के सिद्धांतों की चर्चा कीजिए।
उत्तर– देखें अध्याय–5, प्र.सं.–3

www.ingramcontent.com/pod-product-compliance
Lightning Source LLC
LaVergne TN
LVHW061035070526
838201LV00073B/5049